Java 프로그래밍 첫걸음

Getting Started with Java Programming

권기현 지음

도서출판 홍릉

JAVA 프로그래밍 첫걸음

인 쇄 : 2023년 8월 16일 초판 1쇄
발 행 : 2023년 8월 30일 초판 1쇄

저 자 : 권기현
발행인 : 송 준
발행처 : 도서출판 홍릉
주 소 : 01093 서울시 강북구 인수봉로 50길 10
등 록 : 1976년 10월 21일 제5-66호

전 화 : 02-999-2274~5, 903-7037
팩 스 : 02-905-6729
e-mail : hongpub@hongpub.co.kr
http://www.hongpub.co.kr
ISBN : 979-11-5600-119-5(93000)

정 가 : 27,000원

이 책의 학습을 위한 소스코드는 도서출판 홍릉 홈페이지(www.hongpub.co.kr)에서 내려받을 수 있습니다.
홈페이지에서 도서명 검색 후 보조자료를 다운로드하시기 바랍니다. (Chrome 웹브라우저 사용 권장)

머리말

Java 언어는 고급 범용 프로그래밍 언어로 플랫폼 독립적으로 설계되어, 활동적인 개발자 커뮤니티를 보유하고 있으며 웹 개발, 엔터프라이즈 소프트웨어, 모바일 앱 개발(Android 사용), 과학 컴퓨팅 등을 포함한 다양한 도메인에서 널리 사용되고 있다.

JAVA 프로그래밍 기본원리, 배열 실무와 객체지향 개념 그리고 컬렉션 프레임웍 이해에 필요한 내용을 한 권에 정리하였다. 컴퓨터 언어를 처음 접하는 사용자나 JAVA 프로그래밍에 대한 기초적인 개념을 얻고자 하는 사람에게 적합하며, 대학에서 한 학기 강의교재로 활용하도록 구성하였다.

이 책의 구성은 다음과 같다.

1. JAVA 언어 문법

JAVA 언어의 문법을 시작으로 프로그래밍의 기본원리인 순서논리, 선택논리, 반복논리에 관해 설명하며 배열에 대한 여러 예제를 통해 프로그래밍 구사력을 갖춘다.

2. 객체지향

JAVA 언어의 핵심인 클래스와 오브젝트 개념 그리고 상속 및 인터페이스에 대해 학습한다. 또한, 예외 처리 기법을 설명하여 프로그램 작성 시 발생하는 예외를 처리하는 방법, 여러 스레드를 동시에 실행할 수 있도록 하는 멀티스레딩에 대해 살펴본다.

3. 컬렉션 프레임웍 활용

Java 컬렉션 프레임워크는 개체 컬렉션을 저장, 조작 및 처리하는 체계적이고 효율적인 방법을 제공하는 클래스 및 인터페이스 집합으로, 프로그래밍의 기본원리, 객체지향 개념을 넘어 종합적인 소프트웨어 문제해결 역량을 배양한다.

프로그래밍을 잘하는 방법은 많은 예제를 이해하고 실행해보는 것이며, 생각하는 힘을 기르는 것이 중요하다. 본서를 통해 JAVA 프로그래밍에 대한 기본기를 다지고 프로그래머로서의 초석을 다지기를 바란다.

2023년 8월 20일

저자 권기현

차례

01

JAVA 언어소개

02

순서논리

차례

06
반복논리 2

07
배열

08
클래스(Class)와 오브젝트(Object)

09

클래스 상속 및 인터페이스

12 입출력(Input/Output)

13 컬렉션 프레임워크

CHAPTER
01

Java 언어 소개

학습목표

1. Java 언어에 대해 소개하고 Java 언어의 특징에 대해 살펴본다.
2. Java 언어 개발 환경 설치에 대해 살펴본다.

학습개요

1. Java 언어 개념
2. JDK 및 매뉴얼 설치
3. 첫 번째 프로그램 작성
4. Eclipse 설치 및 컴파일

1. JAVA 언어

1.1 Java 언어 소개

Java 언어는 고급 범용 프로그래밍 언어로 플랫폼 독립적으로 설계되어, 활동적인 개발자 커뮤니티를 보유하고 있으며 웹 개발, 엔터프라이즈 소프트웨어, 모바일 앱 개발(Android 사용), 과학 컴퓨팅 등을 포함한 다양한 도메인에서 널리 사용되고 있다. 복잡한 애플리케이션을 더 쉽게 개발할 수 있도록 해주는 풍부한 도구, 프레임워크 및 라이브러리 체계를 가지고 있다.

1.2 Java의 특징

Java 언어는 고급 언어로 다음과 같은 특징을 가진다. 간략히 설명하면 다음과 같다.

- 객체 지향: Java는 주로 객체 지향 프로그래밍(OOP) 언어이다. 즉, 데이터와 기능을 나타내는 객체의 사용을 강조한다.
- 플랫폼 독립성: Java 프로그램은 JVM에서 실행할 수 있는 바이트코드로 컴파일 된다. 이를 통해 Java 애플리케이션은 코드를 다시 컴파일할 필요 없이 호환되는 JVM이 있는 모든 플랫폼에서 실행할 수 있다.
- 자동 메모리 관리: Java는 사용되지 않는 메모리(garbage collection) 수집 메커니즘을 통해 자동 메모리 관리를 제공한다. 프로그램에서 더 이상 필요하지 않은 메모리를 자동으로 회수하여 개발자가 메모리를 더 쉽게 관리할 수 있도록 한다.
- 강력한 유형 지정: Java는 정적으로 유형이 지정되는 언어입니다. 즉, 컴파일 시 변수 유형을 확인합니다. 이는 오류를 조기에 발견하고 프로그램의 안정성을 향상시키는 데 도움이 된다.
- 표준 라이브러리: Java는 입력/출력, 네트워킹, 스레딩 및 데이터 구조와 같은 일반적인 프로그래밍 작업을 위한 광범위한 클래스와 함수를 제공하는 포괄적인 표준 라이브러리와 함께 제공된다.
- 예외 처리: Java에는 예외 처리 지원 기능이 내장되어 있어 개발자가 오류 조건을 정상적으로 처리할 수 있는 코드를 작성할 수 있다.
- 멀티스레딩: Java는 멀티스레딩을 지원하여 프로그램이 여러 스레드를 동시에 실행할 수 있도록 한다. 이것은 독립적으로 수행할 수 있는 작업에 유용하며 특정 유형의 응용 프로그램의 성능을 향상시킬 수 있다.
- 보안: Java에는 악성 코드로부터 보호하는 강력한 보안 모델이 포함되어 있다. 신뢰할 수 없는 코드를 실행하기 위한 샌드박스 환경과 암호화 및 보안 통신을 위한 기본 제공 메커니즘을 제공 한다.

1.3 Java 프로그램 실행 과정

Java 프로그램이 작성되어 실행되는 과정은 다음과 같다.

- Java 프로그램에서 모든 소스코드는 텍스트 파일로 작성되고 .java 확장자를 가진다.
- 이 소스코드가 javac 컴파일러에 의해 컴파일 되어 .class 파일로 만들어진다.

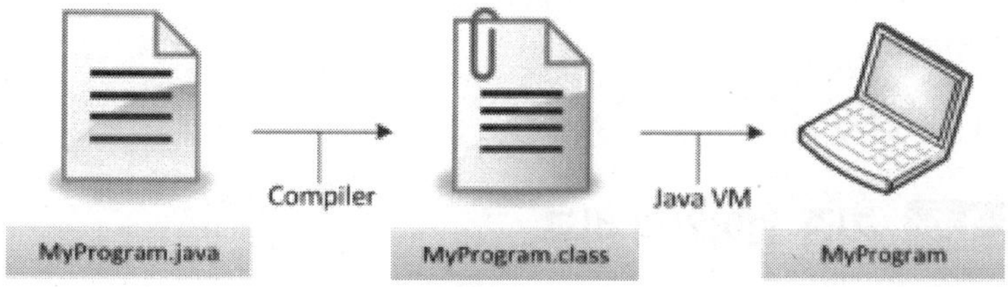

▲ **그림 1-1.** Java 소프트웨어 개발 절차

- 이 .class 파일은 실행되는 컴퓨터의 네이티브 코드(native code)를 가지고 있지 않은 상태로 바이트코드(bytecode)를 가지고 있다.
- 바이트코드는 JVM(Java Virtual Machine: 자바가상기계)에서 실행될 수 있는 기계어 코드이다.
- JVM이 설치되어 있는 컴퓨터에서 java 명령어를 사용하여 .class 파일을 실행한다.

.class 바이트코드는 JVM이 설치된 어떤 이기종 컴퓨터에서도 실행이 가능하다. 예를 들어, MS Window에서 컴파일된 바이트코드가 재컴파일 없이 Mac이나 Linux(UNIX) 같은 플랫폼에서도 실행이 가능하게 된다.

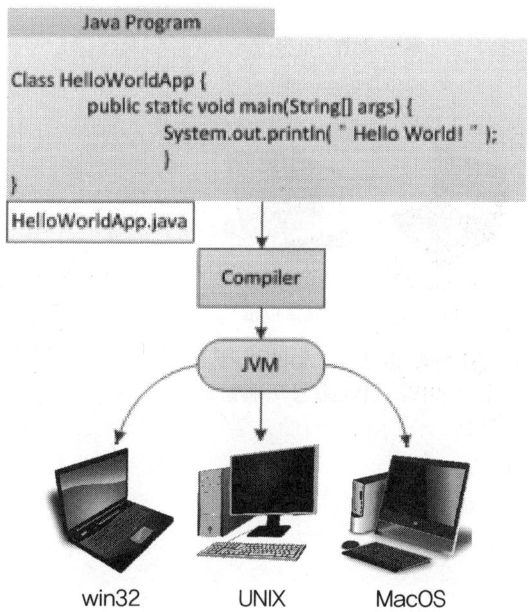

▲ **그림 1-2.** JVM을 설치된 여러 플랫폼에서 실행이 가능

JVM은 Java 프로그램과 하드웨어 사이에 위치하여 Java 프로그램 개발을 위한 API를 제공하고 Java 바이트코드를 해석하여 실행하는 역할을 한다.

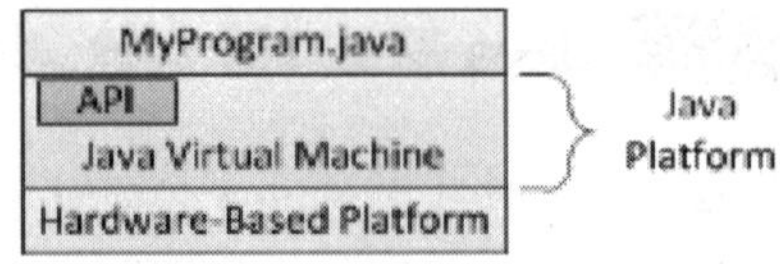

▲ **그림 1-3.** Java 프로그램과 하드웨어 사이에 Java 플랫폼 설치

1.4 기존 언어와의 비교

일반적인 컴파일 기반 언어의 경우, 소스 코드(source code)를 작성(coding)한 후, 컴파일(compile)하여 바이너리 코드를 생성하고 링크(link) 과정을 통해 실행 파일(executable file)을 생성하게 된다. 그러나 Java 언어의 경우 컴파일과정을 거치는 것까지는 동일하나 바이너리 코드가 아닌 바이트코드(byte code)를 생성하며 Java 해석기(interpreter)를 이용해 실행환경에 적합하게 번역되어 실행된다.

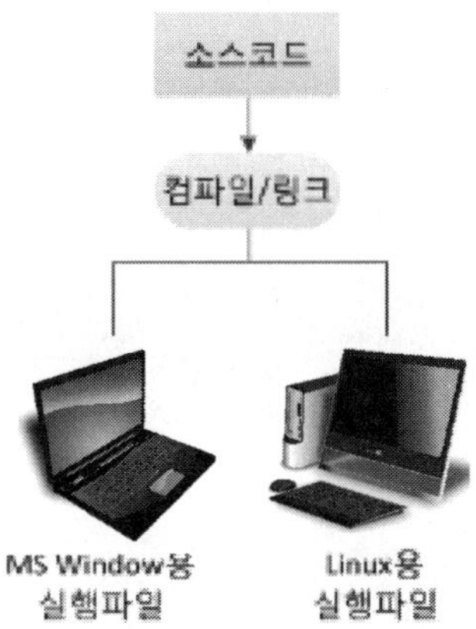

▲ **그림 1-4.** 일반적인 컴파일 기반 언어의 컴파일/링크/실행 과정

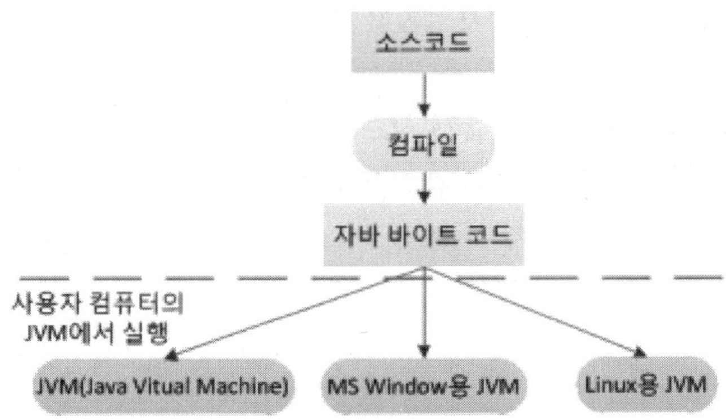

▲ **그림 1-5.** Java의 컴파일 및 실행 과정

2.
JDK, Eclipse 설치

2.1 OpenJDK(Java Development Kit) 설치

1. https://adoptium.net/temurin/releases/

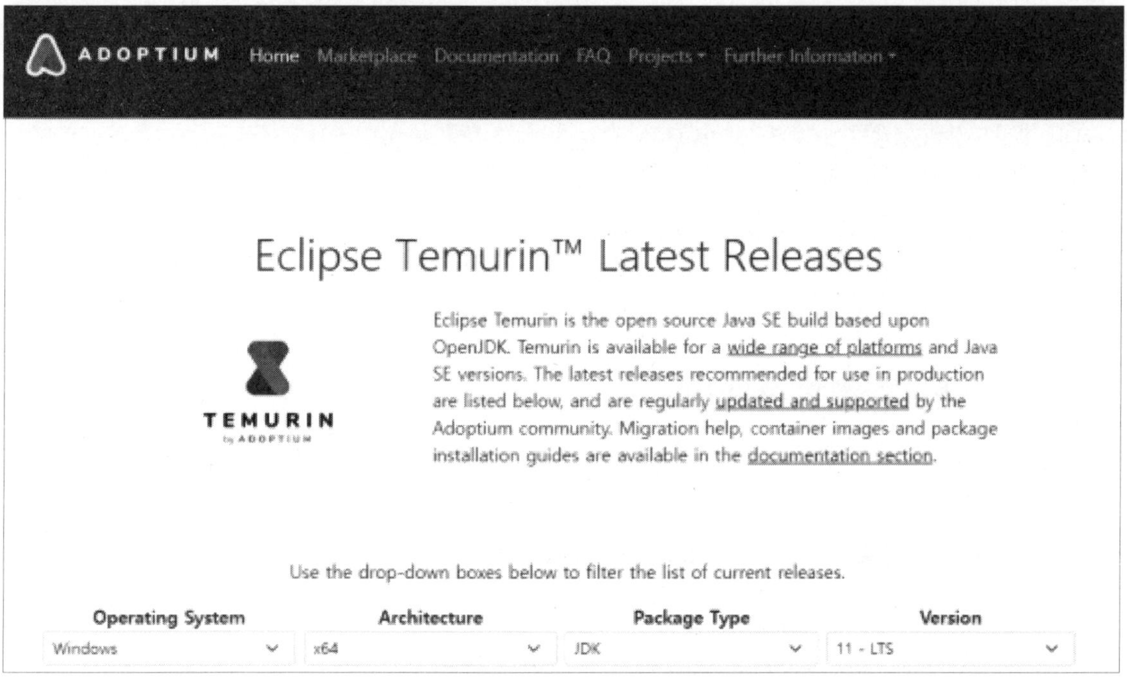

▲ 그림 1-6. https://adoptium.net/temurin/releases/

2. OpenJDK Downloads

1. Operating System 선택
2. Architecture 선택
3. Package Type, JDK
4. Version, 11 – LTS(안정 버전 선택)
5. 설치 유형 선택, 다운로드(.msi 추천), 설치

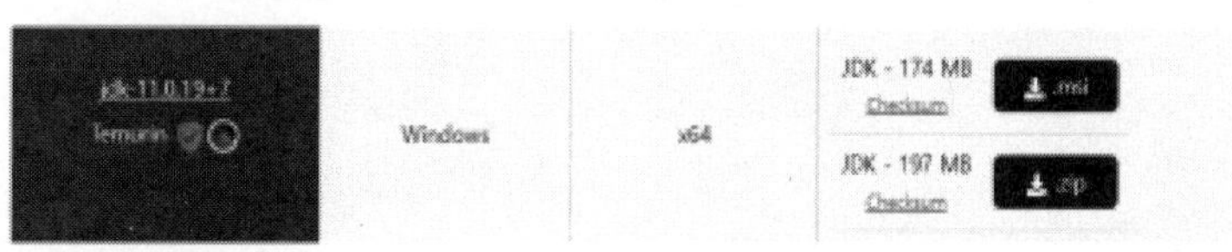

2.2 Eclipse(JDK 개발환경) 설치

1. https://www.eclipse.org/downloads/

- Eclipse Installer 실행
- Eclipse IDE for Java Developer 선택
- 설치 경로를 C:\Jdev\eclipse\java-2023-06로 설정(C:\Jdev 생성 필요)

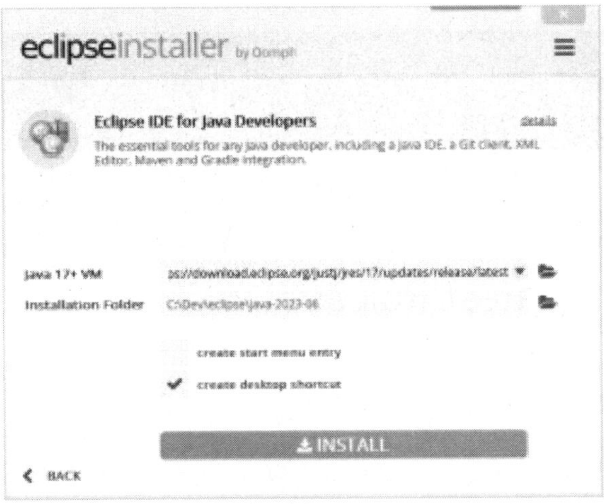

- 설치
- 시작시 workspace 경로를 C:\Jdev\eclipse-workspace로 설정

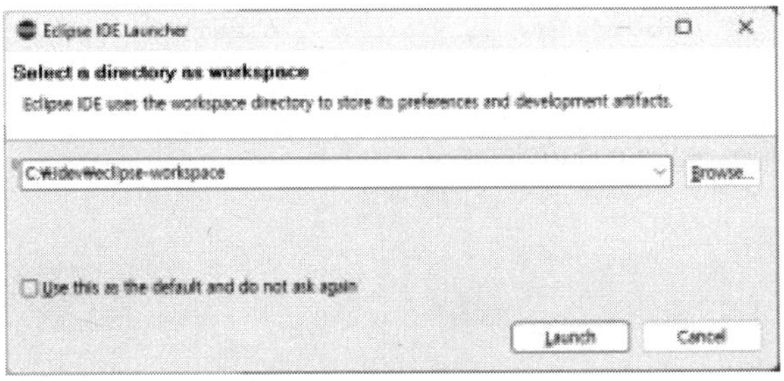

3.
첫 번째 프로그램 작성

화면에 “Hello World”를 출력하는 간단한 프로그램 작성하고 컴파일 및 실행하는 과정을 통해 Java 프로그래밍 개념을 맛보도록 한다.

3.1 Hello World 프로그램

••• 준비사항 •••

- JDK(Java Development Kit)를 설치하여야 한다.
- 소스를 개발할 수 있는 편집기가 필요하다.
- JDK의 API 매뉴얼을 설치하는 것이 필요하다(선택 사항).

••• 프로그램 작성, 컴파일, 실행 •••

- 명령창(cmd.exe)을 열어 c:\Jdev로 경로 이동, 파일이름을 명시, 메모장을 실행한다.

```
C:\Users>cd \Jdev\
C:\Jdev>notepad HelloWorldApp.java
```

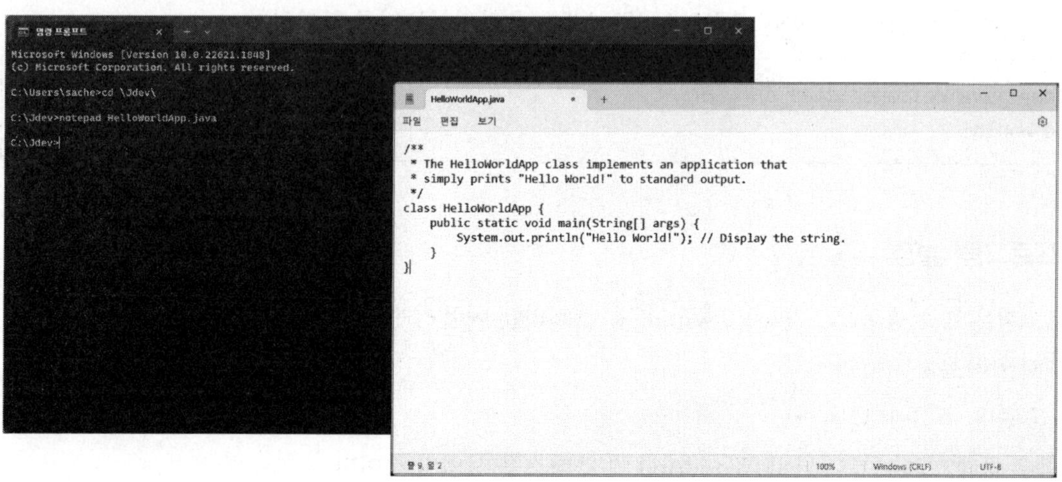

• 메모장을 열어 다음 소스를 작성한다.

[예제 1-1] HelloWorldApp.java

```
/**
 * The HelloWorldApp class implements an application that
 * simply prints "Hello World!" to standard output.
 */
class HelloWorldApp {
    public static void main(String[] args) {
        System.out.println("Hello World!"); // Display the string.
    }
}
```

• 작성한 프로그램을 저장한다.
  - 저장할 파일이름은 소스에 있는 클래스의 이름과 같게 HelloWorldApp.java로 한다.
  - 이때 대소문자도 동일하게 하는 것이 중요하다.

• 명령창에서 javac로 컴파일하고 바이트코드가 생성되었는지 확인한다.

```
C:\Jdev> javac HelloWorldApp.java
C:\Jdev> dir
HelloWorldApp.class <- bytecode
HelloWorldApp.java
```

• java.exe 명령어로 실행하여 화면에 "Hello World"가 출력되었는지를 확인한다.

```
c:\Jdev>java HelloWorldApp
Hello World!
```

••• 프로그램 설명 •••

위 프로그램은 표준 출력으로 "Hello, World!"를 출력하는 애플리케이션이다. 프로그램의 각 구성 요소에 대해서 알아보자.

• 처음 네 줄은 주석이다.
• 5번 줄은 클래스의 이름이 HelloWorldApp 인 클래스를 선언한 것이다.
• 6번 줄은 Java 언어 인터프리터가 처음 수행될 진입점을 나타낸다. main() 메서드에는 명령어 줄의 인수를 입력할 수 있고 String 타입의 배열로 인수가 전달되게 된다. main() 메서드 앞에 장황하게 붙어

있는 키워드들은 항상 동일해야 한다.

- 7번 줄은 Hello, World! 메시지를 표준 출력으로 출력한다.
- 마지막으로 main메서드와 클래스를 닫는 블록 "}"로 프로그램을 마치게 된다.

Java 언어에서의 모든 메서드는 반드시 클래스 내에 정의되어야 하고 클래스와 클래스 사이에는 public 메서드의 호출을 통하여 프로그램이 유기적으로 동작하게 된다.

3.2 컴파일 및 실행시 문제 발생 및 해결

Java 프로그램을 컴파일하고 번역하는 과정에서 자주 발생하는 문제는 다음과 같은 것이 있으며 해결 방법을 소개한다.

컴파일 단계의 문제

◉ 컴파일러를 찾지 못하는 문제 : 명령을 수행할 때 다음과 같은 메시지는 javac 컴파일러를 찾지 못하는 경우이다. 시스템의 PATH 환경 변수에 JDK의 실행파일 디렉터리가 제대로 되어있는지 확인한다.

```
C:\java> javac ExampleProgram.java
javac: Command not found
명령 또는 파일 이름이 올바르지 않습니다.
C:\java>
```

◉ 문법(syntax) 에러 : 프로그램 내에 문법 에러가 있는 경우이며 에러가 발생한 라인 번호를 표시한다. 다음의 경우는 14번 라인의 문장 끝에 ";"이 생략된 경우이다.

```
C:\java> javac testing.java
testing.java:14: `;' expected.
System.out.println("Input has " + count + " chars.")
                                                   ^
1 error
C:\java>
```

◉ 내용(semantic) 에러 : 프로그램 내에 문법 에러가 없는 경우에도 컴파일 에러가 발생할 수 있다. 다음의 경우는 13번 라인의 count라는 변수의 초기값이 지정되어 있지 않아서 발생한 경우이다.

```
C:\java> javac testing.java
testing.java:13: Variable count may not have been initialized.
        count++
        ^
testing.java:14: Variable count may not have been initialized.
    System.out.println("Input has " + count + " chars.");
                                      ^
2 errors
C:\java>
```

실행 단계의 문제

◉ 클래스를 찾을 수 없는 경우 : 이 경우는 클래스가 컴파일 되어 있지 않거나 클래스 이름을 잘못 입력한 경우이다.

```
C:\java> java testing
Exception in thread "main" java.lang.NoClassDefFoundError: testing
C:\java>
```

◉ main() 메서드가 작성되지 않은 경우 : JVM에 의해 직접 실행되려면 main() 메서드가 작성되어 있어야 한다. main() 메서드를 작성한 경우는 이름을 잘못 작성한 부분이 없는지 확인해 본다.

```
C:\java> java testing
In class classname: void main(String argv[]) is not defined
C:\java>
```

4. Eclipse 사용 컴파일

4.1 Eclipse 사용법

1. 프로젝트 생성
    - File – New – Java Project 선택
    - Project name 입력(예: Ch01)
    - Module 칸, Create module-info.java file 선택 해제
    - Finish 선택하면 Project가 생성된다.

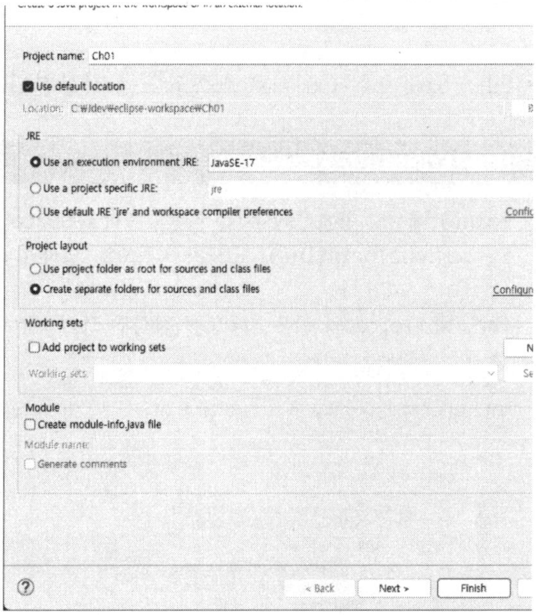

▲ 그림 1-7. https://adoptium.net/temurin/releases/

2. Java 클래스 생성
    - Project name 마우스 우클릭 – New – Class 선택
    - 클래스 이름을 HelloWorld로 작성
    - public static void main(String[] args) 옵션 선택하여 소스코드를 자동으로 생성함
    - Finish 선택하면 HelloWorld 클래스가 생성된다.

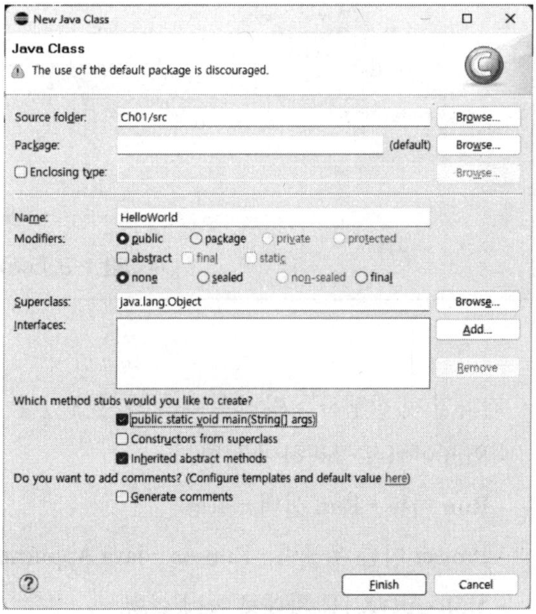

▲ 그림 1-8. Java Class 추가

- main() 메서드 안에 다음 코드를 작성한다.

```
System.out.println("Hello World!");
```

- File – Save 또는 Ctrl+s로 소스코드를 저장한다.

> **Note. Eclipse 코드 자동 생성 기능**
>
> **main() 메서드 안에 "syso"를 작성후 Ctrl+Space 키를 누르면 다음과 같은 옵션이 나오고 sysout을 선택하면 System.out.println(); 코드가 자동으로 생성된다.**
>
> **for, while, do와 같은 키워드를 작성후 Ctrl+Space 키를 누르면 관련된 코드가 자동으로 생성된다.**
>
> 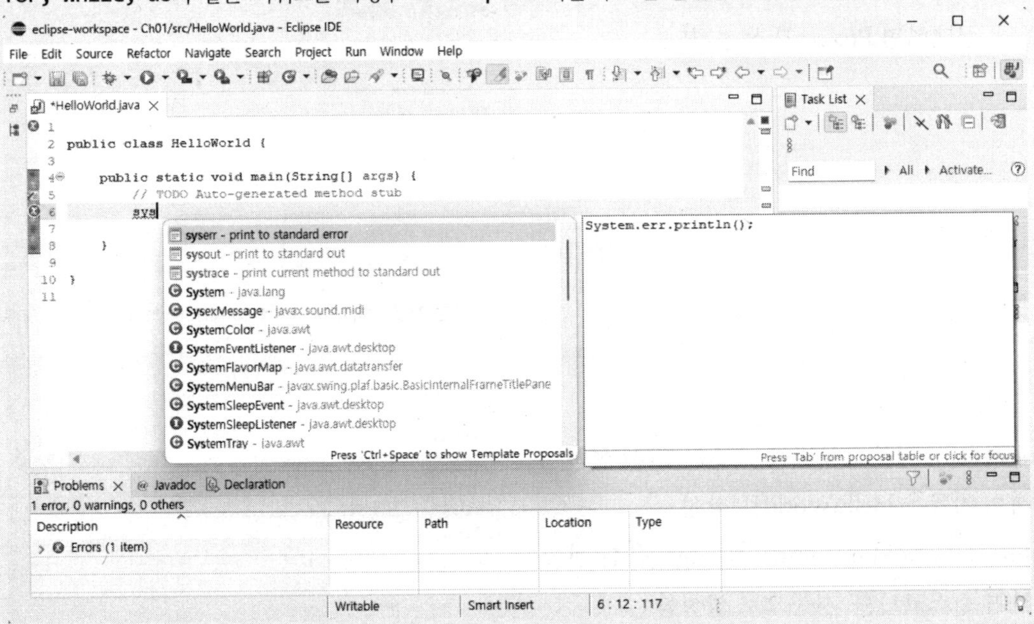
>
>
> ▲ **그림 1-9.** Eclipse 코드 자동생성

- 컴파일 및 실행하는 방법은 여러 가지가 있다.
  - Run 아이콘 클릭하여 실행
  - Run 메뉴 – Run 선택 – 실행
  - Project 이름 우클릭 – Run As – Java Application – 실행
  - Shift+Alt+X J를 차례로 눌러 실행

Java 소스코드를 작성하고 실행한 결과는 다음과 같다.

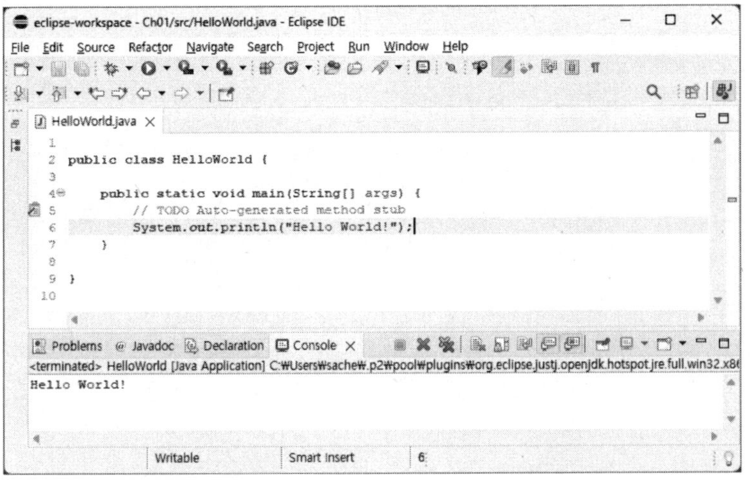

▲ **그림 1-10.** Eclipse에서 Java 응용 프로그램 실행

학습정리

1 Java 언어에 대한 소개

2 Java 언어 특징 설명

- 객체 지향
- 플랫폼 독립성
- 자동 메모리 관리
- 강력한 유형 지정
- 표준 라이브러리
- 예외 처리
- 멀티스레딩
- 보안

3 개발 환경 설명

- OpenJDK
- Eclipse

4 코드 작성 및 컴파일 과정 설명

연습문제

1 Java 소스파일의 확장자는 무엇인가?

① javac ② jdk

③ java ④ txt

답 ③

javac는 컴파일러 이름, jdk는 java development kit의 줄임말, java가 소스 파일 확장자임, txt는 텍스트 문서의 확장자 (메모장으로 작성하는 경우 A.java.txt처럼 txt가 붙을 수 있으니 주의할 것

2 **Java언어의 특징으로 틀린 것은 무엇인가?**

① 객체지향 언어 ② 이식성 좋은 언어

③ 멀티스레드 언어 ④ 기계 의존적 언어

답 ④

Java는 특정 기계(마이크로프로세서)에 의존하지 않는 기계 독립적(architecture neutral language)인 언어임

3 **Java 애플리케이션의 진입점으로 사용되는 메서드는 무엇인가?**

① import() ② java()

③ start() ④ main()

답 ④

다른 프로그래밍 언어(C, C++)와 마찬가지로 main()이 프로그램의 진입점으로 사용됨

4 **컴파일된 Java 클래스를 의미하는 말로 JVM(Java Virtual Machine)에서 실행될 수 있는 기계어 코드를 무엇이라고 하는가?**

답 바이트코드(bytecode)

5 **한번 컴파일된 바이트코드는 JVM이 설치된 어떤 이기종 컴퓨터에서도 실행이 가능한데 이 기능을 무엇이라고 하는가?**

답 기계중립(Architecture neutral)

6 **Java 프로그램과 하드웨어 사이에 위치하여 Java 프로그램 개발을 위한 API를 제공하고 Java 바이트코드를 해석하여 실행하는 역할을 하는 소프트웨어를 무엇이라고 하는가?**

답 JVM(Java Virtual Machine), 자바가상기계

7 **일반적인 컴파일언어인 C언어와 Java언어를 컴파일 관점에서 비교할 때 대표적인 차이점은 무엇인가?**

답 C언어는 컴파일하고 링크를 통해 네이티브코드를 가지는 실행파일을 생성하지만, Java언어는 컴파일 하여 바이트코드를 만들고 인터프리터를 통해 실행된다.

8 **Java언어 main 메서드를 정확히 작성하시오.**

답 public static void main(String[] args)

9 **Java언어 main 메서드가 가지는 파라미터(인수)가 무엇인지 설명하시오.**

답 String 배열을 인수로 가지고 보통 args로 사용하며 프로그램에 보내지는 인수를 전달받을 때 사용한다.

10 **파일 이름 작성 규칙에 대해 설명하시오.**

답 public 클래스의 이름과 동일하게 작성하며, 대소문자를 구분해야 한다.

11 **[예제 1-1] HelloWorldApp.java를 수정하여 "Java~ 환영!"을 출력하도록 수정하시오.**

답

```
/**
 * The HelloWorldApp class implements an application that
 * simply prints "Hello World!" to standard output.
 */
class HelloWorldApp {
    public static void main(String[] args) {
        System.out.println("Java~ 환영!"); // Display the string.
    }
}
```

12 [예제 1-1] HelloWorldApp.java를 수정하여 클래스의 이름이 HelloWorldApp2가 되도록 수정하시오.

답

- 소스에 클래스의 이름을 HelloWorldApp2로 변경하고
- 파일의 이름도 HelloWorldApp2로 변경한다.

```
/**
 * The HelloWorldApp class implements an application that
 * simply prints "Hello World!" to standard output.
 */
class HelloWorldApp2 {
    public static void main(String[] args) {
        System.out.println("Hello World!"); // Display the string.
    }
}
```

13 다음과 같은 에러가 출력되는 경우의 원인은 무엇인가?

```
C:\java> javac ExampleProgram.java
javac: Command not found
명령 또는 파일 이름이 올바르지 않습니다.
```

답 컴파일러를 찾지 못하는 문제 : 명령을 수행할 때 다음과 같은 메시지는 javac 컴파일러를 찾지 못하는 경우이다. 시스템의 PATH 환경 변수에 JDK의 실행파일 디렉터리가 제대로 되어있는지 확인한다.

14 다음과 같은 에러가 출력되는 경우의 원인은 무엇인가?

```
C:\java> java testing
Exception in thread "main" java.lang.NoClassDefFoundError: testing
C:\java>
```

답 클래스를 찾을 수 없는 경우 : 이 경우는 클래스가 컴파일 되어 있지 않거나 클래스 이름을 잘못 입력한 경우이다.

CHAPTER
02

순서논리

학습목표

1. Java 언어의 변수, 타입에 대해 설명한다.
2. Java 언어의 변수, 타입에 대한 예제를 통해 프로그램 작성 기초를 다진다.

학습개요

1. 변수 및 타입
2. 연산자(Operators)

1. 변수 및 타입

자료나 정보를 기억시키기 위해서 변수가 사용된다. 이 절에서는 변수작성법, 기본데이터 타입, 문자열, 배열에 대해 설명한다.

주석(Comment)

프로그램 작성 중에 설명이 필요한 부분에 작성하는 것이 주석(comment)이다. Java 언어에서 가능한 주석의 표현에는 세 가지가 있다.

```
// 줄 끝까지 주석
/* 한 줄이나 여러 줄 블록 안에 주석 */
/** Java 언어 문서(HTML 문서)를 생성할 때 이용하는 주석 */
```

세 가지 주석을 사용한 Java 프로그램은 다음과 같다.

[예제 2-1] HelloWorldApp.java

```
// 줄 끝까지 주석
/* 한 줄이나 여러 줄
   블록 안에 주석
*/
/**
 * The HelloWorldApp class implements an application that
 * simply prints "Hello World!" to standard output.
 */
public class HelloWorldApp {
    public static void main(String[] args) {
        System.out.println("Hello World!"); // Display the string.
    }
}
```

/** */ 주석 이용 HTML 문서 생성

Java 소스에 /** */ 주석이 포함되어 있으면 javadoc 명령을 사용하여 소스에 대한 HTML 문서를 생성할 수 있다.

```
java 소스코드에 패키지1)를 적용한 경우
C:\path> javadoc mypackage  *.java

java 소스코드에 패키지를 적용하지 않은 경우
C:\path> javadoc *.java
C:\Jdev\ch02>javadoc HelloWorldApp.java
```

[실습 2-1] javadoc 사용예, HelloWorldApp.java

```
윈도우 시작 - 실행 - cmd 명령창 실행
명령창에서 파일 위치로 이동,
C:\> cd c:/Jdev/ch02
C:\Jdev\ch02> javadoc HelloWorldApp.java
```

실행결과

```
Loading source file HelloWorldApp.java...
Constructing Javadoc information...
Standard Doclet version 1.8.0_101
Building tree for all the packages and classes...
Generating .\HelloWorldApp.html...
Generating .\package-frame.html...
Generating .\package-summary.html...
Generating .\package-tree.html...
Generating .\constant-values.html...
Building index for all the packages and classes...
Generating .\overview-tree.html...
Generating .\index-all.html...
Generating .\deprecated-list.html...
Building index for all classes...
Generating .\allclasses-frame.html...
Generating .\allclasses-noframe.html...
Generating .\index.html...
Generating .\help-doc.html...
```

1) package에 대해서는 4장 6절 Java 패키지에서 설명한다.

자동 생성된 index.html을 웹 브라우저(익스플로러, 크롬 등)로 수행한 결과는 다음과 같다.

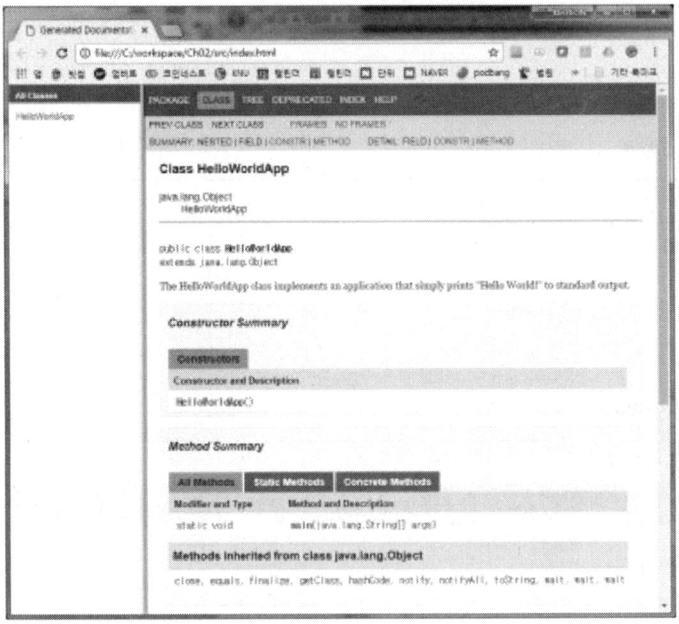

▲ **그림 2-1.** javadoc을 사용하여 HTML 파일 생성 결과

••• *문장 구성*

Java 언어 프로그램에서 수행 가능한 가장 작은 단위는 문장이며 세미콜론(;)으로 끝난다.

```
int len;
len = width + height;
```

••• *식별자, 변수*

식별자는 자료 항목을 식별하거나 이름 붙이는 데, 또는 그 데이터의 특정 성질을 나타내는 데 사용하는 문자나 문자의 집합을 의미한다. 식별자는 프로그램 작성 시 변수(variable)로 사용되어 값을 저장하고 처리 결과를 지정하기 위해 사용된다.

다음은 변수를 선언하고 정의한 것이다.

```
int fuel = 0; // 정수를 기억하는 변수로 fuel을 선언하고 0으로 초기화한 것이다.
int speed = 0; // 정수를 기억하는 변수로 speed를 선언하고 0으로 초기화한 것이다.
int gear = 1; // 정수를 기억하는 변수로 gear를 선언하고 1로 초기화한 것이다.
```

위와 같이 int를 저장하고자하는 값의 유형(타입)을 의미하고 변수명이 오며 초기 값을 가질 수 있다.

변수 작성 규칙(Naming)

변수 작성 규칙은 다음과 같다.

- 대소문자를 구분한다(case-sensitive).
- 유니코드나 숫자를 사용할 수 있으며 길이에 제한이 없다.
- 문자, $, _(언더바)로 시작할 수 있다($, _는 사용하지 않는 것이 좋음).
- 공백은 사용될 수 없다.
- 가독성을 위해 의미 있는 단어를 사용하는 것이 좋다.
- Java에서 정의한 키워드나 예약어는 변수로 사용할 수 없다.

[표 2-1] 가능한 식별자

가능한 식별자	불가능한 식별자
identifier	2identifier
UserName	*variable
User_2_Name	%lengthOfArray
_isdel	#abcde
$money	@hello

예약어(Keyword)

특별한 의미를 가지는 식별자를 예약어(keyword)라고 한다. Java언어에는 다음과 같은 예약어가 있으며 특별한 의미를 가진다.

abstract, boolean, break, byte, case, catch, char, class, continue, default, do, double, else, extends, false, final, finally, float, for, if, implements, import, instanceof, int, interface, long, native, new, null, package, private, protected, public, return, short, static, super, switch, synchronize, this, throw, throws, transient, true, try, void, volatile, while

코딩 관습(Coding Convention)

위의 규칙을 준수하면서 다음의 코딩 관습(convention)을 따르는 것이 일반적이다. 이는 프로그래머 사이에 가독성을 높여 이해를 빠르게 하기 위함이다.

- 한 단어 인 경우 소문자로 작성한다(예, apple)

- 한 단어 이상인 경우 두 번째 첫 문자부터 대문자로 작성한다(예, numPeople).
- 상수(constant)인 경우는 대문자로 작성한다(예, MAX_RECORD)

••• *기본 데이터 타입(Primitive Data Types)*

Java의 모든 변수는 다음 예와 같이 타입을 지정하여 만들어진다.

변수의 타입에 따라 저장하는 값이나 그 범위가 정의되고 그 값에 따라 어떤 연산이 적용될지도 결정된다. Java에는 8개의 기본 타입이 있으며 예약어로 되어 있으므로 변수로 사용할 수 없다.

[표 2-2] 기본 데이터 타입(Primitive Data Types)

타입(type)	길 이	수의 범위	예
byte	정수: 8bit 2의 보수	-128~+127	byte sum; sum=99;
short	정수: 16bit 2의 보수	-32,768~ +32,767	short count; count=7;

int	정수: 32bit 2의 보수	-2,147,483,648~
		+2,147,483,647
			int number;
			number=33; // 정수
			int number2;
			number2=0x3a; // 16진수
			int number3;
			number3=0b10110; // 이진수

long	정수: 64bit 2의 보수	-9,223,372,036,854,775,808~ +9,223,372,036,854,775,807	long bigValue; bigValue=999;
float	실수: 단정도 32-bit IEEE 754 부동소수점		float pi; pi = 3.14f;

double	실수: 배정도 64-bit IEEE 754 부동소수점		double longDistance;
			longDistance = 999.1d;
			double longDistance2;
			longDistance = 9.991e2; // 지수표현

boolean	불리언 타입	true, false값을 가짐	boolean isOk=false; isOk=true;
char	16비트 Unicode 문자	'\u0000'~'\uFFFF'	char ch; ch='k'; 특수문자

••• 특수문자

다음은 특수 문자로 다양한 출력을 위해 사용한다.

[표 2-3] 특수 문자

특수문자	의 미
\b	backspace
\t	tab 키
\n	줄변경 (line feed)
\f	한 페이지 변경 (form feed)
\r	입력된 내용 삭제 (carriage return)
\"	이중 따옴표 (double quote)
\'	단일 따옴표 (single quote)
\\	백슬래쉬 출력

••• 문자열(String)

Java언어는 기본 타입은 아니지만 문자열(string)을 정의하고 사용하기 위해 String 타입을 제공한다.

```
String message="Hello Java";  // 문자열 "Hello Java"를 가지는 message 변수
message="New to the World";  // 문자열 변경
```

••• 변수의 기본값(Default Values)

변수는 사용되기 전에 초기화하는 것이 바람직하다. Java에서는 함수 안에서 선언된 지역변수가 아닌 경우 초기값을 부여하지 않더라도 다음의 디폴트값을 가진다. 함수의 지역변수로 선언되는 경우에는 초기값을 지정하고 사용하여야 오류를 줄일 수 있다.

[표 2-4] 변수의 기본값

타 입	디폴트값(default value)	타 입	디폴트값(default value)
byte	0	double	0.0d
short	0	char	'\u0000'
int	0	String (or 임의 object)	null
long	0L	boolean	false
float	0.0f		

••• 기본 프로그램 작성

기본 문법을 사용하고 예제를 통해 Java프로그래밍에 대해 살펴보자.

다음은 Hello World를 화면이 출력하는 프로그램이다.

[예제 2-2] HelloWorldApp.java

```
public class HelloWorldApp {
    public static void main(String[] args) {
        System.out.println("Hello World!"); // Display the string.
    }
}
```

JDK 컴파일 & 실행 방법. 명령창(cmd)을 사용하여 소스파일 위치로 이동[2)]

```
C:\>javac HelloWorldApp.java
C:\>java HelloWorldApp
Hello World!
```

••• 변수 사용

변수를 사용하여 값을 할당하고 출력한다.

[예제 2-3] HelloWorldApp2.java

```
public class HelloWorldApp2 {
    public static void main(String[] args) {
        int value;
        value = 7;

        System.out.println("value: " + value);
        value = value + 2;

        System.out.print("value + 2 is ");
        System.out.println(value);
    }
}
```

2) 1장의 설명과 같이 Eclipse를 사용하기를 권장한다.

실행결과

```
value: 7
value + 2 is 9
```

••• 여러 변수 사용1

여러 변수를 사용하여 값을 할당하고 출력한다.

[예제 2-4] HelloWorldApp3.java

```
public class HelloWorldApp3 {
    public static void main(String args[]) {
        int value, value2;
        value = 3;
        value2 = 5;
        System.out.println("value: " + value);
        System.out.println("value2: " + value2);
    }
}
```

실행결과

```
value: 3
value2: 5
```

••• 여러 변수 사용2

콤마(,) 기호를 사용하여 여러 변수를 정의(define)할 수 있다.

[예제 2-5] HelloWorldApp4.java

```
public class HelloWorldApp4 {
    public static void main(String args[]) {
        int value, value2;
        value = 3;
        value2 = 5;
        System.out.println("value: " + value);
        System.out.println("value2: " + value2);
    }
}
```

실행결과

```
value: 3
value2: 5
```

••• 여러 변수 사용3

콤마(,) 기호를 사용하여 여러 변수를 정의(define)할 때 값을 지정(초기화)하는 것도 가능하다.

[예제 2-6] HelloWorldApp5.java

```
public class HelloWorldApp5 {
    public static void main(String args[]) {
        int value=3, value2=5;

        System.out.println("value: " + value);
        System.out.println("value2: " + value2);
    }
}
```

실행결과

```
value: 3
value2: 5
```

••• byte 타입 사용

byte 타입의 최솟값과 최댓값을 출력하는 예제이다.

[예제 2-7] ByteEx.java

```
// -128 to 127.
public class ByteEx {
    public static void main(String[] args) {
        byte b1 = -128;
        byte b2 = 127;
        System.out.println("b1 : " + b1);
        System.out.println("b2 : " + b2);
    }
}
```

실행결과

```
b1 : -128
b2 : 127
```

short 타입 사용

short 타입의 최솟값과 최댓값을 출력하는 예제이다.

[예제 2-8] ShortEx.java

```
//  -32,768 to 32,767
public class ShortEx {
    public static void main(String[] args) {
        short s1 = -32768;
        short s2 = 32767;
        System.out.println("s1 : " + s1);
        System.out.println("s2 : " + s2);
    }
}
```

실행결과

```
s1 : -32768
s2 : 32767
```

int 타입 사용

int 타입의 최솟값과 최댓값을 출력하는 예제이다.

[예제 2-9] IntEx.java

```
// -2,147,483,648 to 2,147,483,647.
public class IntEx {
    public static void main(String[] args) {
        int i1 = -2147483648;
        int i2 =  2147483647;
        System.out.println("i1 : " + i1);
        System.out.println("i2 : " + i2);
    }
}
```

실행결과

```
i1 : -2147483648
i2 : 2147483647
```

••• long 타입 사용

long 타입의 최솟값과 최댓값을 출력하는 예제이다.

[예제 2-10] LongEx.java

```
// -9,223,372,036,854,775,808 to 9,223,372,036,854,775,807
public class LongtEx {
    public static void main(String args[]) {
        long long_val = 0x7fffffffffffffffL;

        System.out.println("long_val : " + long_val);
    }
}
```

실행결과

```
long_val : 576460752303423487
```

••• 8진수(octal) 정수

8진수 정수 타입을 사용하는 예제이다. 정수 앞에 0이 오면 8진수이다.

[예제 2-11] OctalEx.java

```
public class OctalEx {
    public static void main(String[] args) {
        int i = 010;

        System.out.println(i);
    }
}
```

실행결과

```
8
```

16진수(hexadecimal) 정수

16진수 정수 타입을 사용하는 예제이다. 정수 앞에 0x 또는 0X가 오면 16진수이다.

[예제 2-12] HexEx.java

```
public class HexEx {
    public static void main(String[] argv) {
        int f = 0XFF;

        System.out.println(f);
    }
}
```

실행결과

```
255
```

float 타입 사용

실수 float 타입을 사용하는 예제이다. 실수 3.14 뒤에 'F' 또는 'f'를 표시한다.

[예제 2-13] FloatEx.java

```
public class FloatEx {
    public static void main(String args[]) {
        float f = 3.14F;
        System.out.print(f);
    }
}
```

실행결과

```
3.14
```

double 타입 사용

실수 double 타입을 사용하는 예제이다. 실수 값 뒤에 'D' 또는 'd'를 표시할 수 있고, 표시가 없으면 double로 간주한다. double이 실수의 디폴트이다.

[예제 2-14] DoubleEx.java

```
public class DoubleEx {
    public static void main(String args[]) {
        double pi;
        pi = 3.1415926;
//      pi = 3.1415926d; // d 표시
//      pi = 3.1415926D; // D 표시

        System.out.println("pi : " + pi);
    }
}
```

실행결과

```
pi : 3.1415926
```

char 타입 사용

Java 언어의 문자는 16비트 문자체계인 유니코드(unicode)를 사용한다. 한 문자는 'a', 'z', '@'와 같이 표현되며 char 타입을 사용하여 한 문자를 저장한다. ch1에 저장된 55는 ASCII(또는 Unicode) 값으로 문자 '7'을 의미한다.

[예제 2-15] CharEx.java

```
public class CharEx {
    public static void main(String args[]) {
        char ch1, ch2;
        ch1 = 55;

        ch2 = 'K';

        System.out.println(ch1 + " " + ch2);
    }
}
```

실행결과

```
7 K
```

••• Unicode 문자 출력

Unicode를 사용하여 문자를 출력하는 예제이다. "\u007b"는 '{', "\u0069"는 'i', "\u03b1"은 'α' 문자에 대한 Unicode 값이다. 유니코드 앞에 '\'를 추가로 표시하여 유니코드 값과 그 결과를 출력하도록 하였다.

[예제 2-16] UnicodeEx.java

```
public class UnicodeEx {
    public static void main(String[] args) {

        System.out.println("\\u007b : "+ '\u007b');
        System.out.println("\\u0069 : "+ '\u0069');
        System.out.println("\\u03b1 : "+ '\u03b1');
    }
}
```

실행결과

```
\u007b : {
\u0069 : i
\u03b1 : α
```

••• 문자열(String) 출력 예제1

간단히 문자열을 출력하는 예제이다.

[예제 2-17] StringEx.java

```
public class StringEx {
    public static void main(String[] argv) {
        String str = "Hello World!";
        System.out.println(str);
    }
}
```

실행결과

```
Hello World!
```

••• 문자열(String) 출력 예제2

문자열을 연결하여 출력하는 예제이다.

[예제 2-18] StringEx2.java

```
public class StringEx2 {
    public static void main(String[] argv) {
        String s1 = "New";
        String s2 = "Hello " + s1 + " World!";
        System.out.println(s2);
    }
}
```

실행결과

```
Hello New World!
```

••• 문자열(String) 출력 예제3

긴 문자열이 있을 때 '+'를 이용 여러 줄에 작성하여 출력하는 예제이다.

[예제 2-19] StringEx3.java

```
public class StringEx3 {
    public static void main(String args[]) {
        String str = "Hello "
                + "New "
                + "World!";

        System.out.println(str);
    }
}
```

실행결과

```
Hello New World!
```

••• 문자열(String) 출력 예제4

문자열과 변수 값을 혼합하여 문자열을 만들고 값을 출력하는 예제이다.

[예제 2-20] StringEx4.java

```
public class StringEx4 {
    public static void main(String[] argv) {
        int id = 7;
        String s = "My ID : " + id + ".";
        System.out.println(s);
    }
}
```

실행결과

```
My ID : 7.
```

••• 문자열(String) 출력 예제5

문자열과 변수 값을 연속 혼합하여 문자열을 만들고 값을 출력하는 예제이다. 77이 출력되었다.

[예제 2-21] StringEx5.java

```
public class StringEx5 {
    public static void main(String[] argv) {
        int id = 7;
        int id2 = 7;
        String s = "My ID : " + id + id2 + ".";
        System.out.println(s);
    }
}
```

실행결과

```
My ID : 77.
```

••• 문자열(String) 출력 예제6

괄호를 사용하여 일련의 수식을 작성하고 문자열과 혼합하여 값을 출력하는 예제이다. 문자열 예제5와 달리 14가 출력되었다.

[예제 2-22] StringEx6.java

```
public class StringEx6 {
    public static void main(String[] argv) {
        int id = 7;
        int id2 = 7;
        String s = "My ID : " + (id + id2) + ".";
        System.out.println(s);
    }
}
```

실행결과

```
My ID : 14.
```

여러 타입의 변수 사용

위에서 살펴본 Java의 기본 타입 8가지에 대하여 값을 할당하는 예를 살펴보자.

[예제 2-23] Assign.java

```
public class Assign {
    public static void main(String args []) {
        int x, y;                       // 정수 변수의 선언
        float z = 3.414f;               // float 변수의 선언과 초기화
        double w = 3.1415;              // double 변수의 선언과 초기화
        boolean truth = true;           // boolean 변수의 선언과 초기화

        char c;         // char 변수의 선언
        String str;         // String 변수의 선언
        String str1 = "bye";            // String 변수의 선언과 초기화
        c = 'A';            // char 변수의 값 할당
        str = "Hi out there!";          // String 변수의 값 할당
        x = 6;          // 정수 변수의 값 할당
        y = 1000;           // 정수 변수의 값 할당

        System.out.println("x=" + x);
        System.out.println("y=" + y);
        System.out.println("z=" + z);
        System.out.println("w=" + w);
        System.out.println("truth=" + truth);
        System.out.println("c=" + c);
        System.out.println("str=" + str);
```

```
            System.out.println("str1=" + str1);
        }
    }
```

실행결과

```
x=6
y=1000
z=3.414
w=3.1415
truth=true
c=A
str=Hi out there!
str1=bye
```

2.
연산자(Operators)

이 절에서는 Java언어의 연산자에 대해 설명한다. 수식 표현의 덧셈 기호(+), 뺄셈 기호(-)와 마찬가지로 수식을 구성하는데 여러 종류의 연산자가 사용되며, 연산자에는 우선순위가 있다. 연산자는 수식을 만들고 값을 구하기 위해 필요하다. 수식이 작성되고 수식이 모여 문장이 되며 문장들이 모여 블록(block)이 만들어진다.

[표 2-5] 연산자의 의미

타입(type)	길 이
++ --	변수의 값의 1증감, 1감소 연산자
. [] {}	배열 및 블록 지정 연산자
+ - * / %(나머지 구함)	산술 연산자
<< >> >>>(unsigned shift right)	시프트 연산자
< > <=>= == != instanceof(객체의 타입 체크)	등호 연산자
^(XOR) ~(complement) &(bit and) |(bit or)	비트 연산자
&&(논리 AND) !(not) ||(논리 OR)	논리 연산자
? :	3항 연산자
= *= /= %= += -= <<= >>= >>>= &= ^= |=	할당 연산자

••• 할당 연산자

할당 연산자(=)를 사용하여 다음과 같이 값을 초기화 할 수 있다.

[예제 2-24] HelloWorldApp6.java

```
public class HelloWorldApp6 {
    public static void main(String args[]) {
        int val1, val2;

        val1 = val2 = 7;

        System.out.println("value: " + val1);
        System.out.println("value2: " + val2);
    }
}
```

실행결과

```
value: 7
value2: 7
```

••• 함수 호출을 통한 값 자동 할당

Math.sqrt() 함수 호출을 통해 자동으로 d 변수의 값이 할당된다.

[예제 2-25] HelloWorldApp7.java

```
public class HelloWorldApp7 {
    public static void main(String args[]) {
        double d = Math.sqrt(3 * 3);

        System.out.println("d : " + d);
    }
}
```

실행결과

```
d : 3.0
```

••• 변수 값의 증감 연산자(++, --)

++ 연산자는 변수 값의 1 증가시 사용한다. 단, ++의 위치가 변수 앞에 있는 경우 선 증가 후 사용되고, 뒤에 있는 경우에는 사용된 후 증가하게 된다. 마찬가지로, -- 연산자는 변수 값의 1 감소시 사용한다. 단, --의 위치가 변수 앞에 있는 경우 선 감소 후 사용되고, 뒤에 있는 경우에는 사용된 후 감소하게 된다.

[예제 2-26] Operator01.java

```
class Operator01 {
    public static void main(String[] args) {
      int cnt=10;
      int k=0;
      k = cnt++; // cnt값 10이 k에 할당된 후 cnt 값 증가됨, cnt=11, k=10
      System.out.println("cnt=" + cnt + ", " + "k=" + k);

      k = ++cnt; // cnt값 11이 선 증가된 후 k에 할당됨, cnt=12, k=12
      System.out.println("cnt=" + cnt + ", " + "k=" + k);

      k = cnt--; // cnt값 12가 k에 할당된 후 cnt 값 감소됨, cnt=11, k=12
      System.out.println("cnt=" + cnt + ", " + "k=" + k);

      k = --cnt; // cnt값 11이 선 감소된 후 k에 할당됨, cnt=10, k=10
      System.out.println("cnt=" + cnt + ", " + "k=" + k);
    }
}
```

실행결과

```
cnt=11, k=10
cnt=12, k=12
cnt=11, k=12
cnt=10, k=10
```

3항 연산자(? :)

3항 연산자는 간단히 if문을 구현할 때 사용한다. 다음 예에서 a가 b보다 큰 경우 a의 값을 아니면 b의 값을 max에 할당한다.

[예제 2-27] Ternary.java

```
class Ternary {
    public static void main(String[] args) {
      int a=5, b=7, max;

      // a가 b보다 큰 경우 a의 값을 아니면 b의 값을 max에 할당한다.
      max = a > b ? a : b;

      System.out.println("max=" + max);
    }
}
```

시프트 연산자

비트열을 오른쪽 또는 왼쪽으로 시프트 하는 연산자이다. <<, >>는 부호 있는 시프트 연산자이고 >>>는 부호 없는 시프트연산자이다.

```
x = -240 >> 2;     // x는 -60
x = -240 >>> 2;    // x는 1073741764, 최상위 비트가 0으로 채워짐
```

학습정리

1 주석

//, /* */, /** */

2 변수

3 타입

int, char, float, String

4 연산자

연습문제

1 다음 변수들 중에서 Java 변수 작성 규칙(Naming)에 맞게 작성된 것을 모두 고르시오.

```
identifier 2identifier *variable UserName User_2_Name
_isdel %lengthOfArray $money #abcde @hello
```

답

```
identifier UserName User_2_Name _isdel $money
```

2 Java 프로그래밍시 소스코드의 가독성을 높이기 위해 따르는 코딩 관습(convention)에 맞게 작성된 것을 모두 고르시오.

```
car MyBoy yourPresent MAX_RECORD max_number numOfPeople isOk
```

답

```
car yourPresent MAX_RECORD numOfPeople isOk
```

3 Java 변수중 기본 데이터 타입(Primitive Data Types)과 레퍼런스타입(Reference Type) 변수의 차이를 설명하시오.

답

– 기본 데이터 타입(Primitive Data Types) : 변수의 크기가 선언과 함께 정해지는 타입으로 정수, 실수, 문자, 불리언 값을 가진다.
– 레퍼런스타입(Reference Type) : 클래스를 선언하고 정의하여 만들어지는 변수이다.

4 다음과 같이 정수 변수 a에 5, b에 7이 기억되어 있는 경우 "(5, 7)"과 같이 출력하도록 System.out.println()을 작성하시오.

```
int a = 5;
int b = 7;
System.out.println(                              );
```

답

```
System.out.println( "(" + a + ", " + b + ")"  );
```

5 다음과 같이 정수 변수 a에 5, b에 7이 기억되어 있는 경우 String 변수 str에 "(5, 7)"이 기억되도록 str 변수를 정의하시오.

```
int a = 5;
int b = 7;
String str =
```

답

```
String str = "(" + a + ", " + b + ")";
```

6 다음 문장에서 사용한 연산자는 무엇인가?

```
a[i] > b[j+1]
```

답

```
>, +
```

7 **다음 프로그램 수행 후 cnt와 k의 값은 무엇인가?**

```
int cnt=10;
int k=0;
k = cnt++ % 2;
```

답

```
cnt는 11, k는 0
```

8 **다음 프로그램 수행 후 cnt와 k의 값은 무엇인가?**

```
int cnt=10;
int k=0;
k = ++cnt % 2;
```

답

```
cnt는 11, k는 1
```

9 **불리언(boolean) 연산자의 값을 반대로 할 때 사용하는 연산자는 무엇인가?**

답 !

10 **'=' 연산자와 '==' 연산자의 차이를 설명하시오**

답

– '=' 연산자 : 변수에 값 할당에 사용한다.
– '==' 연산자 : 변수의 값을 비교할 때 사용한다.

CHAPTER

03

선택논리 1

학습목표

1 Java 언어의 if문 선택논리에 대해 설명한다.

2 Java 언어의 관계연산자에 대해 설명한다.

학습개요

1 선택문

- 단순 if 문(if)
- 이중 if 문(if–else)
- 다중 if 문(if–else if)
- 내포된 if 문

2 관계연산자

- 관계 연산 조건식
- 관계 연산 프로그램

1.
제어문(Control Flow Statements)

실 생활의 문제들은 조건에 따라 서로 다른 처리를 해야 되는 문제가 다수이며 조건을 처리하기 위한 논리를 위해 모든 프로그래밍 언어들은 선택 논리를 제공하고 있다. 가장 대표적인 선택 논리를 제공하는 구문은 if 문이며, C언어, Java, 자바스크립트 언어의 if 문은 동일한 구조이다.

If, Else문

if문은 조건에 따라 주어진 문장을 수행하며 if, else문의 기본 문법은 다음과 같다.

if, else문의 기본 문법

```
if(boolean) {
    실행문;
}
```

```
if(boolean) {
    실행문;
}
else {
    실행문;
}
```

```
if(boolean) {
    실행문;
} else if(boolean) {
    실행문;
} else {
    실행문;
}
```

Java 언어의 boolean형과 int형은 전혀 다른 타입으로 인식하기 때문에 if문의 boolean값에 정수 값을 사용하면 컴파일러 에러가 발생한다.

Note. if, while의 반복조건

```
if(1) // 에러            if(true) // 맞는 표현
while(1) // 에러         while( a > 10) // 맞는 표현
```

다음 프로그램은 if 문을 이용하는 프로그램이다.

[예제 3-1] IfExam.java

```
public class IfExam {

    public static void main(String args[]) {

        boolean b = true;
```

```
        if(b) {
            System.out.println("b의 값은 true이다.");
        } else {
            System.out.println("b의 값은 false이다.");
        }
    }
}
```

실행결과

```
b의 값은 true이다.
```

••• *if, else 흐름제어 동작*

if, else문을 사용하여 score값이 70인 경우 if 문의 if, else 흐름제어를 살펴본다.

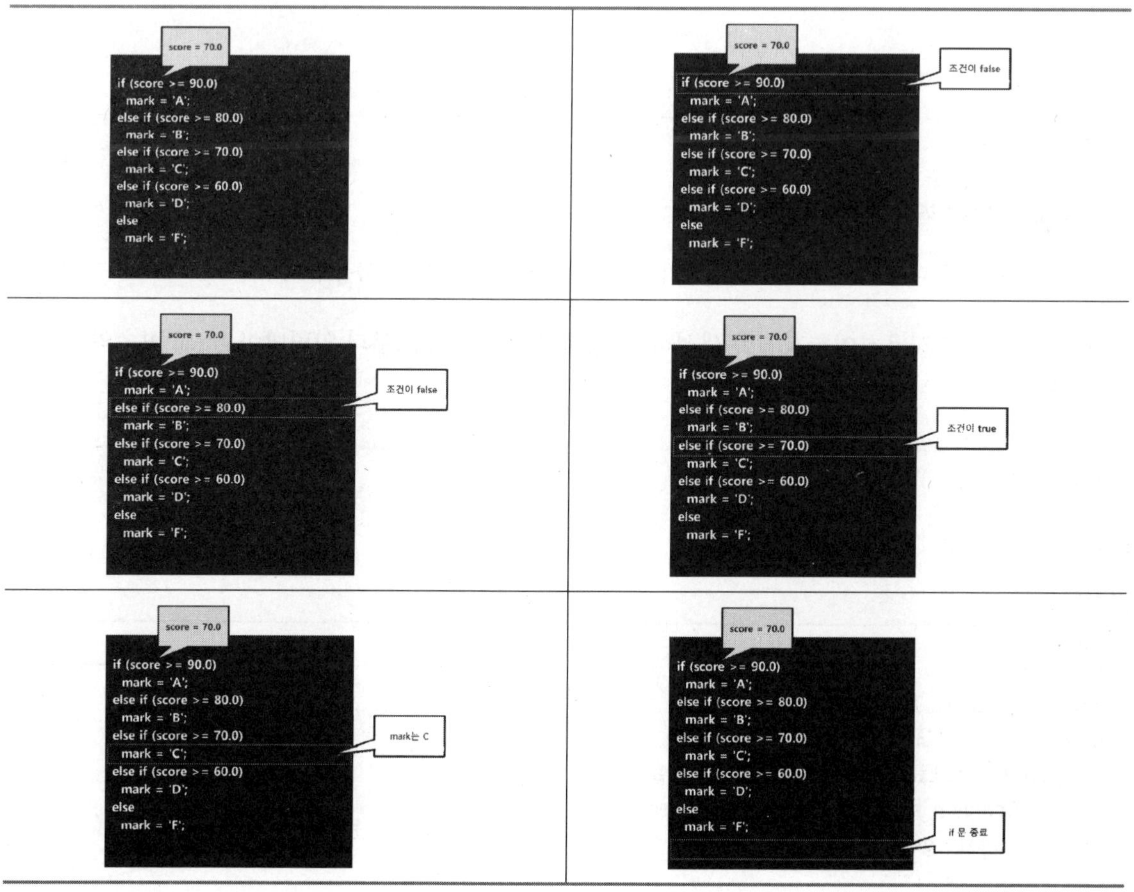

if문

조건에 따라 한 단위의 특정 작업을 수행해야 하는 경우 단순 if 문을 사용한다.

```
if( 조건식 ) {
    여러 문장;
}
```

조건식의 결과는 항상 참 또는 거짓이 된다.

```
public class SimpleIf {
    public static void main(String[] args) {

        double grade = 4.0;

        if (grade >= 4.0) {
            System.out.println("우수 학생입니다.");
        }
    }
}
```

if 문, Scanner 사용

입력된 정수 값에 따라 한 단위의 특정 작업을 수행해야 하는 경우에 사용한다.

Scanner 클래스를 사용하여 sc객체를 생성하고, 정수 값을 키보드로부터 입력받아 grade 변수의 값으로 사용 한다.

```
if( 조건식 ) {
    여러 문장;
}
다른 문장;
```

```
import java.util.Scanner;
public class SimpleIf2 {
    public static void main(String[] args) {
        Scanner sc = new Scanner(System.in);
        double grade;
```

```
        System.out.print("Grade?");
        grade = sc.nextDouble();
        if (grade >= 4.0) {
            System.out.println("우수 학생입니다.");
        }
    }
}
```

if, else 문

조건의 결과인 참(true) 또는 거짓(false)에 따라 특정 작업을 수행해야 하는 경우이다.

```
if( 조건식 ) {
    여러 문장;
} else {
    다른 문장;
}
```

예제) 나이가 65세 이상이면 "경로우대 승차권", 아니면 "일반 승차권"을 출력하고, 나이에 관계없이 "See you again"를 출력한다.

```
import java.util.Scanner;
public class IfElse {
    public static void main(String[] args) {
        Scanner sc = new Scanner(System.in);
        int age;
        System.out.print("Age?");
        age = sc.nextInt();

        if (age >= 65) {
            System.out.println("경로우대 승차권");
        } else {
            System.out.println("일반 승차권");
        }
            System.out.println("Thank you");
    }
}
```

••• 다중 if (if else if) 문

조건의 결과가 거짓일 경우 다시 선택조건을 제시하여 선택의 결과에 따라 처리하며, 결과가 거짓일 경우 다시 선택조건을 제시한다.

```
if( 조건식 ) {
    여러 문장;
} else if {
    다른 문장;
}
…
} else if {
    다른 문장;
} else {
    다른 문장;
}
```

예제 스포츠 과목의 점수를 입력 받아 점수에 따라 성적 부여(90-100: A, 80-89: B, 70-79: C, 60-69: D, 60미만: F)

```
import java.util.Scanner;
public class IfElseIf {
    public static void main(String[] args) {
        Scanner sc = new Scanner(System.in);
        int score;
        System.out.print("Score?");
        score = sc.nextInt();

        if (score >= 90) {
            System.out.println("A");
        } else if (score >= 80) {
            System.out.println("B");
        } else if (score >= 70) {
            System.out.println("C");
        } else if (score >= 60) {
            System.out.println("D");
        } else {
            System.out.println("F");
        }
    }
}
```

••• 내포된 if

모든 형태의 if문들은 내포 가능하다. 즉 if 안에 다른 if 문이 사용될 수 있다.

```
if( 조건식 ) {
    if( 조건식 ) {
        if( 조건식 ) {
            여러 문장;
        } else {
            다른 문장;
        }
    } else {
        다른 문장;
    }
} else {
    다른 문장;
}
```

예제 스포츠 과목의 점수를 입력 받아 점수에 따라 성적 부여(90-100: A, 80-89: B, 70-79: C, 60-69: D, 60미만: F)

```
import java.util.Scanner;
public class IfElseIf2 {
    public static void main(String[] args) {
        Scanner sc = new Scanner(System.in);
        int score;
        System.out.print("Score?");
        score = sc.nextInt();

        if (score >= 60) {
            if (score >= 70) {
                if (score >= 80) {
                    if (score >= 90) {
                        System.out.println("A");
                    } else {
                        System.out.println("B");
                    }
                } else {
                    System.out.println("C");
                }
            } else {
```

```
            System.out.println("D");
        }
    } else {
        System.out.println("F");
    }
  }
}
```

Switch문

switch문의 기본 문법은 다음과 같으며 중복된 if문을 사용할 때 switch문을 이용하여 선택 사항을 효율적으로 처리할 수 있다. switch문에서 표현식의 리턴 값으로 사용될 수 있는 값은 int와 char형만이 가능하다.

case문이 끝난 후에는 반드시 break를 이용하여 case의 흐름이 다른 case 문장으로 전개되지 않도록 해야 한다. default문은 case에 해당되는 것이 없을 때 수행되는 코드를 정의한다.

switch문

```
switch(표현식1) {
case 표현식2:
    실행문;
    break;
case 표현식2:
    실행문;
    break;
default:
    실행문;
    break;
}
```

다음은 switch 문을 이용하여 num의 값에 따라 수행될 부분이 결정되는 프로그램이다. 이 경우 case 문에 break문이 사용되지 않아서 의도하게 않게 여러 케이스가 실행된다.

[예제 3-2] SwitchExam1.java

```
public class SwitchExam1 {

    public static void main(String args[]) {
```

```
        int num = 2;

        switch(num) {
        case 1:
            System.out.println("num의 값은 1이다.");
        case 2:
            System.out.println("num의 값은 2이다.");
        case 3:
            System.out.println("num의 값은 3이다.");
        default:
            System.out.println("num의 값은 1~3이 아니다.");
        }
    }
}
```

실행결과

```
num의 값은 2이다.
num의 값은 3이다.
num의 값은 1~3이 아니다.
```

다음은 switch 문을 이용하여 num의 값에 따라 수행될 부분이 결정되는 프로그램이다. 이 경우 case 문에 break문 사용으로 원하는 케이스만 적용되었다.

[예제 3-3] SwitchExam2.java

```
public class SwitchExam2 {

    public static void main(String args[]) {

        int num = 2;

        switch(num) {
        case 1:
            System.out.println("num의 값은 1이다.");
            break;
        case 2:
            System.out.println("num의 값은 2이다.");
            break;
        case 3:
            System.out.println("num의 값은 3이다.");
```

```
                break;
            default:
                System.out.println("num의 값은 1~3이 아니다.");
            }
        }
    }
```

실행결과

```
num의 값은 2이다.
```

• • • switch 흐름제어 동작(break문이 없는 경우)

case문에 break문이 없는 경우의 동작으로, 주어진 case문을 빠져나가지 않고 하단으로 이어짐을 알 수 있다.

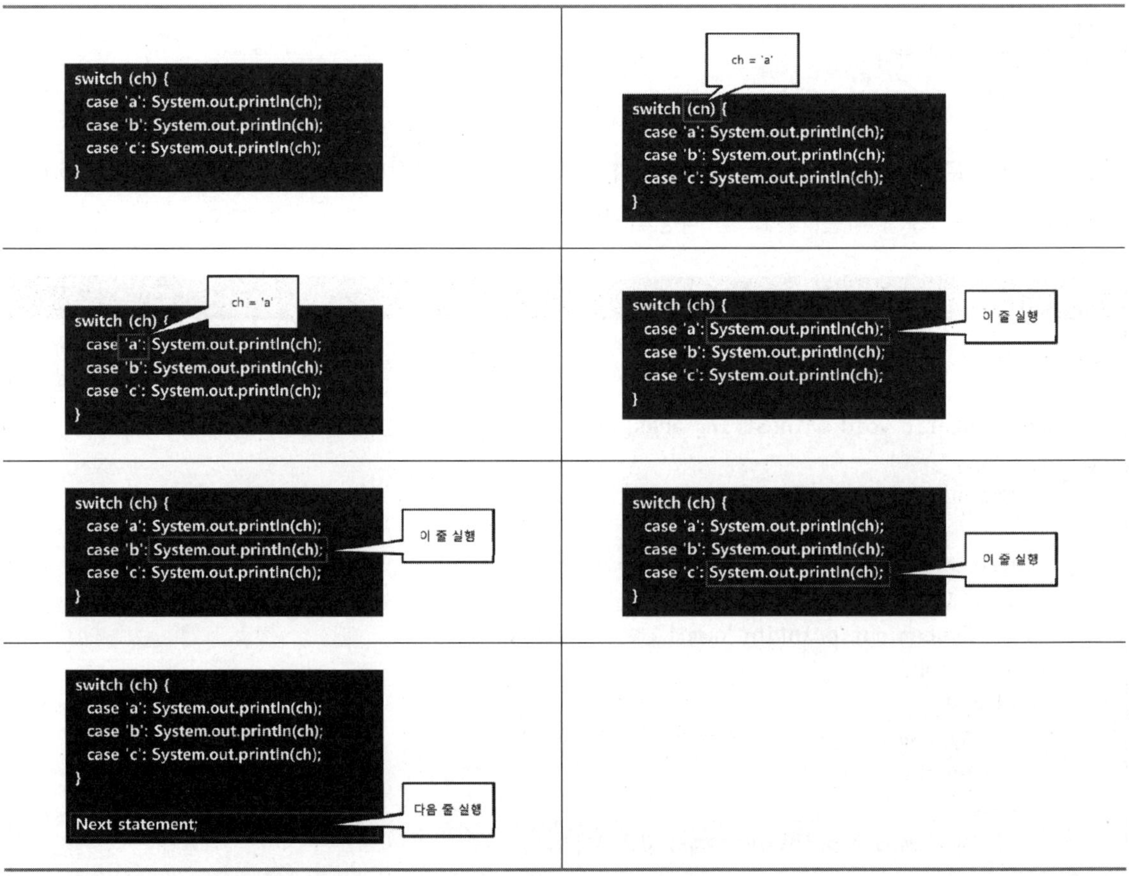

••• *switch 흐름제어 동작(break문이 있는 경우)*

case문에 break문이 있는 경우의 동작으로, 주어진 case문을 빠져나가는 것을 알 수 있다.

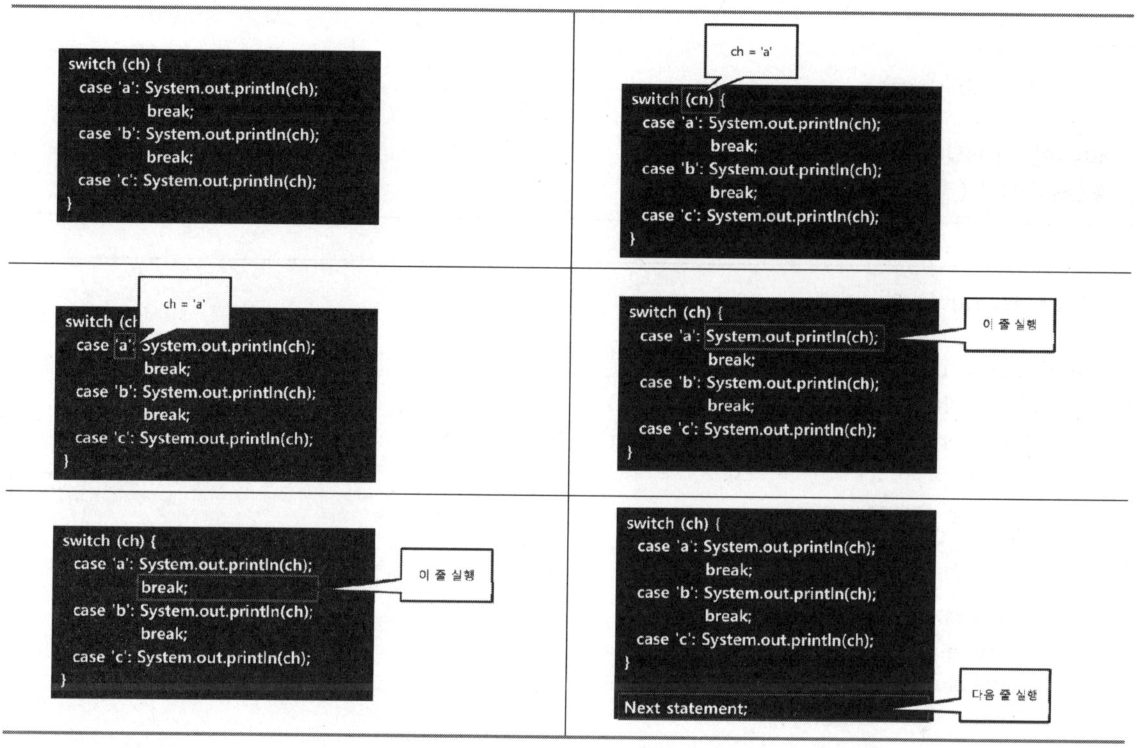

2.
관계 연산자

두 수의 값을 비교하기 위한 연산자로 주로 선택문이나 반복문의 조건식에서 사용된다. 관계 연산자가 포함된 조건식의 결과는 항상 참 또는 거짓이 된다.

연산자	사용법	설명
>	op1 > op2	op1이 op2보다 큰 경우
>=	op1 >= op2	op1이 op2보다 같거나 큰 경우
<	op1 < op2	op1이 op2보다 작은 경우
<=	op1 <= op2	op1이 op2보다 같거나 작은 경우
==	op1 == op2	op1과 op2가 같은 경우
!=	op1 != op2	op1과 op2가 같지 않은 경우

••• 관계 연산 프로그램

예제 이름과 점수를 입력 받아, 80점 이상이면 다음과 같이 출력한다.

```
80점 이상이면
홍길동 합격 (점수: 00)

80점 이상이 아닐때
홍길동 불합격 (점수: 00)
```

```
import java.util.Scanner;

public class IfElseNameScore {
    public static void main(String[] args) {
        Scanner sc = new Scanner(System.in);

        String name;
        int score;

        System.out.print("Name?");
        name = sc.next();
        System.out.print("Score?");
        score = sc.nextInt();

        if (score >= 80) {
            System.out.println(name + " 합격" + " (" + score + ")");
        } else {
            System.out.println(name + " 불합격" + " (" + score + ")");
        }
    }
}
```

예제 숫자를 입력받아 짝수인지, 홀수인지 판단하여 출력한다.

```
import java.util.Scanner;
public class IfElseOddEven {
    public static void main(String[] args) {
        Scanner sc = new Scanner(System.in);
        int num;

        System.out.print("num?");
        num = sc.nextInt();

        if (num % 2 == 0) {
            System.out.println(num + "은 짝수");
        } else {
            System.out.println(num + "은 홀수");
        }
    }
}
```

학습정리

1 선택문

단순 if 문(if)
이중 if 문(if-else)
다중 if 문(if-else if)
내포된 if 문

2 관계연산자

관계연산 조건식
관계연산 프로그램

연습문제

1 3항 연산자를 사용한 예제 Ternary.java를 if, else를 사용하여 수정하시오.

[예제] Ternary.java

```
class Ternary {
    public static void main(String[] args) {
      int a=5, b=7, max;

      // a가 b보다 큰 경우 a의 값을 아니면 b의 값을 max에 할당한다.
      max = a > b ? a : b;

      System.out.println("max=" + max);
    }
}
```

답

```
class TernaryToIfElse {
    public static void main(String[] args) {
      int a=5, b=7, max;

      if(a > b)
```

```
      max = a;
    else
      max = b;

    System.out.println("max=" + max);
  }
}
```

2 if else if문을 사용하여, 점수 score 변수의 값에 따라 다음 조건에 맞게 학점을 출력하는 프로그램을 작성하시오.

조건

90점 이상 'A'
80점 이상 'B'
70점 이상 'C'
60점 이상 'D'
60점 미만 'F'

답

```
public class IfScore {
  public static void main(String[] args) {
    char mark=' ';
    int score=75;

    if (score >= 90.0)
      mark = 'A';
    else if (score >= 80.0)
      mark = 'B';
    else if (score >= 70.0)
      mark = 'C';
    else if (score >= 60.0)
      mark = 'D';
    else
      mark = 'F';

    System.out.println("mark=" + mark);
  }
}
```

3 switch 문을 사용하여 점수 score 변수의 값에 따라 다음 조건에 맞게 학점을 출력하는 프로그램을 작성하시오.

조건

```
90점 'A'
80점 'B'
70점 'C'
60점 'D'
50점 'F'
```

답

```
public class SwitchScore {
    public static void main(String[] args) {
      char mark=' ';
      int score=70;

      switch(score) {
      case 90:
        mark = 'A';
        break;
      case 80:
        mark = 'B';
        break;
      case 70:
        mark = 'C';
        break;
      case 60:
        mark = 'D';
        break;
      default:
        mark = 'F';
      }

      System.out.println("mark=" + mark);
    }
}
```

4 상품의 개수와 단가 입력 받아, 총 금액을 계산, 상품의 개수가 20개 이상이면 10%할인, 50개이상이면 20%할인을 적용한다.

5 두 개의 숫자를 입력 받아 첫 번째 값이 두 번째 값보다 작으면 두 값을 바꾸어 출력하고, 그렇지 않으면 그대로 출력하는 프로그램을 작성한다.

CHAPTER

04

선택논리 2

학습목표

1 JJava 언어의 논리연산자에 대해 설명한다.

학습개요

1 논리연산자

- 논리연산자 : AND(&&)
- 논리연산자 : OR(||)
- 논리연산자 : NOT(!)

2 관계연산자

- 복합 조건 프로그램

1. 논리연산자

논리연산을 사용하여 다음과 같은 논리 상태를 구분하는 능력을 학습한다. 복합적인 조건을 구분하기 위해 대부분의 프로그래밍 언어에서는 복합 조건식의 사용을 허용하고 있다.

```
키가 160보다 크고, 180보다 작은사람
키가 160보다 크거나, 180보다 작은 사람
키가 180보다 크고, 나이가 18살 이상인 사람
키가 180보다 크거나, 나이가 18살 이상인 사람
남자가 아닌 사람
```

••• *복합조건식*

height(키)가 160보다 크고 180 미만인 논리연산을 다음과 같이 작성하면 오류가 된다.

```
160 < height < 180      // 틀린 사용 방법
```

논리연산자를 적절히 사용하지 않고 프로그램을 작성하여 문제를 해결하면, 프로그램이 길어지거나, 복잡해진다.

```
 if (160 < height)
  {
     if (height <180)
     {
     ........
     }
  }
```

복합조건식은 선택문과 반복문의 조건식에서 필수적으로 사용되며, 대부분의 프로그래밍 언어에서 복합조건을 표현하기 위해 논리연산자를 제공하고 있다.

가장 널리 사용되는 논리 연산자는 AND, OR, NOT 등이 있으며, C언어, Java, 자바스크립트가 동일한 논리연산자를 제공하고 있다.

••• 논리연산자, AND (&&)

AND(&&) 논리 연산자는 두 개의 피연산자를 가지며, 각각의 연산자는 참 또는 거짓의 값을 가져야 한다. AND(&&) 논리 연산자는 두 개의 피연산자가 모두 참인 경우에만 결과가 참이 된다.

피연산자1(조건식)	피연산자2(조건식)	AND(&&)
참(true)	참(true)	참(true)
참(true)	거짓(false)	거짓(false)
거짓(false)	참(true)	거짓(false)
거짓(false)	거짓(false)	거짓(false)

학년이 4학년이면서, 평점이 3.5 이상인 경우를 나타내면 다음과 같으며, 필요시 괄호를 사용하여 의미를 분명하게 하는 것이 좋다.

```
(grade == 4 && gpa >=3.5)

((grade == 4) && (gpa >=3.5))
// 괄호를 사용하여 의미를 분명하게
```

••• 논리연산자, AND (&&) 프로그램

다음 조건에 맞는 프로그램을 작성하시오.

1. 두 과목의 점수가 90점 이상인 프로그램을 작성하시오.

[예제 4-1] AndLogic1.java

```
import java.util.Scanner;

public class AndLogic1 {

    public static void main(String args[]) {
        Scanner sc = new Scanner(System.in);
        int eng, math;
        System.out.print("English?");
        eng = sc.nextInt();

        System.out.print("Math?");
        math = sc.nextInt();
```

```
        if(eng >= 90 &&  math >= 90 ) {
            System.out.println("두 과목의 점수가 90점 이상이다.");
        } else {
            System.out.println("두 과목의 점수가 90점 이상이 아니다.");
        }
    }
}
```

실행결과

```
C:\javasrc\ch04_logical2>javac AndLogic1.java
C:\javasrc\ch04_logical2>java AndLogic1
English?81
Math?95
두 과목의 점수가 90점 이상이 아니다.
```

2. 키에서 몸무게를 뺀 값이 10보다 크고, 110보다 작은 조건식

[예제 4-2] AndLogic2.java

```
import java.util.Scanner;

public class AndLogic2 {

    public static void main(String args[]) {
        Scanner sc = new Scanner(System.in);
        int height, weight;
        System.out.print("Height?");
        height = sc.nextInt();

        System.out.print("Weight?");
        weight = sc.nextInt();

        if(height-weight >= 10 && height-weight < 110 ) {
          System.out.println("키에서 몸무게를 뺀 값이 10보다 크고, 110보다 작다.");
        } else {
          System.out.println("키에서 몸무게를 뺀 값이 10보다 크고, 110보다 작지 않다.");
        }
    }
}
```

3. 성별이 남자이면서, 18세 이상

[예제 4-3] AndLogic3.java

```
import java.util.Scanner;

public class AndLogic3 {

    public static void main(String args[]) {
        Scanner sc = new Scanner(System.in);
        int gender, age;
        System.out.print("Mail 1 /Female 2 ?");
        gender = sc.nextInt();

        System.out.print("Age?");
        age = sc.nextInt();

        if(gender == 1 && age >= 18 ) {
            System.out.println("성별이 남자이면서, 18세 이상.");
        } else {
            System.out.println("성별이 남자가 아니거나, 18세 이상이 아님.");
        }
    }
}
```

4. 모든 과목 점수가 90점 이상

[예제 4-4] AndLogic4.java

```
import java.util.Scanner;

public class AndLogic4 {

    public static void main(String args[]) {
        Scanner sc = new Scanner(System.in);
        int subj1, subj2, subj3;
        System.out.print("subj1 ?");
        subj1 = sc.nextInt();
        System.out.print("subj2 ?");
        subj2 = sc.nextInt();
        System.out.print("subj3 ?");
        subj3 = sc.nextInt();
```

```
        if(subj1 >= 90 && subj2 >= 90 && subj3 >= 90) {
            System.out.println("모든 과목 점수가 90점 이상.");
        } else {
            System.out.println("모든 과목 점수가 90점 이상이 아님.");
        }
    }
}
```

논리연산자, OR (||)

OR(||) 논리 연산자는 두 개의 피연산자를 가지며, 각각의 연산자는 참 또는 거짓의 값을 가져야 한다. 두 개의 피연산자 모두 거짓인 경우에만 결과가 거짓이 되며, 나머지는 모두 참이 된다.

피연산자1(조건식)	피연산자2(조건식)	OR(||)
참(true)	참(true)	참(true)
참(true)	거짓(false)	참(true)
거짓(false)	참(true)	참(true)
거짓(false)	거짓(false)	거짓(false)

학년이 4학년이거나, 평점이 3.5이상인 경우를 나타내면 다음과 같으며, 필요시 괄호를 사용하여 의미를 분명하게 하는 것이 좋다.

```
(grade == 4 || gpa >=3.5)

((grade == 4) || (gpa >=3.5))
// 괄호를 사용하여 의미를 분명하게
```

논리연산자, OR (||) 프로그램

다음 조건에 맞는 프로그램을 작성하시오.

1. 두 과목의 점수중 한 과목이라도 90점 이상

[예제 4-5] OrLogic1.java

```
import java.util.Scanner;
```

```java
public class OrLogic1 {

    public static void main(String args[]) {
        Scanner sc = new Scanner(System.in);
        int eng, math;
        System.out.print("English?");
        eng = sc.nextInt();

        System.out.print("Math?");
        math = sc.nextInt();

        //if((eng + math) >= 90) {
        if(eng >= 90 ||  math >= 90 ) {
            System.out.println("두 과목 점수중 90점 이상이 있다.");
        } else {
            System.out.println("두 과목 점수중 90점 이상이 없다.");
        }
    }
}
```

2. 네 과목의 점수중 한 과목이라도 1등급이상

[예제 4-6] OrLogic2.java

```java
import java.util.Scanner;

public class OrLogic2 {

    public static void main(String args[]) {
        Scanner sc = new Scanner(System.in);
        int subj1, subj2, subj3, subj4;
        System.out.print("Subj1?");
        subj1 = sc.nextInt();

        System.out.print("Subj2?");
        subj2 = sc.nextInt();

        System.out.print("Subj3?");
        subj3 = sc.nextInt();

        System.out.print("Subj4?");
        subj4 = sc.nextInt();
```

```
        if(subj1 >= 90 || subj2 >= 90 || subj3 >= 90 || subj4 >= 90 ) {
            System.out.println("네 과목 점수중 90점 이상이 있다.");
        } else {
            System.out.println("네 과목 점수중 90점 이상이 없다.");
        }
    }
```

3. 회원 등급이 "gold"이거나 "silver" 만족

[예제 4-7] OrLogic3.java

```
import java.util.Scanner;

public class OrLogic3 {

    public static void main(String args[]) {
        Scanner sc = new Scanner(System.in);
        String grade;
        System.out.print("Grade?");
        grade = sc.nextLine();

        if(grade.equals("gold") || grade.equals("silver") ) {
            System.out.println("회원 등급 만족.");
        } else {
            System.out.println("회원 등급 불만족.");
        }
    }
}
```

4. 3과목 점수의 평균이 80점 이상이거나 toeic점수가 700점 이상

[예제 4-8] OrLogic4.java

```
import java.util.Scanner;

public class OrLogic4 {

    public static void main(String args[]) {
        Scanner sc = new Scanner(System.in);
        int subj1, subj2, subj3, toeic;
```

```
        System.out.print("Subj1?");
        subj1 = sc.nextInt();
        System.out.print("Subj2?");
        subj2 = sc.nextInt();
        System.out.print("Subj3?");
        subj3 = sc.nextInt();

        System.out.print("Toeic?");
        toeic = sc.nextInt();

        if((subj1+subj2+subj3)/3 >= 80 || toeic >= 700) {
            System.out.println("점수 만족.");
        } else {
            System.out.println("점수 불만족.");
        }
    }
}
```

••• 논리연산자, NOT (!)

NOT(!) 논리 연산자는 한 개의 피연산자를 가진 단항 연산자이며, 피 연산자가 가지고 있는 값을 반대로 바꾸는 연산자이다.

피연산자1(조건식)	피연산자2(조건식)	OR(||)
참(true)	참(true)	참(true)
참(true)	거짓(false)	참(true)
거짓(false)	참(true)	참(true)
거짓(false)	거짓(false)	거짓(false)

다음과 같이 사용한다.

```
입력된 숫자가 0이 아니다.
( ! (input == 0) )
또는
( input != 0 )

입력된 숫자가 0이다. NOT을 2번 사용
( ! ( ! (input == 0) ) )
```

2. 복합 조건 프로그램

논리연산자 AND, OR, NOT을 사용하는 복합 조건 프로그램을 작성하고 사용법을 배운다.

복합 조건 프로그램1

다음 조건에 맞는 프로그램을 작성하시오.

다음 두 조건이 만족하는 경우, "우수학생" 출력

두 과목 모두 80점 이상
(subj1 >= 80 && subj2 >=80)

두 과목의 합이 160점 이상
subj1+subj2 >=160

두 조건을 OR로 연결

[예제 4-9] GeneralLogic1.java

```
import java.util.Scanner;

public class GeneralLogic1 {

    public static void main(String args[]) {
        Scanner sc = new Scanner(System.in);
        int subj1, subj2;

        System.out.print("Subj1?");
        subj1 = sc.nextInt();
        System.out.print("Subj2?");
        subj2 = sc.nextInt();

        if( (subj1 >= 80 && subj2 >=80) || subj1+subj2 >=160) {
            System.out.println("점수 만족.");
        } else {
            System.out.println("점수 불만족.");
        }
    }
}
```

••• 복합 조건 프로그램2

다음 조건에 맞는 프로그램을 작성하시오.

> 두 수를 입력 받아, 두 수가 모두 짝수이면, 두 수의 합을 출력
>
> 조건식
> ((input1 % 2 == 0) && (input2 % 2 == 0))

[예제 4-10] GeneralLogic2.java

```
import java.util.Scanner;

public class GeneralLogic2 {

    public static void main(String args[]) {
        Scanner sc = new Scanner(System.in);
        int input1, input2;

        System.out.print("input1?");
        input1 = sc.nextInt();
        System.out.print("input2?");
        input2 = sc.nextInt();

        if((input1 % 2 == 0) && (input2 % 2 == 0))  {
            System.out.println("만족." + (input1+input2) );
        } else {
            System.out.println("불만족.");
        }
    }
}
```

학습정리

1 논리연산자

논리연산자 : AND(&&)
논리연산자 : OR(||)
논리연산자 : NOT(!)

2 복합 조건 프로그램

연습문제

1 3항 연산자를 사용한 예제 Ternary.java를 if, else를 사용하여 수정하시오.

[예제] Ternary.java

```
class Ternary {
    public static void main(String[] args) {
      int a=5, b=7, max;

      // a가 b보다 큰 경우 a의 값을 아니면 b의 값을 max에 할당한다.
      max = a > b ? a : b;

      System.out.println("max=" + max);
    }
}
```

답

```
class TernaryToIfElse {
    public static void main(String[] args) {
      int a=5, b=7, max;

      if(a > b)
        max = a;
      else
```

```
            max = b;

        System.out.println("max=" + max);
    }
}
```

2 if else if문을 사용하여, 점수 score 변수의 값에 따라 다음 조건에 맞게 학점을 출력하는 프로그램을 작성하시오.

조건

```
90점 이상 'A'
80점 이상 'B'
70점 이상 'C'
60점 이상 'D'
60점 미만 'F'
```

답

```
public class IfScore {
    public static void main(String[] args) {
      char mark=' ';
      int score=75;

      if (score >= 90.0)
        mark = 'A';
      else if (score >= 80.0)
        mark = 'B';
      else if (score >= 70.0)
        mark = 'C';
      else if (score >= 60.0)
        mark = 'D';
      else
        mark = 'F';

      System.out.println("mark=" + mark);
    }
}
```

3 switch 문을 사용하여 점수 score 변수의 값에 따라 다음 조건에 맞게 학점을 출력하는 프로그램을 작성하시오.

조건

```
90점  'A'
80점  'B'
70점  'C'
60점  'D'
50점  'F'
```

답

```
public class SwitchScore {
    public static void main(String[] args) {
      char mark=' ';
      int score=70;

      switch(score) {
      case 90:
        mark = 'A';
        break;
      case 80:
        mark = 'B';
        break;
      case 70:
        mark = 'C';
        break;
      case 60:
        mark = 'D';
        break;
      default:
        mark = 'F';
      }

      System.out.println("mark=" + mark);
    }
}
```

4 **switch 문의 선택 표현식에 사용 가능한 타입은 무엇인가?**

① char 타입 ② float 타입

③ 문자열 타입 ④ 객체 타입

답 ①

switch 문의 선택 표현식에는 int와 char형만 가능하다.

5 **다음 조건에 맞는 논리연산자 AND, OR, NOT을 사용하는 복합 조건 프로그램을 작성하라.**

조건

나이가 18세에서 30세 이하이면서, 학생이 아닌 경우 "구직 가능" 출력
나이가 18세 미만이거나 31세 이상이면서 학생이면 "구직 불가능" 출력
나이에 상관없이 학생이면 "학생 구직 불가능" 출력

답

```
public class LogicalOperatorsWithIfExample {
    public static void main(String[] args) {
        int age = 25;
        boolean isStudent = false;

        if (age >= 18 && age <= 30 && !isStudent) {
            System.out.println("구직가능");
        } else if (age < 18 || age > 30) {
            System.out.println("구직불가능");
        } else if (isStudent) {
            System.out.println("학생 구직불가능");
        }
    }
}
```

CHAPTER

05

반복논리 1

학습목표

1. Java 언어의 반복문(while, do while)에 대해 설명하고 예제를 통해 프로그램 구사 능력을 배양한다.

학습개요

1. 반복문 while
2. J반복문 do while
3. While 실습
4. Do While 실습

1.
반복처리

프로그램의 반복은 특정 조건 또는 고정된 반복 횟수에 따라 반복적으로 코드 블록을 실행하는 데 사용된다. 반복 작업을 통해 실행을 단순화하고 코드 가독성을 향상시키며 프로그램의 전반적인 기능이 향상된다.

••• *자동판매기*

Q. 반복구조는 왜 필요한가?

A. 같은 처리 과정을 되풀이하는 것이 필요하기 때문이다.

자동판매기에서도 다음과 같은 처리가 반복된다.

- 자동판매기에 투입되는 돈의 반복
- 음료수 선택의 반복
- 잔돈이 남았을때의 반복 주문
- 다른 사람에게 서비스하기 위한 반복

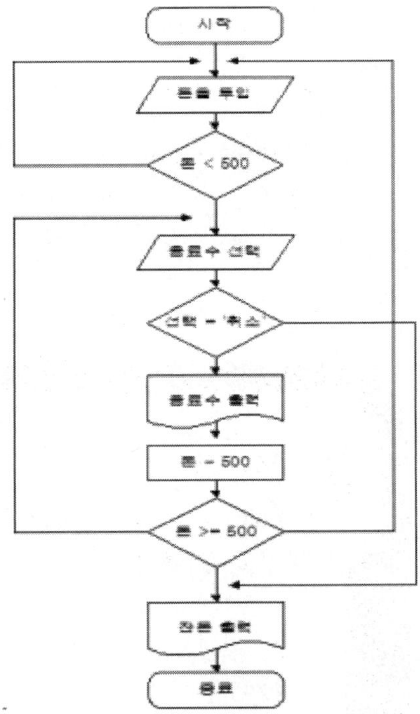

▲ **그림 5-1.** 자동판매기 반복 처리 흐름도

2.
While문

••• While 문, 시작, 변화, 끝

Java에서 while 루프는 지정된 조건이 참인 동안 코드 블록을 반복적으로 실행할 수 있는 흐름 제어문이다. 반복문은 시작, 변화, 끝의 구성 요소로 만들어진다.

while문은 boolean의 조건이 맞는 동안 실행문을 반복 수행

```
while(boolean) {
    실행문;
}
```

반복문없이 1부터 10까지의 합을 구하는 프로그램과 while 문을 이용하여 1부터 10까지의 합을 구하는 프로그램을 비교하면 다음과 같다.

<table>
<tr><th>While 문을 사용하지 않는 프로그램</th><th>While 문을 사용하는 프로그램</th></tr>
<tr><td>

```
public class WhileExam{
public static void main(String args[]) {

 intsum=0; inti=0;
 sum = sum + i; i++;
 sum = sum + i; i++;
 sum = sum + i; i++;
 sum = sum + i; i++;
 sum = sum + i; i++;
 sum = sum + i; i++;
 sum = sum + i; i++;
 sum = sum + i; i++;
 sum = sum + i; i++;
 sum = sum + i; i++;
 sum = sum + i; i++;
 System.out.println("합계는 " + sum);

}
 }
```

</td><td>

```
public class WhileExam{
public static void main(String args[]) {
int sum=0;
int i=0;
while(i<= 10) {
sum = sum + i;
i++;
}
System.out.println("합계는 " + sum);
}
 }
```

</td></tr>
</table>

••• While 문, 동작 시연

while 문 count 변수값의 변화됨에 따라, 반복문의 처리 흐름을 이해할 수 있다.

```
int count = 0;
while (count < 2)
{
   System.out.println("Welcome to JAVA!");
   count++;
}
```

```
int count = 0;
while (count < 2)
{
   System.out.println("Welcome to JAVA!");
   count++;
}
```

count 초기화

```
int count = 0;
while (count < 2)
{
   System.out.println("Welcome to JAVA!");
   count++;
}
```

(count < 2)이면 true

```
int count = 0;
while (count < 2)
{
   System.out.println("Welcome to JAVA!");
   count++;
}
```

Welcome to JAVA! 출력

```
int count = 0;
while (count < 2)
{
   System.out.println("Welcome to JAVA!");
   count++;
}
```

count를 1씩 증가
현재 count는 1

```
int count = 0;
while (count < 2)
{
   System.out.println("Welcome to JAVA!");
   count++;
}
```

count가 1이므로
(count < 2)는 true

```
int count = 0;
while (count < 2)
{
   System.out.println("Welcome to JAVA!");
   count++;
}
```

Welcome to JAVA! 출력

```
int count = 0;
while (count < 2)
{
   System.out.println("Welcome to JAVA!");
   count++;
}
```

count 1 증가,
count는 2가 됨

```
int count = 0;
while (count < 2)
{
   System.out.println("Welcome to JAVA!");
   count++;
}
```

count가 2이므로
(count < 2)는 false

```
int count = 0;
while (count < 2)
{
   System.out.println("Welcome to JAVA!");
   count++;
}
```

루프가 끝나고
다음 문장을 수행

••• While 예제

다음과 같은 내용을 출력하는 Java 프로그램을 while 반복문을 사용하여 작성하시오.

```
실행결과
#####
#####
#####
#####
#####
```

[예제 5-1] PrintSharp.java

```
public class PrintSharp {

    public static void main(String[] args) {
        int i=0;

        while (i < 5) {
            System.out.println("#####");
            i++;
        }
    }
}
```

••• While 문, 1~100까지의 수 중에서 홀수의 합

while문을 사용하여 1~100까지의 수 중에서 홀수의 합을 다음 두 가지 방법으로 작성하였다.

[예제 5-2] SumofOdd.java

```
public class SumofOdd {
    public static void main(String[] args) {
        int i=1, sum=0;

        while (i <= 100) {
            sum = sum + i;
            i = i + 2;
        }
        System.out.println("Sum : "+sum);
    }
}
/*
```

```
public class SumofOdd {
    public static void main(String[] args) {
        int i=1, sum=0;

        while (i <= 100) {
            if(i%2 == 1)
                sum = sum + i;
            i++;
        }
        System.out.println("Sum : "+sum);
    }
}
*/
```

••• *While 문, 3과목의 성적을 입력 받아 각 과목의 총점과 평균 출력*

[예제 5-3] TotAve.java

```
import java.util.Scanner;

public class TotAve {

    public static void main(String[] args) {

        int i=0, sum=0;

        while (i <3) {
            Scanner sc = new Scanner(System.in);
            System.out.print("score?");
            sum = sum + sc.nextInt();
            i++;
        }
        System.out.println("Sum : "+sum);
        System.out.println("Avg : "+ (sum/3));
    }
}
```

실행결과

```
score?90
score?85
score?80
Sum : 255
Avg : 85
```

3. Do While문

Java에서 do-while 루프는 while 루프와 유사한 또 다른 유형의 반복문이다. do-while 루프는 코드 블록을 적어도 한 번 실행한 다음 지정된 조건이 참인 동안 반복해서 실행한다.

do while 형식

```
do {
    실행문;
    // This code will always be executed at least once
} while (condition);
```

다음은 do while 문을 이용하여 1부터 10까지의 합을 구하는 프로그램이다.

[예제 5-4] DoWhileExam.java

```
public class DoWhileExam {

    public static void main(String args[]) {

        int sum=0;
        int i=0;

        do {
            sum = sum + i;
            i++;
        } while(i <= 10);

        System.out.println("합계는 " + sum);
    }
}
```

실행결과

```
합계는 55
```

••• *Do While 예제*

다음과 같은 내용을 출력하는 Java 프로그램을 while 반복문을 사용하여 작성하시오.

```
실행결과
#####
#####
#####
#####
#####
```

[예제 5-5] PrintSharpDoWhile.java

```
public class PrintSharpDoWhile {

    public static void main(String[] args) {
        int i=0;

        do {
            System.out.println("#####");
            i++;
        }while (i < 5);
    }
}
```

••• *Do While 문, 1~100까지의 수 중에서 홀수의 합*

do while문을 사용하여 1~100까지의 수 중에서 홀수의 합을 다음 두 가지 방법으로 작성하였다.

[예제 5-6] SumofOddDoWhile.java

```
public class SumofOddDoWhile {
    public static void main(String[] args) {
        int i=1, sum=0;

        do {
            sum = sum + i;
            i = i + 2;
        } while (i <= 100);
        System.out.println("DW Sum : "+sum);
    }
}
```

학습정리

1 반복문(while, do while)을 활용하는 능력을 배양

- while
- do while

연습문제

1 "Welcome to Java!"를 2회 출력하는 프로그램을 for 반복문을 사용하여 작성하시오.

답

```
public class ForExam2 {

    public static void main(String args[]) {

    int i;
    for (i = 0; i < 2; i++)
    {
      System.out.println("Welcome to Java!");
    }
    }
}
```

2 "Welcome to Java!"를 2회 출력하는 프로그램을 while 반복문을 사용하여 작성하시오.

답

```
public class WhileExam2 {

    public static void main(String args[]) {

    int count = 0;
    while (count < 2)
```

```
    {
      System.out.println("Welcome to Java!");
    count++;
    }

    }
}
```

3 "Welcome to Java!"를 2회 출력하는 프로그램을 do while 반복문을 사용하여 작성하시오.

답

```
public class DoWhileExam2 {

    public static void main(String args[]) {

    int count = 0;
    do
    {
      System.out.println("Welcome to Java!");
    count++;
    }while (count < 2);
    }
}
```

CHAPTER

06

반복논리 2

학습목표

1. Java 언어의 반복문(for, while, do while)에 대해 설명하고 종합 예제를 통해 프로그램 구사 능력을 배양한다.

학습개요

1. 반복문
2. 기타 흐름 제어문
3. 반복문 실습
4. 자동판매기 프로그램

1.
For 문

Java에서 for 루프는 특정 횟수만큼 코드 블록을 반복할 수 있게 해주는 제어 흐름 문이다. 정의된 초기화, 조건 및 업데이트로 루프를 표현하는 간결한 방법을 제공한다.

for문 형식

```
for(초기값; 검사식; 증가값) {
    실행문;
}
```

- 초기식 : 주로 반복 변수의 초기화를 위해 사용. 초기식은 처음 한번만 수행
- 조건식 : 조건을 나타내며, 조건식이 참일 동안 반복부분 수행
- 실행문(반복부분) : 반복될 문장들로 구성
- 증감식 : 반복 후에 반드시 수행되는 문장. 주로 조건식에 변화를 주는 수식으로 구성

••• *For 문, 동작 시연*

초기값, 검사식, 증가값의 변화됨에 따라, for 반복문의 처리 흐름을 이해할 수 있다.

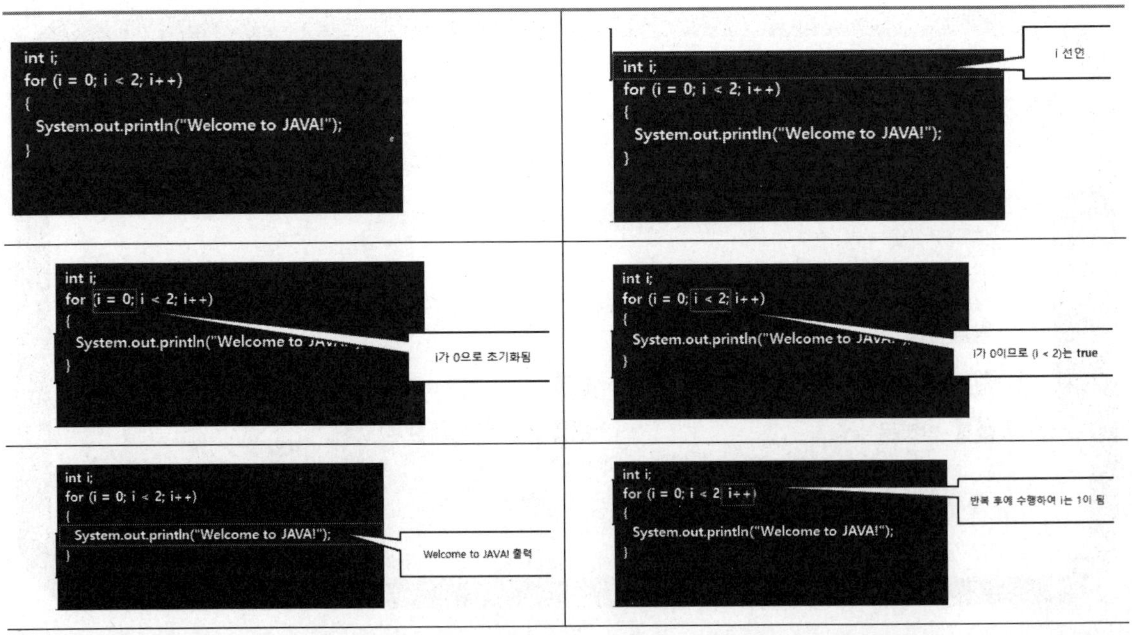

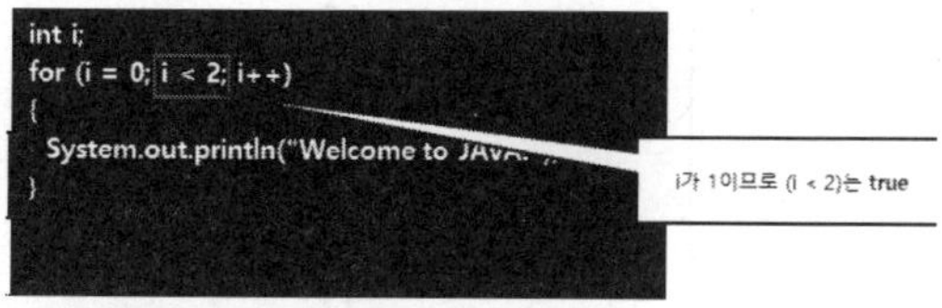

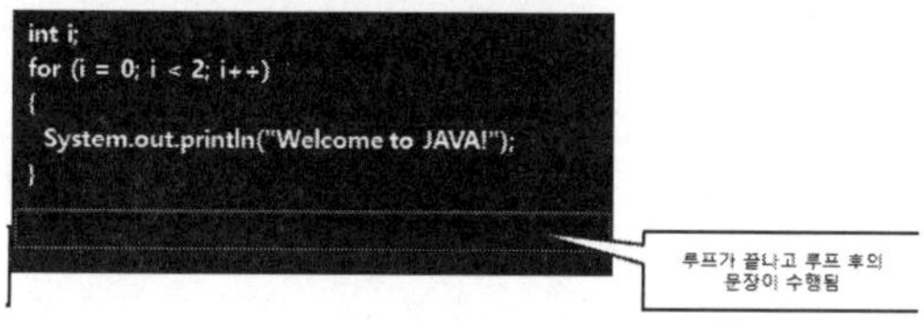

••• *For 문*

다음과 같은 내용을 출력하는 Java 프로그램을 while 반복문을 사용하여 작성하시오.

[예제 6-1] ForExam.java

```
public class ForExam {

    public static void main(String args[]) {
        int sum=0;
        for(int i=1; i <= 10; i++) {
            sum = sum + i;
        }
        System.out.println("합계는 " + sum);
    }
}
```

위 프로그램에서 i변수 값의 변화에 따라 실행되는 내용을 살펴보자.

i	실행 내용	sum 변수의 값
i=1	sum=sum+1;	1
i=2	sum=sum+2;	3
i=3	sum=sum+3;	6
i=4	sum=sum+4;	10

i=5	sum=sum+5;	15
i=6	sum=sum+6;	21
i=7	sum=sum+7;	28
i=8	sum=sum+8;	36
i=9	sum=sum+9;	45
i=10	sum=sum+10;	55

실행결과

```
합계는 55
```

••• *while, do-while, for 문의 차이점*

문제의 특성에 따라 적합한 반복문을 선택해서 사용한다.

while	do-while	for

· while문은 boolean의 조건이 맞는 동안 실행문을 반복 수행
 	
while(boolean) {
    실행문;
}
	· do while문은 boolean의 조건이 맞는 동안 실행문을 반복 수행
	· do while문은 boolean의 조건이 맞지 않더라도 한 번은 실행문을 수행
	
	do {
	    실행문;
	} while(boolean);
		· 횟수를 지정하여 특정 횟수만큼 반복할 수 있는 반복문
		· C, Java, 자바스크립트에 제공되는 for문의 구문구조 동일
		
		for(초기값; 검사식; 증가값) {
		    실행문;
		}

••• *while, do-while, for, 1~100사이 홀 수의 합 구하기*

while, do-while, for 문으로 작성한 프로그램은 매우 유사하다. 시작, 변화, 끝의 조건을 확인하고, 문제의 특성에 따라 적합한 반복문을 선택해서 사용한다.

while	do-while	for

int i=1, sum=0;
 	
while (i <= 100) {
  if(i%2 == 1)
    sum = sum + i;
    i++;
}
	int i=1, sum=0;
	
	do {
	  if(i%2 == 1)
	    sum = sum + i; i++;
	} while (i <= 100);
		int sum=0;
		
		for(int i=1; i <= 100; i+=2) {
		    sum = sum + i;
		}

2. 기타 흐름 제어문

다음의 흐름 제어문들은 앞에서 제시한 흐름 제어문을 보조하는 역할을 한다.

- label : 실행문;
  - break 또는 continue의 라벨을 표시할 때 사용한다.
- return 표현식;
  - 함수나 메서드 값의 반환 시에 사용한다.
- break [label];
  - 라벨이 없으면 수행중인 반복문을 빠져나간다. 라벨이 있으면 라벨이 표시된 블록을 빠져나간다.
- continue [label];
  - 라벨이 없으면 수행중인 반복문 처음으로 이동한다. 라벨이 있으면 라벨이 표시된 블록으로 이동하여 수행을 계속한다.

••• *Break 사용 예제1*

for 문이 반복문의 반복문 형태로 있는 경우에, 안쪽 for문에서 break를 하면 안쪽 for를 빠져나가지만, 바깥쪽 for는 여전히 동작하여 수행된다.

[예제 6-2] BreakEx.java

```
public class BreakEx {

    public static void main(String[] args) {

        for (int i = 0; i < 3; i++) {
            System.out.println("Outer Loop: " + i);

            for (int j = 0; j < 3; j++) {
                System.out.println(" Inner Loop: " + j);
                if (j == 1)
                    break;
            }
        }
    }
}
```

실행결과

```
Outer Loop: 0
    Inner Loop: 0
    Inner Loop: 1
Outer Loop: 1
    Inner Loop: 0
    Inner Loop: 1
Outer Loop: 2
    Inner Loop: 0
    Inner Loop: 1
```

••• Break 사용 예제2

for 문이 반복문의 반복문 형태로 있는 경우에, 안쪽 for문에서 break label;를 하면 라벨이 표시된 블록을 빠져나간다.

[예제 6-3] BreakEx2.java

```
public class BreakEx2 {
    public static void main(String[] args) {
        mylabel: for (int i = 0; i < 3; i++) {
            System.out.println("Outer Loop: " + i);

            for (int j = 0; j < 3; j++) {
                System.out.println(" Inner Loop: " + j);
                if (j == 1)
                    break mylabel;
            }
        }
    }
}
```

실행결과

```
Outer Loop: 0
    Inner Loop: 0
    Inner Loop: 1
```

••• *Continue 사용 예제1*

for 문이 반복문의 반복문 형태로 있는 경우에, 안쪽 for문에서 continue를 하면 안쪽 for의 처음으로 이동한다.

[예제 6-4] ContinueEx.java

```
public class ContinueEx {

    public static void main(String[] args) {

        for (int i = 0; i < 3; i++) {
            System.out.println("Outer Loop: " + i);

            for (int j = 0; j < 3; j++) {
                if (j == 1)
                    continue;
                System.out.println(" Inner Loop: " + j);
            }

        }
    }
}
```

실행결과

```
Outer Loop: 0
    Inner Loop: 0
    Inner Loop: 2
Outer Loop: 1
    Inner Loop: 0
    Inner Loop: 2
Outer Loop: 2
    Inner Loop: 0
    Inner Loop: 2
```

••• *Continue 사용 예제2*

for 문이 반복문의 반복문 형태로 있는 경우에, 안쪽 for문에서 continue label;를 하면 라벨이 표시된 블록으로 이동하여 수행을 계속한다.

[예제 6-5] ContinueEx2.java

```
public class ContinueEx2 {
    public static void main(String[] args) {

        mylabel: for (int i = 0; i < 3; i++) {
            System.out.println("Outer Loop: " + i);

            for (int j = 0; j < 3; j++) {
                if (j == 1)
                    continue mylabel;

                System.out.println(" Inner Loop: " + j);
            }
        }
    }
}
```

실행결과

```
Outer Loop: 0
    Inner Loop: 0
Outer Loop: 1
    Inner Loop: 0
Outer Loop: 2
    Inner Loop: 0
```

3.
중첩된 반복문

Java의 중첩된 반복문은 반복문 내부에 다른 반복문을 사용하여, 여러 수준의 반복을 생성하여 반복 작업 내에서 반복 작업을 수행할 수 있다. 외부 반복문의 내부에 내부 반복문을 작성한다.

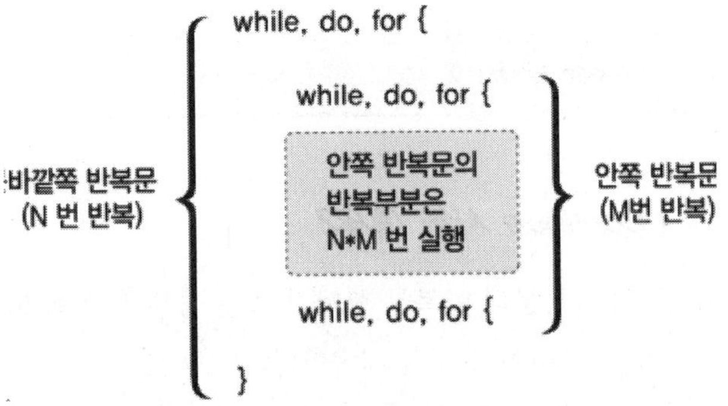

▲ 그림 6-1. 중첩된 반복문 구조

••• 반복문의 중첩 사용, '#'를 사용하여 다음과 같은 모양을 출력하시오(반복횟수 5).

```
*
**
***
****
*****
```

[예제 6-6] NestedLoop1.java

```
public class NestedLoop1 {
    public static void main(String[] args) {

        for (int j = 0; j < 5; j++) {
            for (int j2 = 0; j2 <= j; j2++) {
                System.out.print("#");
            }
            System.out.println("");
        }
    }
}
```

••• 반복문의 중첩 사용, '#'를 사용하여 다음과 같은 모양을 출력하시오(반복횟수 5).

```
*****
****
***
**
*
```

[예제 6-7] NestedLoop2.java

```
public class NestedLoop2 {
    public static void main(String[] args) {

        for (int j = 0; j < 5; j++) {
            for (int j2 = 5; j2 > j; j2--) {
                System.out.print("#");
            }
            System.out.println("");
```

```
        }
    }
}
```

While 문, 구구단 출력

while문을 사용하여 다음과 같이 구구단을 출력한다.

```
2 * 1 = 2
2 * 2 = 4
2 * 3 = 6

.... 중략

2 * 9 = 18
3 * 1 = 3
3 * 2 = 6

.... 중략

9 * 6 = 54
9 * 7 = 63
9 * 8 = 72
9 * 9 = 81
```

[예제 6-8] GuGuDan.java

```
public class GuGuDan {
    public static void main(String[] args) {
        int i=2, j=1, sum=0;

        while (i <= 9){
            j=0;
            while (j <= 9){
                System.out.println(i + " * " + j + " = " + (i*j));
                j++;
            }
            i++;
        }
    }
}
```

While 문, 구구단 가로 출력

while문을 사용하여 다음과 같이 구구단을 가로로 출력한다.

```
2 * 1 = 2    3 * 1 = 3    4 * 1 = 4    5 * 1 = 5    6 * 1 = 6    7 * 1 = 7    8 * 1 = 8    9 * 1 = 9
2 * 2 = 4    3 * 2 = 6    4 * 2 = 8    5 * 2 = 10   6 * 2 = 12   7 * 2 = 14   8 * 2 = 16   9 * 2 = 18
2 * 3 = 6    3 * 3 = 9    4 * 3 = 12   5 * 3 = 15   6 * 3 = 18   7 * 3 = 21   8 * 3 = 24   9 * 3 = 27
2 * 4 = 8    3 * 4 = 12   4 * 4 = 16   5 * 4 = 20   6 * 4 = 24   7 * 4 = 28   8 * 4 = 32   9 * 4 = 36
2 * 5 = 10   3 * 5 = 15   4 * 5 = 20   5 * 5 = 25   6 * 5 = 30   7 * 5 = 35   8 * 5 = 40   9 * 5 = 45
2 * 6 = 12   3 * 6 = 18   4 * 6 = 24   5 * 6 = 30   6 * 6 = 36   7 * 6 = 42   8 * 6 = 48   9 * 6 = 54
2 * 7 = 14   3 * 7 = 21   4 * 7 = 28   5 * 7 = 35   6 * 7 = 42   7 * 7 = 49   8 * 7 = 56   9 * 7 = 63
2 * 8 = 16   3 * 8 = 24   4 * 8 = 32   5 * 8 = 40   6 * 8 = 48   7 * 8 = 56   8 * 8 = 64   9 * 8 = 72
2 * 9 = 18   3 * 9 = 27   4 * 9 = 36   5 * 9 = 45   6 * 9 = 54   7 * 9 = 63   8 * 9 = 72   9 * 9 = 81
```

[예제 6-9] GuGuDan2.java

```
public class GuGuDan2 {
    public static void main(String[] args) {
        int i=1, j=2, sum=0;

        while (i <= 9){
            j=2;
            while (j <= 9){
                System.out.print("  " + j + " * " + i + " = " + (i*j) + "  ");
                j++;
            }
            System.out.println();
            i++;
        }
    }
}
```

••• Do While 문, 구구단 가로 출력

Do while문을 사용하여 다음과 같이 구구단을 가로로 출력한다.

```
2 * 1 = 2    3 * 1 = 3    4 * 1 = 4    5 * 1 = 5    6 * 1 = 6    7 * 1 = 7    8 * 1 = 8    9 * 1 = 9
2 * 2 = 4    3 * 2 = 6    4 * 2 = 8    5 * 2 = 10   6 * 2 = 12   7 * 2 = 14   8 * 2 = 16   9 * 2 = 18
2 * 3 = 6    3 * 3 = 9    4 * 3 = 12   5 * 3 = 15   6 * 3 = 18   7 * 3 = 21   8 * 3 = 24   9 * 3 = 27
2 * 4 = 8    3 * 4 = 12   4 * 4 = 16   5 * 4 = 20   6 * 4 = 24   7 * 4 = 28   8 * 4 = 32   9 * 4 = 36
2 * 5 = 10   3 * 5 = 15   4 * 5 = 20   5 * 5 = 25   6 * 5 = 30   7 * 5 = 35   8 * 5 = 40   9 * 5 = 45
2 * 6 = 12   3 * 6 = 18   4 * 6 = 24   5 * 6 = 30   6 * 6 = 36   7 * 6 = 42   8 * 6 = 48   9 * 6 = 54
2 * 7 = 14   3 * 7 = 21   4 * 7 = 28   5 * 7 = 35   6 * 7 = 42   7 * 7 = 49   8 * 7 = 56   9 * 7 = 63
2 * 8 = 16   3 * 8 = 24   4 * 8 = 32   5 * 8 = 40   6 * 8 = 48   7 * 8 = 56   8 * 8 = 64   9 * 8 = 72
2 * 9 = 18   3 * 9 = 27   4 * 9 = 36   5 * 9 = 45   6 * 9 = 54   7 * 9 = 63   8 * 9 = 72   9 * 9 = 81
```

[예제 6-10] GuGuDanDoWhile.java

```java
public class GuGuDanDoWhile {
    public static void main(String[] args) {
        int i=1, j=2;

        do {
            j=2;
            do {
                System.out.print("  " + j + " * " + i + " = " + (i*j) + "  ");
                j++;
            }while (j <= 9);
            System.out.println();
            i++;
        }while (i <= 9);
    }
}
```

4.
자동판매기 프로그램

자동판매기(vending machine) 프로그램을 설계하고 작성하여 순차, 선택, 반복의 프로그래밍의 원리를 익히고 코드 구사 능력을 높이도록 한다.

••• 문제 설정 및 분석

가상의 자판기가 있다. 동전을 넣고 세 가지 종류의 음료수 사이다, 주스, 콜라를 뽑을 수 있으며, 음료수 한 캔의 값은 500원이며, 500원 보다 작은 돈을 입력하면 500월 이상이 될 때까지 연속해서 돈을 투입 받는다. 500원보다 큰돈을 넣고 연속해서 음료수를 뽑을 수 있으며 잔돈이 500보다 작으면 잔돈을 돌려준다. 자판기 동작을 수행하는 프로그램을 설계해 보자.

1. 500원 이상일 경우에만 음료수를 뽑을 수 있다.
2. 네 개의 단추를 두고서 사이다, 주스, 콜라, 취소를 선택해야 한다.
3. 음료수를 내보낸다.
4. 잔돈이 남는지를 판단한다.
5. 잔돈이 500원 보다 크면 연속해서 음료수를 뽑을 수 있다.
6. 잔돈이 500원 보다 작으면 잔돈을 돌려주고 돈을 새로 투입 받기 위한 대기 상태가 된다.

••• 프로그램 설계

- 변수 : 입력된 돈, 선택된 메뉴
- 상수 : 음료수 한 캔 값(500원)
- 프로그램의 구조 : 선택 + 반복 제어 구조
- 문제 해결 전략
  - ① 돈을 넣는다.
  - ② 500원보다 작으면 ①로 다시 간다.
  - ③ 사이다, 주스, 콜라, 취소 중에 하나를 선택한다.
  - ④ 취소를 선택하면 ⑧번으로 이동한다.
  - ⑤ 선택한 음료수를 내보낸다.
  - ⑥ 입력된 금액에서 500원을 뺀 후, 잔액이 500원보다 크거나 같으면 ③으로 이동한다.
  - ⑦ 입력된 금액에서 500원을 뺀 후, 잔액이 500원보다 작으면 잔액을 되돌려 주고 ① 번으로 이동한다.

⑧ 잔돈을 돌려주고 프로그램을 종료한다.

••• 프로그램 흐름도

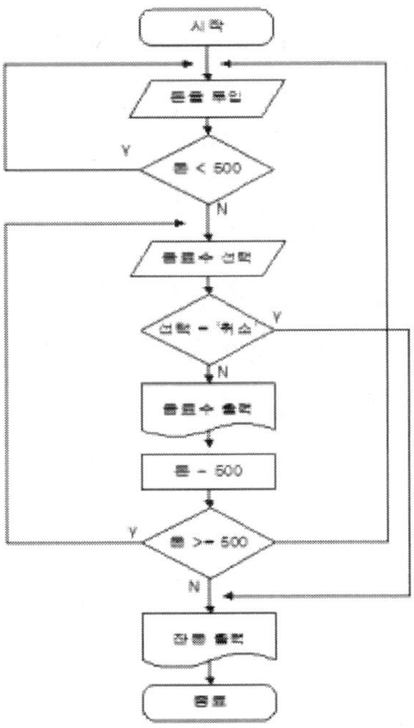

▲ **그림 6-2.** 자동판매기 흐름도

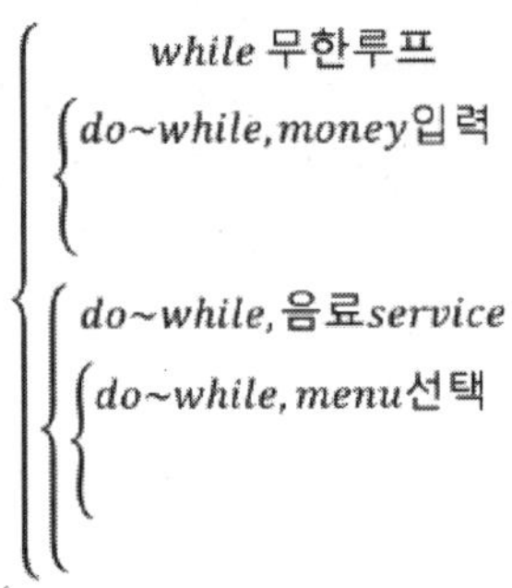

▲ **그림 6-3.** 자동판매기 중첩된 반복문

••• 전체 프로그램

자판기 프로그램에서는 금액의 투입과 음료수 선택을 위해 java.util.Scanner 클래스를 사용하고 있다.

[예제 6-11] VendingMachine.java

```
public class VendingMachine {
    public static void main(String args[]) {
        int MAX=500; // 음료수 가격
        int m=0, t=0, s=0; // 임시 변수

        java.util.Scanner ss = new java.util.Scanner(System.in); // 입력 위한 클래스

    while(true) {
        m=t=s=0; // 다음 루프를 위한 변수 초기화
        do {
        // 입력된 금액 표시
        System.out.println("\nTotal="+ t + ", Input the money: ");
```

```
            m = ss.nextInt(); // 사용자 입력값
            t = t + m; // t에 입력값 m을 더함
        } while( t < MAX); // 최소 음료 가격 체크
        System.out.println("Total="+ t); // 입력값 출력 확인

    do {
    do {
      System.out.println("=============");
      System.out.println("   M E N U   ");
      System.out.println("=============");
        System.out.println("1. Coke");
        System.out.println("2. Cyder");
        System.out.println("3. Coffee");
        System.out.println("9. Quit");
        System.out.println("=============");

    System.out.println("\nSelect a num: ");   // 음료 선택
    s = ss.nextInt();
    } while( !( (s >= 1 && s <= 3) || s==9) ); // 음료 선택 값 체크

    switch( s ) { // 음료를 내보내는 부분
    case 1: System.out.println("Coke is served");
        break;
    case 2: System.out.println("Cyder is served");
        break;
    case 3: System.out.println("Coffee is served");
        break;
    case 9: System.out.println("Quit...");
        break;
    }
    if(s == 9) { break; } // 선택이 9인 경우 반복을 벗어남

    t = t - MAX; // 잔돈 계산
    System.out.println("\nTotal="+ t);
    } while( t >= MAX); // 잔돈이 MAX 보다 큰 경우 연속하여 음료 선택 가능
    System.out.println("반환잔돈=" + t); // 잔돈이 부족한 경우 반환
  }
  }
}
```

실행결과

```
Total=0, Input the money:
200

Total=200, Input the money:
1000
Total=1200
=============
  M E N U
=============
1. Coke
2. Cyder
3. Coffee
9. Quit
=============

Select a num:
2
Cyder is served
Total=700

=============
  M E N U
=============
1. Coke
2. Cyder
3. Coffee
9. Quit
=============

Select a num:
3
Coffee is served

Total=200
반환잔돈=200

Total=0, Input the money:
```

학습정리

1 반복문(for, while)을 활용하는 능력을 배양

- for
- while
- do while

2 break, continue

3 스스로 문제를 만들고 프로그래밍하여 해결하는 것이 중요함

- 종합예제(VendingMachine)

연습문제

1 중첩된 반복문을 사용, 1~100 사이의 임의 숫자를 생성하고, 사용자 입력에 따라 숫자를 맞추는 게임 프로그램을 작성하시오.

조건

1. 사용자가 예측할 때마다, 예측값이 임의 숫자보다 낮을 때는 low를 출력
2. 사용자가 예측할 때마다, 예측값이 임의 숫자보다 높을 때는 high를 출력
3. 몇 회 만에 예측이 이루어졌는지 결과를 제시
4. 게임 반복 여부를 묻고 새 게임 진행 또는 종료를 결정

답

```
import java.util.Scanner;

public class GameExample {
    public static void main(String[] args) {
        Scanner scanner = new Scanner(System.in);
        String playAgain;

        do {
            int randomNumber = (int) (Math.random() * 100) + 1;
```

```
            int guess;
            int attempts = 0;

            System.out.println("Welcome to the Number Guessing Game!");
            System.out.println("I'm thinking of a number between 1 and 100.");
            System.out.println("Can you guess it?");

            while (true) {
                System.out.print("Enter your guess: ");
                guess = scanner.nextInt();
                attempts++;

                if (guess == randomNumber) {
                    System.out.println("Congratulations! You guessed it right!");
                    break;
                } else if (guess < randomNumber) {
                    System.out.println("Too low. Try again.");
                } else {
                    System.out.println("Too high. Try again.");
                }
            }

            System.out.println("You took " + attempts + " attempts to guess the number.");

            System.out.print("Do you want to play again? (yes/no): ");
            playAgain = scanner.next();
            System.out.println();

        } while (playAgain.equalsIgnoreCase("yes"));

        System.out.println("Thank you for playing the game. Goodbye!");
    }
}
```

CHAPTER

07

배열

학습목표

1 배열을 이해하고, 반복문에서 배열을 활용할 수 있다.

학습개요

1 1차원 배열

2 2차원 배열

3 배열을 사용한 프로그램 응용

1. 배열(Arrays)

배열은 같은 타입으로 연속된 공간에 할당되는 고정된 길이를 가지는 변수이다. 배열은 선언할 때 크기를 지정하지 않고 생성될 때 배열의 크기가 정해진다. 한번 정해진 배열의 크기는 변경시킬 수 없다.

다음 그림은 크기 10인 배열의 구조를 보여주는 것이며 인덱스(첨자)를 통해 배열의 요소를 탐색하게 된다. 인덱스는 0부터 시작하여 9까지가 된다.

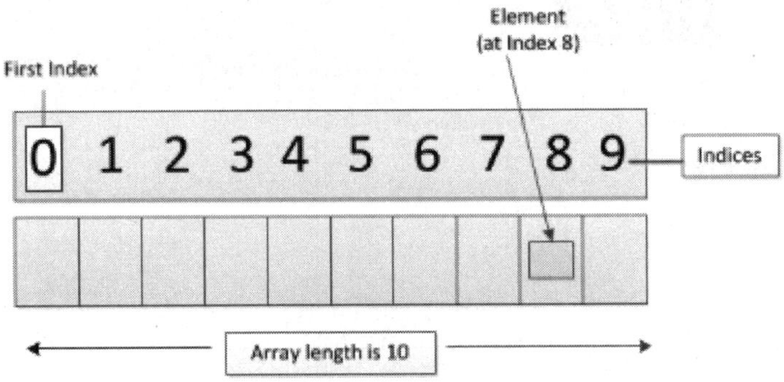

▲ **그림 7-1.** 배열 구조

••• *배열의 선언*

배열을 사용하기 위한 첫 단계로 배열을 선언한다. 이때 주의할 점은 배열의 크기를 명시하지 말아야 한다. 배열 괄호의 위치는 자유롭다. 따라서 첨자가 앞에 오거나 뒤에 오는 아래 두 표현은 같은 것이다.

```
int []myArray;
int myArray[];
```

••• *배열의 생성, 초기화 및 사용*

선언한 배열을 크기 지정하여 배열을 생성한다.

```
// 생성
myArray = new int[5];
// 배열에 값을 초기화한다.
myArray[0] = 100;
```

```
myArray[1] = 200;
myArray[2] = 300;
myArray[3] = 400;
myArray[4] = 500;
// 배열 값 사용
System.out.println("Element at index 0: " + myArray[0]);
System.out.println("Element at index 1: " + myArray[1]);
```

배열 선언 시 초기화

배열 선언 시 초기화를 하여 사용할 수 있다.

```
// 선언 및 초기화
int myArray[] = { 100, 200, 300, 400, 500};
// 배열 값 사용
System.out.println("Element at index 0: " + myArray[0]);
System.out.println("Element at index 1: " + myArray[1]);
```

배열 기본 예제

다음은 정수의 배열 예제로 임의 값을 저장하고 출력한다.

[예제 7-1] ArrayTest.java

```
class ArrayTest1 {
    public static void main(String[] args) {
        // 정수 배열 선언
        int[] myArray;

        // 크기 5의 배열 생성
        myArray = new int[5];

        // 배열 값 저장
        myArray[0] = 100;
        myArray[1] = 200;
        myArray[2] = 300;
        myArray[3] = 400;
        myArray[4] = 500;

        // 배열 위치의 값 출력
```

```
        System.out.println("Element at index 0: " + myArray[0]);
        System.out.println("Element at index 1: " + myArray[1]);
        System.out.println("Element at index 2: " + myArray[2]);
        System.out.println("Element at index 3: " + myArray[3]);
        System.out.println("Element at index 4: " + myArray[4]);
    }
}
```

실행결과

```
Element at index 0: 100
Element at index 1: 200
Element at index 2: 300
Element at index 3: 400
Element at index 4: 500
```

위와 같이 단순 반복되는 작업은 반복문(예, for, while, do while)을 사용하여 작성하면 보다 효율적이다.

••• *배열 사이즈(length) 구하기*

다음은 배열 멤버인 length를 통해 배열의 크기(사이즈)를 구하는 예제이다.

[예제 7-2] ArrayTest2.java

```
public class ArrayTest2 {
    public static void main(String args[]) {
        int arr1[] = new int[5];
        int arr2[] = { 1, 2, 3, 4, 5, 6, 7 };
        int arr3[] = { 4, 3, 2, 1, 0 };
        System.out.println("arr1 length : " + arr1.length);
        System.out.println("arr2 length : " + arr2.length);
        System.out.println("arr3 length : " + arr3.length);
    }
}
```

실행결과

```
arr1 length : 5
arr2 length : 7
arr3 length : 5
```

••• 반복문으로 배열의 합 구하기

다음은 scores 배열의 성적 합계와 평균을 구하는 예제이다.

[예제 7-3] ArrayTest3.java

```
public class ArrayTest3 {
    public static void main(String args[]) {
        int scores[] = { 99, 85, 95, 88, 100 };
        int sum = 0;
        int i;

        for (i = 0; i < 5; i++)
            sum = sum + scores[i];

        System.out.println("Average is " + sum / 5);
    }
}
```

실행결과

```
Average is 93
```

••• 반복문으로 배열의 합 구하기2

다음은 scores 배열의 성적 합계와 평균을 구하는 예제이다. 전형적인 for 문의 형식인 초기, 조건, 증가에 대한 내용이 함축되어 있다.

[예제 7-4] ArrayTest4.java

```
public class ArrayTest4 {
    public static void main(String args[]) {
        int scores[] = { 99, 85, 95, 88, 100 };
        for (int i : scores) {
            System.out.println(i);
        }
    }
}
```

실행결과

```
99
```

```
85
95
88
100
```

다차원 배열의 생성, 초기화 및 사용

인덱스가 하나 이상 있는 배열을 말한다. 첨자의 위치가 자유롭기 때문에 다음 세 가지 표현은 모두 동일한 것이다.

```
int [][]yourArray; // 모두 같은 표현
int []yourArray[]; // 모두 같은 표현
int yourArray[][]; // 모두 같은 표현
```

단, 다음의 경우에는 인덱스의 위치에 따라 의미가 달라지니 유의하기 바란다. 즉, 앞의 괄호는 뒤의 변수에 영향을 미친다는 것을 알 수 있다.

```
int [][]yourArray, hisArray; // int yourArray[][], hisArray[][]; 와 같다.
int []yourArray[], hisArray; // int yourArray[][], hisArray[]; 와 같다.
int yourArray[][], hisArray; // int yourArray[][], hisArray; 와 같다.
```

배열의 생성, 초기화 및 사용

선언한 배열을 크기 지정하여 배열을 생성한다.

```
// 선언
int yourArray[][]; // 크기 지정을 하지 않음
// 생성
yourArray = new int[2][3]; // 정수 3개짜리 배열이 2개 있다는 의미
// 초기화
yourArray[0][0] = 100;
yourArray[0][1] = 200;
yourArray[0][2] = 300;
yourArray[1][0] = 400;
yourArray[1][1] = 500;
yourArray[1][2] = 600;
```

또는

```
// 선언, 생성, 초기화를 한 번에 처리
int yourArray[][] = new int[2][3] = { 100, 200, 300, 400, 500, 600};

// 사용
System.out.println("Element at index 0: " + yourArray[0][0]);
System.out.println("Element at index 1: " + yourArray[0][1]);
```

반복문으로 2차원 배열 초기화 및 출력

다음은 크기가 4x5인 2차원 배열을 for문을 사용하여 초기화하고 출력하는 예제이다.

[예제 7-5] ArrayTest5.java

```
public class ArrayTest5 {
    public static void main(String args[]) {
        int twoDArr[][] = new int[4][5];
        int cnt=10;

        for (int i = 0; i < twoDArr.length; i++) {
            for (int j = 0; j < twoDArr[0].length; j++) {
                twoDArr[i][j] = cnt++;
            }
        }
        for (int i = 0; i < twoDArr.length; i++) {
            for (int j = 0; j < twoDArr[0].length; j++) {
                System.out.print(twoDArr[i][j] + " ");
            }
            System.out.println();
        }
    }
}
```

실행결과

```
10 11 12 13 14
15 16 17 18 19
20 21 22 23 24
25 26 27 28 29
```

반복문으로 3차원 배열 초기화 및 출력

다음은 크기가 2x4x5인 3차원 배열을 for문을 사용하여 초기화하고 출력하는 예제이다.

[예제 7-6] ArrayTest6.java

```
public class ArrayTest6 {
    public static void main(String args[]) {
        int threeDArr[][][] = new int[2][4][5];
        int cnt = 10;

        for (int i = 0; i < threeDArr.length; i++) {
            for (int j = 0; j < threeDArr[0].length; j++) {
                for (int k = 0; k < threeDArr[0][0].length; k++) {
                    threeDArr[i][j][k] = cnt++;
                }
            }
        }
        for (int i = 0; i < threeDArr.length; i++) {
            for (int j = 0; j < threeDArr[0].length; j++) {
                for (int k = 0; k < threeDArr[0][0].length; k++) {
                    System.out.print(threeDArr[i][j][k] + " ");
                }
                System.out.println();
            }
            System.out.println();
        }
    }
}
```

실행결과

```
10 11 12 13 14
15 16 17 18 19
20 21 22 23 24
25 26 27 28 29

30 31 32 33 34
35 36 37 38 39
40 41 42 43 44
45 46 47 48 49
```

2차원 배열을 for-each 방식으로 초기화 및 출력

다음은 크기가 2차원 배열을 for-each 방식을 사용하여 초기화하고 출력하는 예제이다.

[예제 7-7] ArrayTest7.java

```
public class ArrayTest7 {
    public static void main(String args[]) {
        int scores[][] = new int[2][3];
        int cnt = 0;

        for (int i = 0; i < scores.length; i++)
            for (int j = 0; j < scores[0].length; j++)
                scores[i][j] = cnt++;

        for (int x[] : scores) {
            for (int y : x) {
                System.out.println("Value : " + y);
            }
        }
    }
}
```

실행결과

```
Value : 0
Value : 1
Value : 2
Value : 3
Value : 4
Value : 5
```

배열 길이 동적 할당

2차원 이상의 배열을 선언할 경우 2차원의 배열 크기는 정해지지만, 1차원 배열의 크기는 서로 다르게 작성될 수도 있다. 예를 들어, 사과 10개 상자와 20개 상자를 하나의 배열에 작성하는 경우 2차원 배열의 크기는 2가 되고 1차원 배열의 크기는 10, 20으로 서로 다르게 될 수 있다.

배열의 길이가 서로 다른 2차원배열 예제1

다음 표와 같이 2차원 배열의 크기는 5이고 1차원 배열의 크기는 각각 1~5인 2차원 정수 배열을 작성하고 초기화하는 프로그램을 작성한다.

```
int arr[][] = new int[5][];
    arr[0] = new int[1];
    arr[1] = new int[2];
    arr[2] = new int[3];
    arr[3] = new int[4];
    arr[4] = new int[5];
```

arr[][0]	arr[][1]	arr[][2]	arr[][3]	arr[][4]
0				
1	2			
3	4	5		
6	7	8	9	
10	11	12	13	14

[예제 7-8] DynamicArrayTest1.java

```
public class DynamicArrayTest1 {
    public static void main(String args[]) {
        int cnt=0;
        int arr[][] = new int[5][];
        arr[0] = new int[1];
        arr[1] = new int[2];
        arr[2] = new int[3];
        arr[3] = new int[4];
        arr[4] = new int[5];

        for (int i = 0; i < arr.length; i++) {
            for (int j = 0; j < i + 1; j++) {
                arr[i][j] = cnt++;
            }
        }
        for (int i = 0; i < arr.length; i++) {
            for (int j = 0; j < i + 1; j++)
                System.out.print(" arr[" + i + "][" + j + "] = " + arr[i][j]);
            System.out.println();
        }
    }
}
```

실행결과

```
arr[0][0] = 0
arr[1][0] = 1 arr[1][1] = 2
arr[2][0] = 3 arr[2][1] = 4 arr[2][2] = 5
arr[3][0] = 6 arr[3][1] = 7 arr[3][2] = 8 arr[3][3] = 9
arr[4][0] = 10 arr[4][1] = 11 arr[4][2] = 12 arr[4][3] = 13 arr[4][4] = 14
```

••• 배열의 길이가 서로 다른 2차원배열 예제2

다음 표와 같이 2차원 배열의 크기는 5이고 1차원 배열의 크기는 각각 1 ~ 5인 2차원 문자열 배열을 작성하고 초기화하는 프로그램을 작성한다.

String arr[][] = new String[5][];	arr[][0]	arr[][1]	arr[][2]	arr[][3]	arr[][4]
arr[0] = new String[1];	0				
arr[1] = new String[2];	0	1			
arr[2] = new String[3];	0	1	2		
arr[3] = new String[4];	0	1	2	3	
arr[4] = new String[5];	0	1	2	3	4

[예제 7-9] DynamicArrayTest2.java

```
public class DynamicArrayTest2 {
    public static void main(String args[]) {
        String arr[][];
        arr = new String[5][];

        for(int i=0; i < arr.length; i++) {
            arr[i] = new String[i+1];

            for(int j=0; j < arr[i].length; j++) {
                arr[i][j] = "" + j;
            }
        }
        for(int i=0; i < arr.length; i++) {
            for(int j=0; j < arr[i].length; j++) {
                System.out.print(" arr[" + i + "][" + j + "] = " + arr[i][j]);
            }
            System.out.println();
        }
    }
}
```

실행결과

```
arr[0][0] = 0
arr[1][0] = 0 arr[1][1] = 1
arr[2][0] = 0 arr[2][1] = 1 arr[2][2] = 2
arr[3][0] = 0 arr[3][1] = 1 arr[3][2] = 2 arr[3][3] = 3
arr[4][0] = 0 arr[4][1] = 1 arr[4][2] = 2 arr[4][3] = 3 arr[4][4] = 4
```

••• 배열 선언과 초기화가 함께 이루어진 2차원배열

[예제 7-10] DynamicArrayTest3.java

```
public class DynamicArrayTest3 {
    public static void main(String args[]) {
        int arr[][] = {
                { 0, 1, 2, 3 },
                { 4, 5, 6, 7 },
                { 8, 9, 10, 11 },
                { 12, 13, 14, 15 }
            };
        for (int i = 0; i < arr.length; i++) {
            for (int j = 0; j < arr[0].length; j++) {
                System.out.print(arr[i][j] + " ");
            }
            System.out.println();
        }
    }
}
```

실행결과

```
0 1 2 3
4 5 6 7
8 9 10 11
12 13 14 15
```

학습정리

1 1차원 배열

2 2차원 배열

3 배열을 사용한 프로그램 응용

연습문제

1 정수형 2차원 배열을 선언한 것으로 맞지 않는 것은?

① int x[][];　　② int []x[];
③ int [][]x;　　④ int x[5][7];

답 ④
배열 괄호의 위치를 자유로우나, 위치에 따른 의미는 달라진다. 변수 앞의 괄호는 뒤의 변수에 영향을 미친다. 배열 선언시에는 크기를 지정할 수 없다.

2 정수 1차원 배열 score를 선언하고 크기 5로 정의하시오.

답

방법1	방법2
int score[] = new int[5];	int score[]; score = new int[5];

3 정수 1차원 배열 score를 선언하고 다음 값으로 초기화 하시오. score 배열의 합을 for문을 사용하여 구하는 프로그램을 작성하시오. 이때 for문 안에서 중간 합계도 출력하도록 하시오.

```
score 배열 초기값: 10, 20, 30, 40, 50, 60, 70
```

실행결과

```
10 30 60 100 150 210 280 Sum=280
```

답

```
public class Array1 {

    public static void main(String[] args) {
        int score[] = { 10, 20, 30, 40, 50, 60, 70 };
        int sum = 0;

        // for 작성
        for (int i = 0; i < score.length; i++) {
            sum = sum + score[i];
            System.out.print(sum + " ");
        }
        System.out.println("Sum=" + sum);
    }
}
```

4 문자열(String) 1차원 배열을 다음과 같이 선언 및 초기화 하고 출력하는 프로그램을 작성하시오.

```
score 배열 초기값: "How", "have", "you", "been", "?"
1) 배열 선언과 초기화 함께 작성
2) 배열 선언후 문자열 리터럴로 초기화
3) 배열 선언후 문자열 객체로 초기화
```

실행결과

```
How have you been ?
How have you been ?
How have you been ?
```

답

```
public class Array2 {

    public static void main(String[] args) {
        String str[] = { "How", "have", "you", "been", "?" };
        String str2[] = new String[5];
```

```
        str2[0] = "How";
        str2[1] = "have";
        str2[2] = "you";
        str2[3] = "been";
        str2[4] = "?";

        String str3[] = new String[5];
        str3[0] = new String("How");
        str3[1] = new String("have");
        str3[2] = new String("you");
        str3[3] = new String("been");
        str3[4] = new String("?");

        // for 작성
        for (int i = 0; i < str.length; i++) {
            System.out.print(str[i] + " ");
        }
        System.out.println();

        for (int i = 0; i < str2.length; i++) {
            System.out.print(str2[i] + " ");
        }
        System.out.println();

        for (int i = 0; i < str3.length; i++) {
            System.out.print(str3[i] + " ");
        }
        System.out.println();
    }
}
```

5 정수 1차원 배열 temp를 다음과 같이 초기화 하고 40이 있는지 찾는 프로그램을 작성하시오.

```
temp 배열 초기값: 10, 20, 30, 40, 50
```

실행결과

```
40 : 4번째
40 is found
```

답

```
public class Array3 {

    public static void main(String[] args) {
        int temp[] = { 10, 20, 30, 40, 50 };
        boolean isfound = false;

        int k = 40;
        for (int i = 0; i < temp.length; i++) {
            if (temp[i] == k) {
                System.out.println(temp[i] + " : " + (i + 1) + "번째");
                isfound = true;
            }
        }

        if (isfound) {
            System.out.println(k + " is found");
        } else {
            System.out.println(k + " is NOT found");
        }
    }
}
```

6 각 사람의 점수와 이름이 다음과 같이 정수 1차원 배열 score, 문자열 배열 name에 저장되어 있다고 할 때 점수가 77인 사람을 검색하는 프로그램을 작성하시오.

```
score 배열 초기값: 89, 87, 98, 100, 77
name 배열 초기값: "cskim", "phpark", "sdoh", "chlim", "drlee"
```

실행결과

```
77 : 5번째, 이름은: drlee
```

답

```
public class Array4 {

    public static void main(String[] args) {
        int score[] = { 89, 87, 98, 100, 77 };
        String name[] = { "cskim", "phpark", "sdoh", "chlim", "drlee" };
```

```
        int k = 77;
        for (int i = 0; i < score.length; i++) {
            if (score[i] == k) {
                System.out.println(score[i] + " : " + (i + 1) + "번째, " + "이름은: " + name[i]);
            }
        }
    }
}
```

7 정수 1차원 배열 score를 다음과 같이 초기화 하고 오름차순으로 정렬하는 프로그램을 작성하시오.

```
score 배열 초기값: 32, 89, 5, 23, 67, 45, 8, 99, 24, 68
```

실행결과

```
BEFORE: 32 89 5 23 67 45 8 99 24 68
AFTER: 5 89 32 23 67 45 8 99 24 68
AFTER: 5 8 89 32 67 45 23 99 24 68
AFTER: 5 8 23 89 67 45 32 99 24 68
AFTER: 5 8 23 24 89 67 45 99 32 68
AFTER: 5 8 23 24 32 89 67 99 45 68
AFTER: 5 8 23 24 32 45 89 99 67 68
AFTER: 5 8 23 24 32 45 67 99 89 68
AFTER: 5 8 23 24 32 45 67 68 99 89
AFTER: 5 8 23 24 32 45 67 68 89 99
```

답

```
public class Array5 {

    public static void main(String[] args) {
        int score[] = { 32, 89, 5, 23, 67, 45, 8, 99, 24, 68 };
        int temp = 0;

        System.out.print("BEFORE: ");
        for (int i = 0; i < score.length; i++) {
            System.out.print(score[i] + " ");
        }

        for (int j = 0; j < score.length - 1; j++) {
            for (int i = j; i < score.length - 1; i++) {
```

```
                if (score[j] > score[i + 1]) {
                    temp = score[j];
                    score[j] = score[i + 1];
                    score[i + 1] = temp;
                }
            }

            System.out.print("\nAFTER: ");
            for (int i = 0; i < score.length; i++) {
                System.out.print(score[i] + " ");
            }
        }
    }
}
```

8 문자 2차원 배열 tree를 선언하고 1차원의 크기 5, 2차원의 크기 10으로 정의하시오.

답

방법1	방법2	방법3

int tree[][] = new int[2][3];	int tree[][];
	tree = new int[2][3];
		int tree[][];
		tree = new int[2][];
		tree[0] = new int[3];
		tree[1] = new int[3];

9 정수 2차원 배열 score를 다음과 같이 초기화 하시오. 각 1차원 배열은 학생 번호와 3과목 점수로 구성되어 있다고 할 때 각 학생의 총점을 구하는 프로그램을 작성하시오.

```
score 배열 초기값: { { 15001, 88, 89, 96 }, { 15007, 77, 98, 67 }, { 15003, 55, 79, 96 },
                   { 15902, 89, 86, 79 }, { 16573, 91, 67, 74 } }
```

실행결과

```
학번 15001의 총점 : 273
학번 15007의 총점 : 242
학번 15003의 총점 : 230
학번 15902의 총점 : 254
학번 16573의 총점 : 232
```

답

```
public class Array6 {
    int a;

    public static void main(String[] args) {
        int sum = 0;
        int score[][] = { { 15001, 88, 89, 96 }, { 15007, 77, 98, 67 },
                { 15003, 55, 79, 96 }, { 15902, 89, 86, 79 },
                { 16573, 91, 67, 74 } };

        for (int i = 0; i < score.length; i++) {
            sum = 0;
            for (int j = 1; j < score[0].length; j++) {
                sum += score[i][j];
            }
            System.out.println("학번 " + score[i][0] + "의 총점 : " + sum);
        }
    }
}
```

※ 다음 테이블과 같이 배열 A, B가 작성되어 있을 때 프로그램을 작성하시오(문제 10 ~ 문제 14).

A 테이블

No	Height	ID
11	178	12
12	170	13
13	165	11
14	169	11
15	185	11

B 테이블

ID	Score
11	200
12	500
13	450

10 A 테이블 리스트를 출력하는 프로그램을 작성하시오.

실행결과

```
11 12 13 14 15
178 170 165 169 185
12 13 11 11 11
```

답

```
public class Array7 {

    public static void main(String[] args) {
        int A[][] = {{11, 12, 13, 14, 15},{178, 170, 165, 169, 185}, {12, 13, 11, 11, 11}};

        for (int i=0 ; i < 3; i=i+1) {
          for (int j=0 ; j < 5 ; j=j+1) {
            System.out.print(A[i][j] + " ");
          }
          System.out.println();
        }
    }
}
```

11 B 테이블 리스트를 출력하는 프로그램을 작성하시오.

실행결과

```
11 12 13
200 500 450
```

답

```
public class Array8 {

    public static void main(String[] args) {
        int B[][] = {{11, 12, 13},{200, 500, 450}};

        for (int i=0 ; i < 2 ; i=i+1) {
          for (int j=0 ; j < 3; j=j+1) {
            System.out.print(B[i][j] + " ");
          }
          System.out.println();
```

```
        }
    }
}
```

12 No, Height, ID, Score를 출력하는 프로그램을 작성하시오.

실행결과

```
11 178 12 500
12 170 13 450
13 165 11 200
14 169 11 200
15 185 11 200
```

답

```
public class Array9 {

    public static void main(String[] args) {
        int A[][] = {{11, 12, 13, 14, 15},{178, 170, 165, 169, 185}, {12, 13, 11, 11, 11}};
        int B[][] = {{11, 12, 13},{200, 500, 450}};

        for (int j=0 ; j < 5 ; j=j+1) {
          for (int p=0 ; p < 3 ; p=p+1) {
            if(A[2][j] == B[0][p]) {
            System.out.println(A[0][j] + " " + A[1][j] + " " + B[0][p] + " " + B[1][p]);
            }
          }
        }
    }
}
```

13 ID가 11인 사람의 No, Height, ID, Score를 출력하는 프로그램을 작성하시오.

실행결과

```
13 165 11 200
14 169 11 200
15 185 11 200
```

답

```
public class Array10 {

    public static void main(String[] args) {
        int A[][] = {{11, 12, 13, 14, 15},{178, 170, 165, 169, 185}, {12, 13, 11, 11, 11}};
        int B[][] = {{11, 12, 13},{200, 500, 450}};

        for (int j=0 ; j < 5 ; j=j+1) {
          for (int p=0 ; p < 3 ; p=p+1) {
            if(A[2][j] == 11 && A[2][j] == B[0][p]) {
            System.out.println(A[0][j] + " " + A[1][j] + " " + B[0][p] + " " + B[1][p]);
            }
          }
        }
    }
}
```

14 ID가 11인 사람의 Height 합계를 출력하는 프로그램을 작성하시오.

실행결과

```
11 165
11 334
11 519
11 519
```

답

```
public class Array11 {

    public static void main(String[] args) {
        int A[][] = {{11, 12, 13, 14, 15},{178, 170, 165, 169, 185}, {12, 13, 11, 11, 11}};
        int B[][] = {{11, 12, 13},{200, 500, 450}};

        int sum=0;
        for (int j=0 ; j < 5 ; j=j+1) {
            if(A[2][j] == 11) {
              sum = sum + A[1][j];
              System.out.println(A[2][j] + " " + sum);
            }
        }
        System.out.println("11 " + sum);
```

```
    }
}
```

※ 다음과 같이 클래스 Emp, Dept가 작성되어 있고 초기값이 주어져 있을 때 프로그램을 작성하시오(문제 15 ~ 문제 19).

Emp 클래스

```
public class Emp {
    int no;
    String name;
    int deptno;

    public Emp(int no, String name, int deptno) {
        super();
        this.no = no;
        this.name = name;
        this.deptno = deptno;
    }

    public String toString() {
        return "no=" + no + ", name=" + name + ", deptnoo=" + deptno;
    }

}
```

Dept 클래스

```
public class Dept {
    int dno;
    String dname;

    public Dept(int dno, String dname) {
        super();
        this.dno = dno;
        this.dname = dname;
    }

    public String toString() {
        return "dno=" + dno + ", dname=" + dname;
    }
}
```

사원(Emp) 테이블

No	Name	Deptno
11	kim	12
12	lee	13
13	park	11
14	choi	11
15	kwon	11

부서(Dept) 테이블

Deptno	Deptname
11	Marketing
12	Financing
13	Planning

15 사원(Emp) 테이블 리스트를 출력하는 프로그램을 작성하시오.

실행결과

```
no=1, name=Kim, deptnoo=2
no=2, name=Lee, deptnoo=3
no=3, name=Park, deptnoo=1
no=4, name=Choi, deptnoo=1
no=5, name=Kwon, deptnoo=1
```

답

```
public class Array12 {

    public static void main(String[] args) {
        Emp emp[] = new Emp[5];
        emp[0] = new Emp(1, "Kim", 2);
        emp[1] = new Emp(2, "Lee", 3);
        emp[2] = new Emp(3, "Park", 1);
        emp[3] = new Emp(4, "Choi", 1);
        emp[4] = new Emp(5, "Kwon", 1);

        Dept dept[] = new Dept[3];
        dept[0] = new Dept(1, "Marketing");
```

```
        dept[1] = new Dept(2, "Financing");
        dept[2] = new Dept(3, "Planning");

        for (int j = 0; j < 5; j = j + 1) {
            System.out.println(emp[j].toString());
        }
    }
}
```

16 부서(Dept) 테이블 리스트를 출력하는 프로그램을 작성하시오.

실행결과

```
dno=1, dname=Marketing
dno=2, dname=Financing
dno=3, dname=Planning
```

답

```
public class Array13 {

    public static void main(String[] args) {
        Emp emp[] = new Emp[5];
        emp[0] = new Emp(1, "Kim", 2);
        emp[1] = new Emp(2, "Lee", 3);
        emp[2] = new Emp(3, "Park", 1);
        emp[3] = new Emp(4, "Choi", 1);
        emp[4] = new Emp(5, "Kwon", 1);

        Dept dept[] = new Dept[3];
        dept[0] = new Dept(1, "Marketing");
        dept[1] = new Dept(2, "Financing");
        dept[2] = new Dept(3, "Planning");

        for (int j = 0; j < 3; j = j + 1) {
            System.out.println(dept[j].toString());
        }
    }
}
```

17 사원번호(No) 이름(Name) 부서번호(Deptno) 부서명(Deptname)을 출력하는 프로그램을 작성하시오.

실행결과

```
1 Kim 2 Financing
2 Lee 3 Planning
3 Park 1 Marketing
4 Choi 1 Marketing
5 Kwon 1 Marketing
```

답

```
public class Array14 {

    public static void main(String[] args) {
        Emp emp[] = new Emp[5];
        emp[0] = new Emp(1, "Kim", 2);
        emp[1] = new Emp(2, "Lee", 3);
        emp[2] = new Emp(3, "Park", 1);
        emp[3] = new Emp(4, "Choi", 1);
        emp[4] = new Emp(5, "Kwon", 1);

        Dept dept[] = new Dept[3];
        dept[0] = new Dept(1, "Marketing");
        dept[1] = new Dept(2, "Financing");
        dept[2] = new Dept(3, "Planning");

        for (int j = 0; j < 5; j = j + 1) {
            for (int p = 0; p < 3; p = p + 1) {
                if (emp[j].deptno == dept[p].dno) {
                    System.out.println(emp[j].no + " " + emp[j].name + " " + dept[p].dno
+ " " + dept[p].dname);
                }
            }
        }
    }
}
```

18 Marketing 부서에 근무하는 사원번호(No) 이름(Name) 부서번호(Deptno) 부서명(Deptname)을 출력하는 프로그램을 작성하시오.

실행결과

```
3 Park 1 Marketing
4 Choi 1 Marketing
5 Kwon 1 Marketing
```

답

```
public class Array15 {

    public static void main(String[] args) {
        Emp emp[] = new Emp[5];
        emp[0] = new Emp(1, "Kim", 2);
        emp[1] = new Emp(2, "Lee", 3);
        emp[2] = new Emp(3, "Park", 1);
        emp[3] = new Emp(4, "Choi", 1);
        emp[4] = new Emp(5, "Kwon", 1);

        Dept dept[] = new Dept[3];
        dept[0] = new Dept(1, "Marketing");
        dept[1] = new Dept(2, "Financing");
        dept[2] = new Dept(3, "Planning");

        for (int j = 0; j < 3; j = j + 1) {
            for (int p = 0; p < 5; p = p + 1) {
                if (dept[j].dname == "Marketing" && dept[j].dno == emp[p].deptno) {
                    System.out.println(emp[p].no + " " + emp[p].name + " " + dept[j].dno
+ " " + dept[j].dname);
                }
            }
        }
    }
}
```

19 5번 직원의 사원번호(No) 이름(Name) 부서번호(Deptno) 부서명(Deptname)을 출력하는 프로그램을 작성하시오.

실행결과

```
5 Kwon 1 Marketing
```

답

```
public class Array16 {

    public static void main(String[] args) {
        Emp emp[] = new Emp[5];
        emp[0] = new Emp(1, "Kim", 2);
        emp[1] = new Emp(2, "Lee", 3);
        emp[2] = new Emp(3, "Park", 1);
        emp[3] = new Emp(4, "Choi", 1);
        emp[4] = new Emp(5, "Kwon", 1);

        Dept dept[] = new Dept[3];
        dept[0] = new Dept(1, "Marketing");
        dept[1] = new Dept(2, "Financing");
        dept[2] = new Dept(3, "Planning");

        for (int j = 0; j < 5; j = j + 1) {
            for (int p = 0; p < 3; p = p + 1) {
                if (emp[j].no == 5 && emp[j].deptno == dept[p].dno) {
                    System.out.println(emp[j].no + " " + emp[j].name + " " + dept[p].dno
+ " " + dept[p].dname);
                }
            }
        }
    }
}
```

20 다음과 같이 동작하는 ATM(현금지급기) 프로그램을 작성하시오.

조건

- ATM(현금지급기) 동작을 분석한다.
- 프로그램 작성을 위해 설계한다.
- 프로그램 흐름도를 그린다.
- 프로그램 소스를 제시한다.
- 실행하여 출력 결과를 보인다.

실행결과

```
=============
  M E N U
=============
1. 예금
2. 조회
3. 인출
9. Quit
* 잔액: 0
=============

Select a num: 1
예금할 돈을 입력하시오. 1000
... 중략 ...
Select a num: 3
인출할 돈을 입력하시오. 1500
잔액이 부족합니다.
Select a num: 9
Quit...
```

답

```
public class ATM {
    public static void main(String args[]) {
    int balance=0;
    int money=0;
    int s=0;
            // 입력을 위한 클래스
        java.util.Scanner ss = new java.util.Scanner(System.in);

    do {
    do {
      System.out.println("=============");
      System.out.println("  M E N U  ");
      System.out.println("=============");
        System.out.println("1. 예금");
        System.out.println("2. 조회");
        System.out.println("3. 인출");
        System.out.println("9. Quit");
      System.out.println("* 잔액: " + balance);
        System.out.println("=============");
```

```
System.out.println("\nSelect a num: ");  // 메뉴 선택
s = ss.nextInt();
} while( !( (s >= 1 && s <= 3) || s==9) ); // 선택 값 체크

switch( s ) {
case 1: // 예금
  System.out.println("예금할 돈을 입력하시오.");
money = ss.nextInt();
balance += money;
System.out.println("잔액: " + balance);
    break;
case 2: // 조회
System.out.println("잔액: " + balance);
    break;
case 3: // 인출
System.out.println("잔액: " + balance);
  System.out.println("인출할 돈을 입력하시오.");
money = ss.nextInt();
if(money <= balance)
  balance -= money;
else
  System.out.println("잔액이 부족합니다.");

System.out.println("잔액: " + balance);
    break;
case 9: System.out.println("Quit...");
    break;
}

} while( s != 9);
} // main
}
```

CHAPTER

08

클래스(Class)와 오브젝트(Object)

학습목표

1 Java 클래스에 대한 이해를 통해 객체지향프로그램을 작성하는 방법을 습득한다.

학습개요

1 컴퓨터 언어의 세대별 구분
2 함수(function)
3 클래스(class)와 객체(object)
4 생성자(constructor)
5 Car 클래스
6 Static 메서드 및 변수
7 배열

1. 클래스와 오브젝트

앞장에서 컴퓨터 프로그래밍이란 무엇인지 기본적인 사항을 학습하였다. 이제 Java 언어에서 가장 중요한 부분 중의 하나인 클래스, 오브젝트, 메서드 및 생성자에 대한 내용을 살펴보자.

1.1 세대별 언어 구분

컴퓨터 언어를 세대별로 구분하면 1세대 언어부터 4세대 언어까지로 구분할 수 있다. 각 세대별 언어의 특징은 다음과 같다.

1세대 언어(Fortran)

1세대 언어는 대표적으로 Fortran 같은 언어가 있으며 전역변수가 있고 여러 함수를 작성하여 문제를 해결한다. 함수를 호출한 후의 결과는 전역변수에 남게 된다.

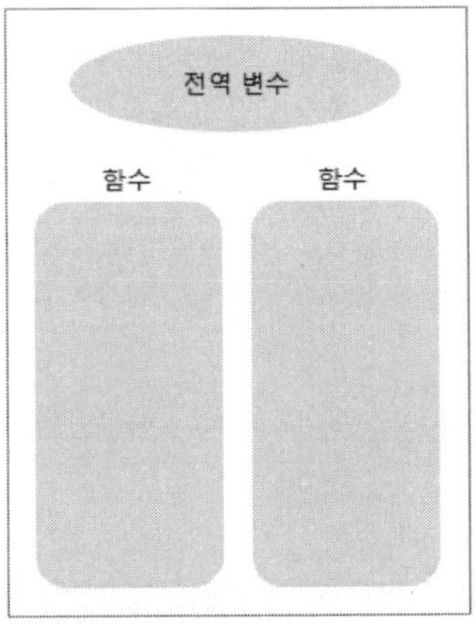

▲ 그림 8-1. 1세대 언어(Fortran)

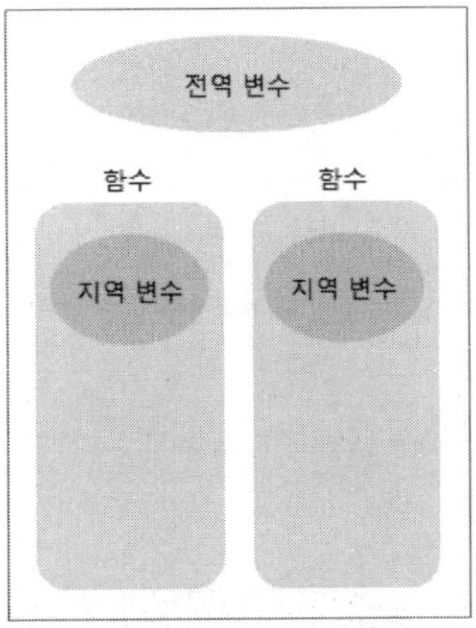

▲ 그림 8-2. 2세대 언어(C)

2세대 언어(C)

대표적인 2세대 언어로 C 언어가 있으며 전역변수가 있고 함수 내 지역 변수가 있으며 여러 함수를 사용하여 문제를 해결한다. 여러 함수 중에서 main() 함수가 시작점(entry point)로서 사용되며 함수를 호출한 후의 결과는 전역변수에 남게 된다.

3세대 언어(C++)

대표적인 3세대 언어로 C++ 언어가 있으며 2세대 언어의 특징인 전역변수, 함수, 지역 변수가 있는 것은 2세대와 동일하지만, 큰 차이점은 3세대는 객체지향 언어(object-oriented language)로 클래스를 정의하여 사용한다. 클래스는 관련성 있는 함수들과 변수들을 하나의 틀(template)안에 작성한 것이다. 참고로 C++ 언어는 C언어와의 호환성을 유지하기 위해서 절차적인 언어인 C언어의 모든 특징을 가지고 있으므로 순수한 객체지향 언어라고 볼 수 없다.

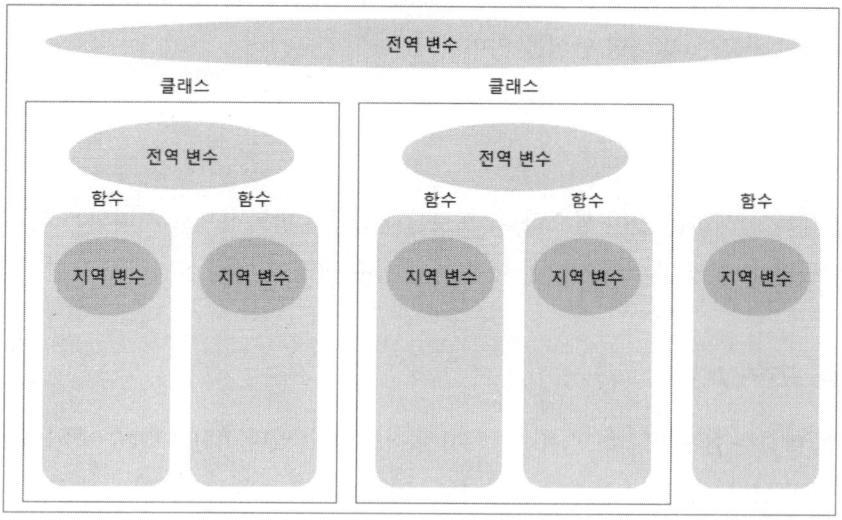

▲ **그림 8-3.** 3세대 언어(C++)

••• *3세대 언어(Java)*

Java 언어 역시 객체지향 언어로 3세대 언어이나 C++ 언어의 전역변수, 일반함수를 사용하지 않으며 항상 클래스를 작성하여 프로그래밍 한다. 즉, C++ 언어에서 전역변수와 일반 함수를 제거하고 클래스만으로 프로그램을 작성하는 언어이다. Java언어는 C언어와의 호환성을 고려할 필요가 없었기 때문에 객체지향 언어로서 불필요한 C언어의 특징을 버릴 수 있었으며 순수한 객체지향 언어가 되었다.

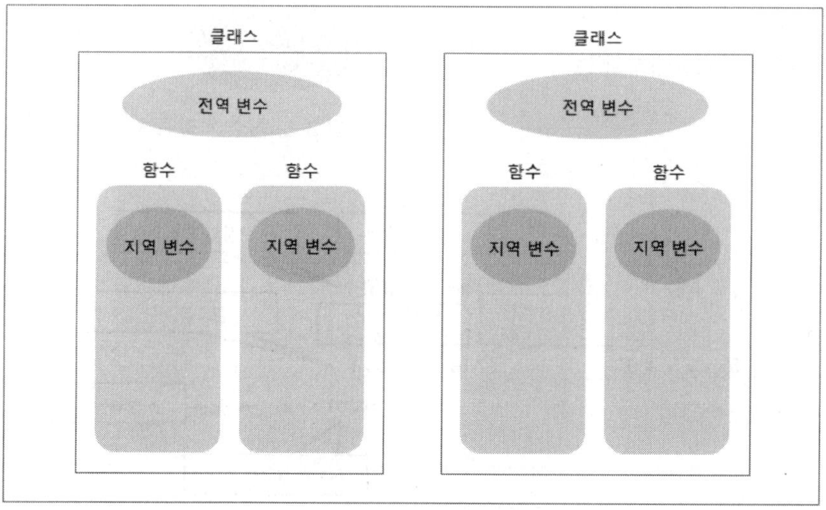

▲ **그림 8-4.** 3세대 언어(Java)

살펴본 바와 같이 Java는 3세대 언어이고 객체지향 언어이다. 이제 프로그램을 작성하는 데 있어 Java의 클래스를 어떻게 만드는지가 프로그래밍의 관건이 된다. 참고로, 4세대 언어는 델파이, 파워빌더, SQL(Standard Query Language) 와 같은 빌더형 언어를 의미한다.

1.2 함수(function)

클래스 이해에 앞서 함수에 대해 이해하는 것이 필요하다. 프로그래밍에서 반복적으로 처리되는 부분은 함수로 작성하여 사용하게 된다. 수학 함수의 간단한 예를 통해 함수 작성에 대해 설명하고자 한다.

••• *수학적 표현과 Java 표현-1*

수학에서 함수 f(x)는 x에 1을 더하는 함수라고 하면, f(x) = x + 1로 작성할 수 있다. f(5)는 f함수에 5를 전달하여 6을 구하는 함수 호출이 된다. 즉, y = f(5)라고 작성하면 y에는 f(5) 함수 결과인 6이 구해진다.

다음은 함수의 수학적인 표현과 Java의 표현 방식을 비교한 것이다. 수학표현과 Java 표현에서 비슷한 점이 많은 것을 알 수 있다.

수학적인 표현	Java 표현
f(x) = x+1	int f(int x) { return x+1; } // x값에 1을 더해 리턴함
y = f(5) // y에 6이 구해짐	int y = f(5); // y 변수에 6이 저장됨

int f(int x)를 자세히 살펴보면 인수로 x를 입력으로 받아 f() 함수 처리를 하고 출력으로 int를 내보내는 구조이다.

▲ 그림 8-5. 함수 처리 구조

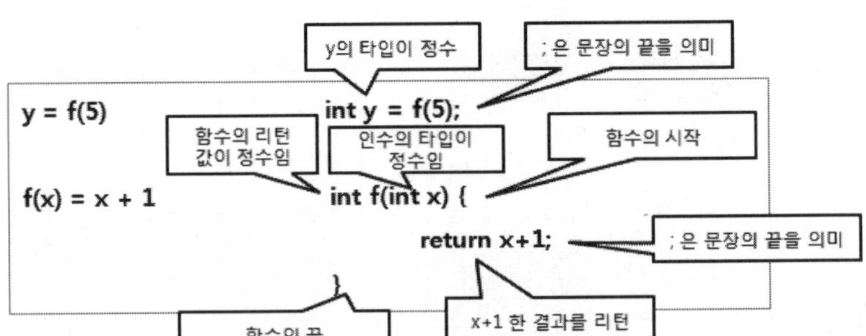

▲ 그림 8-6. 함수의 구조

••• 수학적 표현과 Java 표현-2

이번에는 다음 수학 표현과 같이 f1(x)와 f2(x)를 사용하는 경우를 생각해보자. f1(x)는 f2(x)를 호출하는 함수이고, f2(x)는 x의 값에 2를 곱하는 함수이다. 이제, 5를 x의 값으로 f(x)를 호출하는 경우 y에는 11이 구해질 것이다.

수학적인 표현	Java 표현
y = f1(5) // f1함수 호출	int y = f1(5); // f1함수 호출
f1(x) = f2(x)+1 // f2 함수결과에 1을 더해 f1(x)의 값으로 넘김	int f1(int x) { return f2(x)+1; } // f2 함수결과에 1을 더해 리턴

위의 수학 및 Java 표현의 예와 같이 반복되거나 일정한 단위의 기능(function)을 처리하는 부분을 함수로 작성, 필요할 때 호출하여 프로그래밍하게 된다. 즉, 원하는 작업을 처리하기 위해 새 함수를 작성하거나 기존의 함수를 적절히 사용하는 것이 프로그래밍이라고 할 수 있다.

1.3 Java 클래스

Java에서 모든 프로그램은 클래스에서 작성된다. 이 절에서는 클래스로 구성되는 단순한 애플리케이션의 구조와 요소에 대해 살펴본다. Java의 클래스는 멤버 변수와 메서드(method)로 구성된 사용자 정의 타입(user defined type)이라고 볼 수 있다.

••• 클래스 구성

클래스는 멤버 변수와 메서드로 구성된다. 일반적인 클래스의 구조는 다음과 같다. public 같은 지시자, 키워드인 class, 클래스의 이름 차례로 오고 내부에 클래스의 멤버인 변수(속성)와 메서드들이 작성된다.

```
public class 클래스이름 {
        클래스의 멤버 변수리스트;
        클래스의 멤버 메서드01() {
        ...
        }
        클래스의 멤버 메서드02() {
        ...
        }
}
```

••• *Circle 클래스 작성*

중심좌표(x, y), 반지름(radius) 속성을 가지는 Circle 클래스를 작성하면 다음과 같다.

[예제 8-1] Circle.java

```
public class Circle {
    int x;
    int y;
    int radius;
}
```

••• *T 클래스 작성*

속성 x를 가지는 T 클래스를 작성하면 다음과 같다.

[예제 8-2] T.java

```
public class T {
        int x=5;
}
```

••• *메서드를 가지는 T 클래스 작성*

앞에서 설명한 메서드(함수) f1(x)과 f2(x)를 가지는 클래스를 작성하면 다음과 같다.

[예제 8-3] T.java

```
public class T {
        int x=5;
        public int f1(int x) {
                return f2(x)+1;
        }
        public int f2(int x) {
                return x*2;
        }
}
```

••• 프로그램 설명

프로그램의 각 구성 요소에 대해서 알아보자.

- 1번 라인은 클래스의 이름이 T인 클래스를 선언한 것이다. 클래스에 public이 있고 이름이 T이기 때문에 소스 파일을 T.java에 저장하여야 한다. 이 프로그램을 컴파일하면 T.class로 바이트 코드가 만들어진다.

> **Note. 파일 명명 규칙**
>
> Java 언어 프로그램의 클래스 앞에 public이란 지시자를 반드시 붙일 필요는 없지만 클래스 앞에 public 지시자를 이용했다면 Java 언어 소스 프로그램의 이름은 반드시 public 클래스의 이름과 같이 만들어져야 한다. 하나의 파일에 여러 가지 클래스를 정의하는 경우 public 지시자를 가지는 클래스는 하나 이하여야 한다.
> 하나의 Java 언어 프로그램 내에 여러 개의 클래스를 정의한 경우 컴파일 했을 때 각각 클래스의 이름으로 바이트 코드가 만들어지는 것을 알 수 있다. 결국 각 클래스들을 별도의 파일에 작성한 것과 차이가 없다.

- 2번 라인은 클래스에서 사용될 멤버 변수로 정수 타입의 x가 초기 값 5를 가지고 선언된 것이다.
- 3~5번 라인은 f1()함수를 작성한 것이며 클래스에서는 함수를 메서드(method)라고 부른다.
- 6~8번 라인은 f2()함수를 작성한 것이다.
- f1(), f2() 앞에는 public 지시자가 붙어 있는데 이 메서드를 외부에서도 호출 할 수 있다는 것을 의미한다.
- Java 언어에서의 모든 메서드는 반드시 클래스 내에 정의되어야 하고 클래스와 클래스 사이에는 public 메서드의 호출을 통하여 프로그램이 유기적으로 동작하게 된다.
- 위 클래스는 프로그램의 진입점인 main() 메서드를 가지고 있지 않기 때문에 직접 실행될 수 없고, 다른 클래스에 포함되어 사용될 수 있다.

1.4 객체 생성 & 타입과 변수

클래스에 의해 정의된 변수를 객체라고 한다. 클래스의 객체 생성에 대해 이해하기 위해 타입과 변수의 관계를 이해하는 것이 필요하다. 타입은 변수의 유형을 결정하는 것으로 Java에서는 정수형, 문자형, 실수형, boolean형 등의 프리미티프(primitive) 타입과 클래스에 의해 객체로 생성되는 레퍼런스(reference) 타입이 있다. 프리미티프 타입은 선언하고 바로 값을 치환하여 사용가능하지만, 레퍼런스 타입은 선언 후 메모리 할당의 과정을 거쳐 사용한다. Java에서 클래스는 레퍼런스 타입의 변수를 생성하기 위한 틀(template)이 된다. 여러 가지 유형과 변수의 생성 방법을 비교하여 유형과 변수에 대한 개념을 정리해보자.

정수형 변수 i를 만들기 위해서는 다음과 같이 작성한다. int는 정수 변수를 만들기 위한 지시자로 컴파일러에게 i변수에게 4바이트를 할당하라고 알려주는 기능을 한다. int 자체는 메모리를 가지고 있지 않으며 i변수가 메모리를 가지게 된다는 점을 잊지 말자.

```
int i;
```

Java 클래스도 마찬가지로 클래스 T 자체는 메모리가 없으며 T의 변수(Java에서는 객체라고 함)가 메모리를 가지게 된다. 메모리 크기는 클래스에 작성된 속성 크기의 합이 된다. 프리미티브 타입 변수와 클래스 객체의 차이점은 프리미티브 타입 변수는 선언하고 바로 사용할 수 있으나, 객체는 new 키워드에 의해서 메모리 할당이 이루어진 다음에 사용이 가능하다.

[표 8-1] 프리미티브 변수와 객체 변수 차이점

구분	프리미티브 타입 변수	객체(object) 변수
선언	int i, j;	Circle one; T t1, t2;

메모리할당	필요 없음	// new 키워드로 메모리 할당
		one = new Circle();
		t1 = new T();
		t2 = new T();

사용	i=5;
	j=6;
		one.x=5; one.y5; one.radius = 7;
		t1.x = 5;
		int x = t1.f1(5); // 6이 x에 저장
		int y = t2.f2(5); // 11이 y에 저장

••• Java 클래스 사용

이제 클래스에서 객체를 생성하여 사용하는 예제를 살펴보자.

다른 클래스 안에서 객체 생성

X 클래스를 작성하고 X 클래스 안에서 T 클래스 객체를 작성하는 예제이다.

[예제 8-4] X.java

```
public class X {
    public static void main(String args[]) {
        T t = new T(); // T 클래스의 객체를 생성하고 T 클래스의 메서드를 호출
        System.out.println( t.f1(5) );
    }
}
```

실행결과

```
11
```

같은 클래스 안에서 객체 생성

T 클래스 안에서 T 클래스 객체를 작성하는 예제이다.

[예제 8-5] T2.java

```
public class T2{
        int x=5;
        public int f1(int x) {
            return f2(x)+1;
        }
        public int f2(int x) {
            return x*2;
        }
        public static void main(String args[]) {
            T2 t = new T2(); // T3의 객체 생성
            System.out.println( t.f1(5) ); // 객체 t를 통해 f1(5) 메서드를 호출
        }
}
```

실행결과

```
11
```

여러 객체 생성

T3.java를 통해 클래스의 객체를 생성하고 객체를 통해 메서드를 호출하는 방법을 살펴보았다. T4.java에서는 여러 객체를 생성하는 형태로 수정해보자.

[예제 8-6] T3.java

```
public class T3 {
    int x=5;
    public int f1(int x) {
        return f2(x)+1;
    }
    public int f2(int x) {
```

```
        return x*2;
    }
    public static void main(String args[]) {
        T3 t1 = new T3(); // t1 객체 생성
        System.out.println( t1.f1(3) );

        T3 t2 = new T3(); // t2 객체 생성
        System.out.println( t2.f1(4) );

        T3 t3 = new T3(); // t3 객체 생성j
        System.out.println( t3.f1(5) );
    }
}
```

프로그램 설명

- 10, 13, 16번 라인에서 T4 클래스의 객체 t1, t2, t3을 생성하였다. 하나의 클래스에서 여러 개의 객체를 생성하였으며 따라서, t1, t2, t3은 각기 다른 메모리 공간을 가지게 된다.
- 클래스에 있는 x변수의 값은 5로 초기화 되어 있으나 메서드에서 사용되지 않고 있다. 각 객체의 생성과 필드 값의 관계는 다음과 같이 다른 메모리 공간을 참조하고 있다.

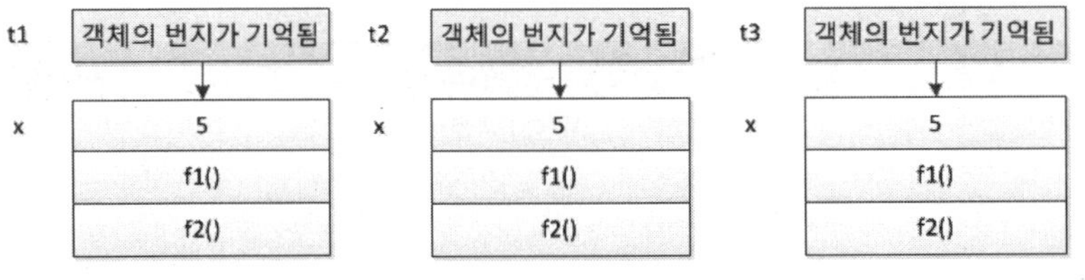

▲ **그림 8-7.** 객체 생성과 메모리 구조

실행결과

```
7
9
11
```

1.5 생성자

생성자(constructor)는 클래스의 이름과 같고, 리턴 타입을 가지지 않는 메서드로 new 키워드로 클래스의 인스턴스(instance) 또는 객체(object)를 만들 때 자동으로 호출되어 클래스내의 변수를 초기화하는 데 사용된다. 앞 절의 T4.java의 x변수를 생성자를 사용하여 자동으로 초기화하는 방법에 대해 설명한다.

생성자 작성

```
class ClassName{

   ClassName(){ // 기본 생성자
    ...
   }

   ClassName(parameter list){ // 파라미터 있는 생성자
    ...
   }
}
```

생성자가 호출되는 순서는 다음과 같다.

1. 객체 생성 시 new에 의해 생성자가 호출되어 초기 값이 생성자로 전달된다.
2. 생성자 실행 후 객체가 생성된다.

기본 생성자 예

다음은 생성자를 사용하여 멤버 변수에 초기화를 하면서 객체를 생성하는 예제이다.

[예제 8-7] T4.java

```
public class T4 {
    int x;

     /* 클래스의 생성자를 표현한 것이다.
        생성자의 이름은 클래스의 이름과 동일하며 리턴 타입이 없다.
        즉, 리턴 하는 내용이 없다. */
    public T4() { // 생성자로 객체 생성시 호출됨
        x = 5;    // 객체 생성시 5를 x에 기억
    }
    public int f1() { // 인수를 생략함
        return f2(x) + 1;
    }
    public int f2(int x) {
```

```
        return x * 2;
    }
    public static void main(String args[]) {
        /* T4 타입의 객체를 new 키워드를 사용하여 생성
        new 키워드를 사용하여 객체를 작성하면 자동으로 프로그램의 생성자 호출
        클래스 내부의 필드를 정해진 방법으로 초기화하고
        클래스에 메모리와 값을 가지는 객체를 작성 */
        T4 t1 = new T4();
        t1.x = 3; // 3을 x에 전달
        System.out.println(t1.f1());

        T4 t2 = new T4();
        t2.x = 4; // 4를  x에 전달
        System.out.println(t2.f1());

        T4 t3 = new T4();
        t3.x = 5; // 5를  x에 전달
        System.out.println(t3.f1());
    }
}
```

실행결과

```
C:\javasrc\chapter04> javac T4.java
C:\javasrc\chapter04> java T4
7
9
11
```

Note. System.out.println() vs System.out.print()

System 클래스에 있는 out은 static 변수로 PrintStream의 타입으로 만들어진 것이다. PrintStream 클래스는 java.io 패키지에 정의된 클래스로 그 안에 println 메서드에 대한 정의가 되어있다. PrintStream 클래스에는 print라는 메서드가 있는데 println의 경우에는 문자열의 끝에 "\n"을 붙이고 print의 경우는 "\n"을 붙이지 않는다.

파라미터 있는 생성자 예

다음은 생성자를 사용하여 멤버 변수에 초기화를 하면서 객체를 생성하는 예제이다.

[예제 8-8] T5.java

```
public class T5 {
    int x;

     /* 클래스의 파라미터 있는 생성자를 표현한 것이다.
        생성자의 이름은 클래스의 이름과 동일하며 리턴 타입이 없다.
        즉, 리턴 하는 내용이 없다. */
    public T5(int val) { // 생성자로 객체 생성시 호출됨,
        x = val;    // 객체 생성시 val을 x에 기억
    }
    public int f1() { // 인수를 생략함
        return f2(x) + 1;
    }
    public int f2(int x) {
        return x * 2;
    }
    public static void main(String args[]) {
        /* T5 타입의 객체를 new 키워드를 사용하여 생성
        new 키워드를 사용하여 객체를 작성하면 자동으로 프로그램의 생성자 호출
        클래스 내부의 필드를 생성자에서 전달하는 파라미터로 초기화하고
        클래스에 메모리와 값을 가지는 객체를 작성 */
        T5 t1 = new T5(3); // 객체 t1 생성시 3을 x에 전달
        System.out.println(t1.f1());

        T5 t2 = new T5(4); // 객체 t2 생성시 4를 x에 전달
        System.out.println(t2.f1());

        T5 t3 = new T5(5); // 객체 t3 생성시 5를 x에 전달
        System.out.println(t3.f1());
    }
}
```

실행결과

```
C:\javasrc\chapter04> javac T5.java
C:\javasrc\chapter04> java T5
7
9
11
```

객체를 파라미터로 사용하는 생성자 예

다음은 객체를 생성자의 파라미터로 사용하여 멤버 변수를 초기화하는 예제이다.

[예제 8-9] T6.java

```
public class T6 {
    int x;

    public T6(int val) { // 생성자로 객체 생성시 호출됨, 정수 파라미터 사용
        x = val;   // 객체 생성시 val을 x에 기억
    }


    public T6(T6 t) { // 생성자로 객체 생성시 호출됨
        x = t.x;      // 객체 생성시 T6 타입의 객체 t를 전달 받아 x를 초기화
    }
    public int f1() { // 인수를 생략함
        return f2(x) + 1;
    }
    public int f2(int x) {
        return x * 2;
    }
    public static void main(String args[]) {
        T6 t1 = new T6(3); // 객체 생성시 3을 x에 전달, 객체 생성
        System.out.println(t1.f1());

        // 객체 생성시 t1 객체를 전달, T6의 객체 t1을 사용하여 t2 객체 생성
        T6 t2 = new T6(t1);
        System.out.println(t2.f1());
    }
}
```

실행결과

```
C:\javasrc\chapter04> javac T6.java
C:\javasrc\chapter04> java T6
7
7
```

생성자 중복정의(overloading)

T7 클래스에는 T7 생성자가 하나 이상 있는데 이렇게 작성하는 것을 생성자 중복정의(overloading)라고 한다. 생성자의 이름은 같으나, 파라미터가 다르면 서로 다른 생성자로 인정된다. 용도에 따라서 생성자를 선택하여 사용하면 된다.

생성자 중복정의 예

```
public class T7 {
    int x;

    public T7() { // 기본 생성자, 생성자 중복정의
        x = 5;
    }
    public T7(int val) { // 정수 파라미터 있는 생성자, 생성자 중복정의
        x = val;
    }
    public T7(T7 t) { // T7 객체 파라미터 있는 생성자, 생성자 중복정의
        x = t.x;
    }
// ... 이하 생략
}
```

생성자와 this()

this 키워드는 객체 자신에 대한 참조로 생성자 중복 정의시 사용된다. 기본 형식은 다음과 같다. this()는 생성자의 첫 줄에 작성되어야 한다.

```
this(arg-list)
```

[예제 8-10] T8.java

```
public class T8 {
    int x;

    public T8() { // 기본 생성자, 생성자 중복정의
        this(5);   // 파라미터가 없는 경우, this(5)를 호출
    }
    public T8(int x) { // 정수 파라미터 있는 생성자, 생성자 중복정의
    // 파라미터가 있는 경우, this를 사용하여 객체내의 x에 파라미터 x를 저장,
```

```
    // this는 생략가능
        this.x = x;
    }
    public int f1() { // 인수를 생략함
        return f2(x) + 1;
    }
    public int f2(int x) {
        return x * 2;
    }
    public static void main(String args[]) {
        T8 t1 = new T8(); // 기본 생성자 사용 객체 생성
        System.out.println(t1.f1());

        T8 t2 = new T8(3); // 파라미터 있는 생성자 사용 객체 생성
        System.out.println(t2.f1());
    }
}
```

실행결과

```
C:\javasrc\chapter04> javac T8.java
C:\javasrc\chapter04> java T8
11
7
```

1.6 Static 멤버와 Final

static 멤버는 클래스 변수나 메서드 앞에 static이 있는 멤버를 말한다. static 멤버는 클래스에서 생성된 객체에 의존하지 않고 독립적으로 사용 가능하다. 즉, 클래스에서 생성된 객체에 대한 참조 없이 바로 사용될 수 있다.

static 멤버를 작성하는 방법은 다음과 같다.

```
static int intValue;
static void aStaticMethod() { }
```

Static 변수

static 변수는 변수 앞에 static 지시자가 있는 변수로 메모리의 static 영역 또는 데이터 세그먼트 영역에 위치하여 클래스의 범위에 따라 참조가 가능하고, 따라서 클래스의 인스턴스 사이에서는 모두 같은 값을 가지는 변수이다.

Static 메서드

static 메서드는 메서드 앞에 static 지시자가 있는 메서드로 메모리의 static 영역 또는 데이터 세그먼트 영역에 위치하여 클래스의 범위에 따라 참조가 가능한 메서드이다. 따라서 클래스의 인스턴스를 만들지 않아도 접근이 가능한 메서드를 필요로 할 때 정의한다. static 메서드에서는 static 변수만을 사용할 수 있으나, 일반 메서드에서는 static 변수와 일반 변수를 다 사용할 수 있다.

Static 메서드의 제약사항을 요약하면 다음과 같다.

Static 메서드 제약사항

- 다른 static 메서드에서만 호출할 수 있다.
- static 변수만 사용할 수 있다.
- super나 this와 같이 객체 참조를 위한 키워드를 사용할 수 없다.

한 클래스에서 만들어진 모든 객체는 static 변수를 공유한다. static 블록('{'에서부터 '}'까지)을 작성하여 static 변수를 선언 할 수 있다. static 블록은 클래스가 처음 호출될 때 한번만 수행된다.

Static 예제

[예제 8-11] StaticEx1.java

```
public class StaticEx1 {
    static int s1 = 3;
    static int s2;

    static void execute(int x) {
        System.out.println("x = " + x);
        System.out.println("s1 = " + s1);
        System.out.println("s2 = " + s2);
    }

    public static void main(String args[]) {
```

```
        StaticEx1.execute(15);
    }
}
```

실행결과

```
x = 15
s1 = 3
s2 = 0
```

Static 초기화 블록 예제

[예제 8-12] StaticEx2.java

```
public class StaticEx2 {
    static int s1 = 3;
    static int s2;

    static {
        System.out.println("Static 초기화 블록");
        s2 = s1 * 5;
    }
    static void execute(int x) {
        System.out.println("x = " + x);
        System.out.println("s1 = " + s1);
        System.out.println("s2 = " + s2);
    }

    public static void main(String args[]) {
        StaticEx2.execute(15);
    }
}
```

실행결과

```
Static 초기화 블록
x = 15
s1 = 3
s2 = 15
```

Static 멤버와 일반 멤버 혼합사용 예제

[예제 8-13] StaticTest.java

```
public class StaticTest {
    static int version = 10;
    int ordinaryVariable;

    static void method1() { // static 메서드에서
        //System.out.println("method1 : "+ ordinaryVariable++ );
        // ordinaryVariable++; // 일반 변수 호출 에러
    }

    static void method2() { // static 메서드에서
        System.out.println("method2 : "+ version++); // static 변수 호출 가능
    }

    void method3() { // 일반 메서드에서
        System.out.println("method3 : "+ ordinaryVariable++);   // 일반 변수
        System.out.println("method3 : "+ version++);   // static 변수 호출 가능
    }
}
```

[예제 8-14] StaticTester.java

```
public class StaticTester {
    public static void main(String args[]) {
        // static 변수는 클래스에 의해 접근 가능
        StaticTest.version++;

        StaticTest st = new StaticTest();

        // 인스턴스는 static 변수, 일반 변수 접근 가능
        st.version = 10;

        // 일반 변수는 클래스에 의해 접근 불가
        //StaticTest.ordinaryVariable = 10;

        // static 메서드 접근 가능
        StaticTest.method1();
        StaticTest.method2();

        // 일반 메서드 접근 불가
        //StaticTest.method3();
```

```
        // 인스턴스는 static 메서드, 일반 메서드 접근 가능
        st.method2();
        st.method3();
    }
}
```

실행결과

```
method2 : 10
method2 : 11
method3 : 0
method3 : 12
```

static void main() 메서드 분석

main() 메서드에 static 키워드가 있는 것은 main() 메서드가 클래스의 인스턴스가 없이도 프로그램이 시작할 수 있도록 하기 위해서이다. main() 메서드는 Java 인터프리터가 처음 수행될 진입점을 나타낸다. main() 메서드에는 실행시 명령라인의 인수 값을 받을 수 있도록 String 타입의 배열로 파라미터가 전달되게 된다.

```
public static void main(String args[])
```

main() 메서드 앞에 장황하게 붙어있는 키워드들은 항상 동일해야 한다. Java 언어 인터프리터는 작성된 프로그램이 애플리케이션일 경우 맨 먼저 위와 동일한 main() 메서드를 찾기 때문에 언제나 같아야 한다. 단, args 변수의 경우에는 사용자 임의로 변수 이름을 바꿀 수 있다. 이 경우에도 변수의 타입을 바꿔서는 안 된다.

각각의 장황하게 붙어있는 키워드들을 의미를 살펴보면 다음과 같다.

- public : Java 언어 인터프리터를 포함하여 어디에서든 수행 가능한 메서드를 나타낸다.
- static : 이 키워드는 main() 메서드가 클래스의 참조를 받는 것이지 객체의 참조를 받는 것이 아님을 알려준다. static 메서드는 메모리 영역 중에서 데이터 세그먼트 또는 static 영역에 자리 잡게 되고 프로그램이 수행될 때 제일 먼저 호출되어 런타임 시에 실체화되어 사용된다. 즉, 클래스의 인스턴스를 만들지 않고서도 프로그램이 시작할 수 있도록 하기 위해서이다. 또한 static으로 선언된 메서드는 재정의 될 수 없다.

⦿ void : main 메서드가 아무것도 리턴하지 않음을 나타낸다. Java 언어의 타입 검사는 매우 강력하기 때문에 리턴 타입을 정확히 명시할 필요가 있다.

⦿ args[] : 스트링의 배열로 명령어 라인에서 입력되는 인수를 받게 된다.

Note. Java의 명령라인 인수처리, args[] 사용

Java 언어 클래스로 인수를 전달할 때 args[]의 첫 배열에 들어오는 값은 명령어 라인의 클래스이름이 아니라 실제 인수 자체가 된다. C 언어 프로그래머는 argv[0]에 명령어의 이름이 오지만 Java 언어의 args[0]에는 첫 번째 인수값이 전달된다. Java 언어에는 argc같은 변수는 args.length라는 값을 이용하면 배열의 크기를 구할 수 있다.

Final 변수

Final 키워드는 변수 앞에 사용되어 수정될 수 없는 변수 즉, 상수를 만들 때 사용하며 선언할 때 초기화가 이루어져야 한다.

Final 멤버 변수 예제

Final 멤버 변수는 상수처럼 사용된다.

[예제 8-15] FinalEx1.java

```
public class FinalEx1 {
    final int NUM=5;
    final int MAX=99;

    public static void main(String args[]) {
        FinalEx1 ft = new FinalEx1();

        //ft.NUM = 7; // Error: The final field FinalEx1.NUM cannot be assigned
        System.out.println( ft.NUM );

        //ft.MAX = 999; // Error: The final field FinalEx1.MAX cannot be assigned
        System.out.println( ft.MAX );
    }
}
```

실행결과

```
5
99
```

Final 메서드 예제

Final 메서드는 재정의(overriding)가 허용되지 않는다.

[예제 8-16] FinalEx2.java

```
class Base {
    final void execute() { // final이 있으므로 하위 클래스에서 재정의 불가능함
        System.out.println("This is a final method.");
    }
}

public class FinalEx2 extends Base {
    final int NUM = 5;
    final int MAX = 99;

    void execute() { // ERROR! Can't override., 재정의 할 경우 에러
    .   System.out.println("Illegal!");
    }

    public static void main(String args[]) {
        FinalEx2 ft = new FinalEx2();

        ft.execute();
    }
}
```

Final 클래스 예제

Final 클래스는 상속(inheritance)이 허용되지 않는다.

[예제 8-17] FinalEx3.java

```
final class Base2 { // final 클래스 작성, 상속되지 않는 클래스
    void execute() {
        System.out.println("This is a final method.");
    }
}

public class FinalEx3 extends Base2 { // final 클래스를 상속할 때 에러 발생
    final int NUM = 5;
    final int MAX = 99;
```

```
    public static void main(String args[]) {
        FinalEx3 ft = new FinalEx3();
    }
}
```

2.
객체 배열

객체도 배열로 사용될 수 있다. 객체의 배열은 객체를 참조할 수 있는 배열이므로 각 배열 항목에 각각의 객체를 지정하여 사용하게 된다.

다음은 객체 배열을 사용하는 프로그램이다.

[예제 8-18] ObjectArray.java

```
class TestObject {
    int value;

    public TestObject(int val)
    {
        value = val;
    }

    public void setValue(int val) {
        value = val;
    }
    public int getValue() {
        return value;
    }
}

public class ObjectArray {

    public static void main (String args[]) {
        // 객체 참조를 가질 수 있는  배열 생성
        TestObject array[] = new TestObject[5];

        for(int i=0; i < array.length; i++) {
            array[i] = new TestObject(i); // 실제 객체에 대한 참조 저장
```

```
24          }
25
26          for(int i=0; i < array.length; i++) {
27              System.out.println("array["+ i + "]=" +
28                      array[i].getValue());
29          }
30      }
31  }
```

프로그램 설명

위 프로그램을 살펴보자.

- 1~15 줄에는 TestObject 클래스를 작성하였다.
- 20번 줄은 크기를 5로 하는 TestObject의 배열을 생성한다.

```
20      TestObject array[] = new TestObject[5];
```

- 22~24번 줄은 TestObject 배열의 각 항목에 실제 객체를 할당한다.

```
22      for(int i=0; i < array.length; i++) {
23          array[i] = new TestObject(i);
24      }
```

이와 같이 객체의 배열에 각각의 객체를 할당한 후에 배열을 사용할 수 있다.

실행결과

```
array[0]=0
array[1]=1
array[2]=2
array[3]=3
array[4]=4
```

인적사항을 배열로 작성하는 객체 배열 예제를 설명한다. 각 인적사항은 Person의 객체로 작성되어 객체 배열로 관리한다.

[예제 8-19] Person.java

```
public class Person {
    int no;int age; String name; char gender;

    public Person(int no, int age, String name, char gender) {
        super();
        this.no = no;
        this.age = age;
        this.name = name;
        this.gender = gender;
    }
    public String toString() {
        return "Person [no=" + no + ", age=" + age + ", name=" + name
                + ", gender=" + gender + "]";
    }
}
```

[예제 8-20] PersonDB.java

```
import javax.swing.*;

public class PersonDB {
    Person addressBook[]; // Person 객체 배열 선언
    static int count=0;

    public PersonDB() {
        addressBook = new Person[20]; // Person 객체 배열 생성
    }
    public void insert(Person p) {
        addressBook[count++] = p; // Person 객체 삽입
    }
    public Person select() {
            // 사용자 입력을 받기 위한 다이얼로그
        String temp = JOptionPane.showInputDialog("1~" + count +"사이의 숫자를 입력하세요." + "
끝내려면 -1을 입력하세요.");

        if(temp==null || temp.equals("-1")) return null;
        System.out.println("입력값 : "+temp);
        // 사용자입력을 문자열로 받아오기 때문에 int로 변환해 주어야한다.
        int input = Integer.parseInt(temp);
        return addressBook[input-1];
    }
        public void update(Person p, int no) { // Person 객체 갱신
```

```
        addressBook[no] = p;
    }
    public void delete(int no) { // Person 객체 삭제, 배열이므로 null로 삭제를 대신함
        addressBook[no] = null;
    }
    public void printList() {
        for(int i=0; i < count; i++) {
            System.out.println( addressBook[i].toString() );
        }
    }
    public static void main(String args[]) {
        PersonDB pdb = new PersonDB();
        pdb.insert( new Person(1, 25, "Kim", 'F') ); // 객체배열에 삽입
        pdb.insert( new Person(2, 29, "Lee", 'M') ); // 객체배열에 삽입
        pdb.insert( new Person(3, 23, "Park", 'M') ); // 객체배열에 삽입
        pdb.printList();
        System.out.println( pdb.select().toString() );
    }
}
```

프로그램을 실행하면 다음과 같은 다이얼로그가 표시되어 Person 객체 선택을 하게 된다.

▲ 그림 8-8. JOptionPane.showInputDialog

실행결과

```
Person [no=1, age=25, name=Kim, gender=F]
Person [no=2, age=29, name=Lee, gender=M]
Person [no=3, age=23, name=Park, gender=M]
입력값: 2
Person [no=2, age=29, name=Lee, gender=M]
```

Note. 객체 배열 생성 주의

배열을 생성하는 것은 실제로 해당되는 타입의 배열로 만들어진다는 의미보다는 해당 타입의 참조에 대한 배열을 생성한다고 보는 편이 더욱 정확하다. 그래서 실제로 배열을 생성한 후에"NullPointerException"이 발생되는 경우가 있는데, 대부분의 경우에 비어있는 배열을 만들고 배열의 내용에 대한 정의가 되어 있지 않은 경우이다.

학습정리

1 클래스와 객체(object)의 관계에 대해 이해

2 실세계의 객체에서 클래스를 만들고 클래스에서 컴퓨터내의 객체(object)를 생성해서 사용하는 의미 파악

3 static은 클래스의 멤버이고, 객체의 멤버가 아님

4 객체 배열은 객체의 참조를 가질 수 있는 배열을 만든 것이므로 각 배열 항목에 객체를 치환해야 배열이 완성됨

연습문제

1 다음 수식 표현을 Java로 변환하여 작성하시오.

수식표현: x = f(y)	f(x) = x^2

답

Java표현:
int y=5;
int x = f(y);
	int f(int x) {
	  return x*x;
	}

2 다음 수식 표현을 Java로 변환하여 작성하시오.

수식표현: x = f1(y) + f2(y)	f1(x) = x^2 f2(x) = x^3

답

Java표현:
int y=5;
int x = f1(y) + f2(y);
	int f1(int x) {
	  return x*x;
	}
	int f2(int x) {
	  return x*x*x;
	}

3 문제2에서 작성한 함수를 클래스로 변환하여 작성하시오.

답

```
public class M {
   public int f1(int x) {
      return x*x;
   }
   public int f2(int x) {
      return x*x*x;
   }
}
```

4 다음 조건에 맞는 클래스를 작성하시오.

조건:
- 클래스 이름은 Test로 한다.
- 클래스의 멤버는 정수형으로 score를 가진다.
- 클래스 멤버 score에 대응하는 메서드로 void setScore(int)를 작성하여 전달되는 정수 값을 score 변수에 기억시킨다.
- 클래스 멤버 score에 대응하는 메서드로 int getScore()를 작성하여 score 값을 리턴 하도록 한다.

답

```
public class Test {
   int score;
   public void setScore(int s) {
      score = s;
   }
   public int getScore() {
      return score;
```

```
  }
}
```

5 문제4의 Test 클래스의 객체 one, two를 작성하시오.

답

```
Test one = new Test();
Test two = new Test();
```

6 문제4의 Test 클래스에 main() 메서드를 작성하여 Test 객체 one, two를 작성하시오.

답

```
public class Test {
   int score;
   public void setScore(int s) {
      score = s;
   }
   public int getScore() {
      return score;
   }
   public static void main(String args[]) {
      Test one = new Test();
      Test two = new Test();
   }
}
```

7 Term이라는 클래스를 작성하고 문제4의 Test 클래스의 객체를 one, two를 선언한 후 , Term의 생성자에서 Test 클래스의 객체를 one, two 생성하시오.

답

```
public class Term {
   Test one, two;
   public Term() {
```

```
        one = new Test();
        two = new Test();
    }
... 생략 ...
}
```

8 다음 Test 클래스에 생성자를 추가하여 생성자를 통해 score 값이 초기화 되도록 작성하시오.

```
public class Test {
    int score;
    public void setScore(int s) {
        score = s;
    }
    public int getScore() {
        return score;
    }
}
```

답

```
public class Test {
    int score;
    public Test(int s) {
        score = s;
    }
    public void setScore(int s) {
        score = s;
    }
    public int getScore() {
        return score;
    }
}
```

9 문제 8 Test 클래스에 main() 메서드를 추가하고, main() 메서드에서 Test 객체 one, two를 생성하면서 초기 값으로 각각 70, 85로 초기화 하시오.

답

```
public class Test {
   int score;
   public Test(int s) {
      score = s;
   }
   public void setScore(int s) {
      score = s;
   }
   public int getScore() {
      return score;
   }
   public static void main(String args[]) {
      Test one = new Test(70);
      Test two = new Test(85);
   }
}
```

10 문제 9의 Test 클래스에 printScore() 메서드를 추가하고, 객체의 score 멤버의 값을 출력하도록 작성하시오.

답

```
public class Test {
   int score;

   public Test(int s) {
      score = s;
   }
   public void setScore(int s) {
      score = s;
   }
   public int getScore() {
      return score;
   }
   public void printScore() {
     System.out.println("Score=" + score);
   }
   public static void main(String args[]) {
      Test one = new Test(70);
      one.printScore();
      Test two = new Test(85);
```

```
        two.printScore();
    }
}

*실행결과
Score=70
Score=85
```

11 다음 조건에 맞는 클래스를 작성하시오.

조건

- 클래스 이름은 Person이다.
- int no; int age; String name; char gender; 속성을 가진다.
- 각 속성에 대한 세터(setter)와 게터(getter)를 가진다.
- 속성을 초기화할 수 있도록 생성자를 작성한다.
- toString() 메서드를 구현하여 속성 값을 문자열로 리턴 하도록 작성한다.
- main() 메서드에서 Person의 객체를 생성하여 속성 값을 출력한다.

답

```
public class Person {
    int no;int age; String name; char gender;

     public int getNo() {
        return no;
    }
    public void setNo(int no) {
        this.no = no;
    }
    public int getAge() {
        return age;
    }
    public void setAge(int age) {
        this.age = age;
    }
    public String getName() {
        return name;
    }
    public void setName(String name) {
        this.name = name;
    }
    public char getGender() {
```

```
        return gender;
    }
    public void setGender(char gender) {
        this.gender = gender;
    }
    public Person(int no, int age, String name, char gender) {
        super();
        this.no = no;
        this.age = age;
        this.name = name;
        this.gender = gender;
    }
    public String toString() {
        return "Person [no=" + no + ", age=" + age + ", name=" + name
                + ", gender=" + gender + "]";
    }
    public static void main(String args[]) {
        Person one = new Person(1, 21, "kim", 'M');
        System.out.println(one.toString());
    }
}

*실행결과
Person [no=1, age=21, name=kim, gender=M]
```

12 다음 조건에 맞는 클래스를 작성하시오.

조건

- 클래스 이름은 Book이다.
- int price; int page; String author; 속성을 가진다.
- 각 속성에 대한 세터(setter)와 게터(getter)를 가진다.
- 속성을 초기화할 수 있도록 생성자를 작성한다.
- toString() 메서드를 구현하여 속성 값을 문자열로 리턴 하도록 작성한다.
- main() 메서드에서 Book의 객체를 생성하여 속성 값을 출력한다.

답

```
public class Book {
    int price;
    int page;
    String author;
```

```
    public Book(int price, int page, String author) {
        super();
        this.price = price;
        this.page = page;
        this.author = author;
    }

    public String toString() {
        return "Book [price=" + price + ", page=" + page + ", author=" + author
                + "]";
    }

    public int getPrice() {
        return price;
    }

    public void setPrice(int price) {
        this.price = price;
    }

    public int getPage() {
        return page;
    }

    public void setPage(int page) {
        this.page = page;
    }

    public String getAuthor() {
        return author;
    }

    public void setAuthor(String author) {
        this.author = author;
    }

    public static void main(String[] args) {
        Book littleprice = new Book(1000, 100, "홍길동");
        System.out.println( littleprice.toString() );
    }
}

*실행결과
Book [price=1000, page=100, author=홍길동]
```

13 다음 조건에 맞는 클래스를 작성하시오.

조건

- 클래스 이름은 Pen이다.
- int no; String com; int price; String color; 속성을 가진다.
- 속성을 초기화할 수 있도록 생성자를 작성한다.
- print() 메서드를 구현하여 속성 값을 출력하도록 작성한다.
- main() 메서드에서 Pen 객체 3개를 생성하여 print() 메서드를 통해 속성 값을 출력한다.

```
public class Pen {
    int no;
    String com;
    int price;
    String color;

    public Pen() {
        this(0, "", 0, "White");

    }
    public Pen(int no, String com, int price, String color) {
        this.no=no;
        this.com=com;
        this.price=price;
        this.color=color;
    }
    public void print() {
        System.out.println("No="+no + " Company="+ com + " Price=" + price + " Color="
+ color);
    }
    public static void main(String args[]) {
        Pen p1 = new Pen(1,"Monami", 300, "Black"); p1.print();
        Pen p2 = new Pen(2,"LG", 250, "Red");  p2.print();
        Pen p3 = new Pen(3,"Donga", 200, "Blue");  p3.print();
    }
}

*실행결과
No=1 Company=Monami Price=300 Color=Black
No=2 Company=LG Price=250 Color=Red
No=3 Company=Donga Price=200 Color=Blue
```

14 STest 클래스에 static 멤버 MAX를 작성하고 초기 값 99를 가지도록 작성하시오.

답

```
public class STest {
   static int MAX = 99;
 ... 생략 ...
}
```

15 STest 클래스에 static 메서드 getMax()를 작성하고 static 멤버인 MAX의 값을 리턴 하도록 작성하시오.

답

```
public class STest {
   static int MAX = 99;

   public static int getMax() {
      return MAX;
   }
   public static void main(String args[]) {
      STest one = new STest();

      System.out.println( one.getMax() );
   }
}
```

16 15번 문제의 STest 클래스에 static이 아닌 정수 멤버 MIN을 추가하고 main 메서드에서 STest의 객체를 통해 MIN의 값을 출력하도록 작성하시오.

답

```
public class STest {
   static int MAX = 99;
   int MIN = 10;

   public static int getMax() {
      return MAX;
   }
   public static void main(String args[]) {
```

```
        STest one = new STest();

        System.out.println( one.getMax() );
        System.out.println( one.MIN );
    }
}
```

17 16번 문제의 STest 클래스를 밑줄 친 부분과 같이 수정한 경우 에러가 발생하는데 그 이유를 설명하시오.

```
public class STest {
    static int MAX = 99;
    int MIN = 10;

    public static int getMax() {
        return MAX;
    }
    public static void main(String args[]) {
        STest one = new STest();

        System.out.println( one.getMax() );
        System.out.println( MIN );
    }
}
```

답 main은 static 메서드로 일반 변수인 MIN을 참조할 수 없다.

18 다음 프로그램의 결과를 쓰고, 그렇게 출력되는 이유는 무엇인지 작성하시오.

```
public class StaticCount {
    static int count = 0;

    public StaticCount() {
        count++;
    }

    public static void main(String args[]) {
        StaticCount one = new StaticCount();
        System.out.println( one.count );
```

```
        StaticCount two = new StaticCount();
        System.out.println( one.count );
        System.out.println( two.count );

        StaticCount three = new StaticCount();
        System.out.println( one.count );
        System.out.println( two.count );
        System.out.println( three.count );
    }
}
```

답

```
1
2
2
3
3
3
```

count는 static 변수로 클래스에서 생성된 모든 객체에서 공유되는 변수이다. 따라서 각 객체 one이 생성이 1이 되었고, two 생성시 2가 되어서 one이 참조하는 count도 2로 출력되었다. 마찬가지로 three 생성시 3이 되어서 one과 two가 참조하는 count는 3으로 출력되었다.

19 명령라인 인수로 /F /D /R이 입력될 때 다음과 같이 출력하는 프로그램을 작성하시오.

```
C:\javasrc>java ArgPrint
C:\javasrc>java ArgPrint  /F /D /R
args[0]=/F
args[1]=/D
args[2]=/R
```

답

```
public class ArgPrint {
    public static void main(String[] args) {
      for(int i=0; i < args.length; i++) {
        System.out.println("args[" + i + "]=" + args[i]);
      }
```

```
    }
}
```

20 오브젝트가 T가 있을 때 크기가 5인 T의 배열을 작성하시오.

답

```
T array[] = new T[5];
```

21 array 배열을 다음과 같이 사용하면 에러가 발생한다. 어떤 에러가 발생하고 이유가 무엇인지 설명하시오.

```
T array[] = new T[5];

for(int i=0; i < array.length; i++) {
    System.out.println("array["+ i + "]=" + array[i].value);
}
```

답 java.lang.NullPointerException 발생한다.
객체 배열은 객체의 참조를 가질 수 있는 배열을 작성한 것이며 실제 객체가 할당된 것은 아니다. 객체 배열 생성 후 각 배열에 실제 객체에 대한 참조를 저장해야 한다.

22 문제 21에서 에러가 발생하지 않도록 프로그램을 수정하시오.

답

```
// 객체 참조를 가질 수 있는  배열 생성
T array[] = new T[5];

for(int i=0; i < array.length; i++) {
    array[i] = new T(i); // 실제 객체에 대한 참조 저장
}

for(int i=0; i < array.length; i++) {
    System.out.println("array["+ i + "]=" + array[i].value);
}
```

23 **하나의 Java 소스 파일에 올 수 있는 public 클래스의 수는 몇 개인가?**

① 0개 ② 1개 이상
③ 1개 이하 ④ 2개 이상

답 3
한 클래스를 하나의 파일에 작성하는 것이 바람직하다. 여러 클래스를 하나의 파일에 작성하는 경우 클래스 지시자로 모두 public이 없거나 한 클래스만 public을 사용할 수 있다. public이 있는 클래스 이름이 파일이름이 된다.

24 **클래스(class)에 관한 내용으로 맞지 않는 것은?**

① 객체(실세계의)를 정의하는 수단
② 객체에 대한 행위와 상태를 묶어서 만든 틀(template)
③ 메서드와 상태 변수를 캡슐화 하여 작성
④ 메모리를 가지는 실체(instance)

답 4
클래스는 메모리를 가지지 않으며, 객체(object)가 메모리를 가진다. 객체(object)를 클래스에 대한 실체(instance)라고 한다.

25 **클래스이름으로 직접 참조할 수 있는 멤버를 작성할 때 사용하는 예약어(reserved word)는 무엇인가?**

답 static
멤버 변수(속성)이나 메서드에 static이 있으면 클래스 멤버가 되어 클래스의 객체를 만들지 않아도 접근이 가능하며 생성된 여러 객체에서 공유되는 멤버가 된다.

CHAPTER 09

클래스 상속 및 인터페이스

학습목표

1. 객체지향의 특징을 이해한다.
2. 객체관계와 상속관계를 이해하고 클래스로 정의한다.
3. 추상클래스와 Interface 클래스를 이해한다.
4. 클래스 상속 활용 능력을 배양한다.

학습개요

1. 객체지향의 주요 개념
2. 메서드 중복 정의
3. 객체 관계(is part of)
4. 상속 관계(is kind of)
5. this & super
6. 클래스 접근 지시자
7. 추상 클래스와 Interface 클래스
8. Inner 클래스와 Anonymous 클래스
9. 클래스 사용 종합 예제
10. package

1. 클래스 상속 및 인터페이스

앞장에서 클래스 작성 및 사용방법에 대해 살펴보았다. 이 장에서는 클래스 상속 및 인터페이스로 설명되는 객체지향의 주요 개념에 대해 설명한다.

1.1 객체지향

••• 객체의 정의

객체지향(object orientation을 이해하려면 먼저 객체에 대한 이해가 필요하다. 객체(object)는 실세계에 있는 모든 물체, 관념, 사상이라고 말할 수 있다. 객체의 구성 요소에는 어떠한 것들이 있는가? 객체는 기본적으로 행위와 상태를 가지고 있는 것을 말한다.

```
객체(object) = 행위(behavior) + 상태(state) + 정체성(identity)
```

예를 들어, 흔히 접할 수 있는 펜의 경우를 보면, 그것의 행위(behavior)는 그림을 그리고, 글자를 쓰는 것으로 생각해 볼 수 있고 펜의 색, 가격, 수명 등은 상태(state)라고 볼 수 있다. 그리고 각 펜은 빨간색 펜, 파란색 펜 등의 값을 가지고 있는데 이 값은 각 펜이 유일한 의미 즉, 정체성(identity)을 가지는 요소가 된다.

[표 9-1] 객체의 구성

객체의 종류	행위, 메서드	상태, 속성, 멤버변수	정체성
Pen	draw(), write()	color, price, durability	Pen 객체의 값
Car	drive(), turn()	price, fuelType, year	Car 객체의 값
Grade	sum(), rank()	eng, math, kor	Grade 객체의 값

1.2 객체지향의 특징

객체지향 패러다임은 다음의 네 가지 개념을 지원하는 체계로 구성된다.

••• 캡슐화

객체의 구성 요소인 행위와 상태를 하나의 틀에 연결하는 것을 캡슐화(encapsulation)라고 한다. 캡슐화가 이루어진 후 내부적인 구현사항은 외부에 감추어진다. 예를 들면, 전자제품을 구입하였을 때 전자제품의 내부 부품이나 회로에 대해서는 잘 몰라도 그것을사용할 수 있는 것과 같다.

••• 상속

상속(inheritance)이란 자녀가 부모로부터 여러 가지 성질을 물려받는 것처럼 기존에 정의한 클래스에서 새로운 클래스로 상속받아 정의되는 것을 말한다.

자녀는 부모로부터 여러 가지를 상속받지만 똑같이 상속받는 것이 아니라 일부가 개선 또는 제거되거나 추가될 수 있다. 이와 같이 클래스간의 상속에서도 개선이나 추가, 삭제를 통해서 새로운 클래스를 정의할 수 있다.

••• 폴리모피즘

폴리모피즘(polymorphism)은 다른 클래스에 있는 메서드를 수행했을 때 의미적으로 같은 결과를 내보내는 것을 말한다. 예를 들어, 새와 비행기는 서로 다른 객체이지만 새도 비행하고 비행기도 비행한다. 새와 비행기의 비행하는 모양은 서로 다르지만 결국 같은 비행을 한다고 볼 수 있다.

••• 동적인 사용

객체의 타입은 선언 시에 정해지는 것이 아니라 객체를 생성하는 단계에서 결정되어 진다. 즉, 동적인 사용(dynamic loading)이 가능하다.

이 네 가지 사항은 각기 독립적으로 동작하는 것은 아니고 하나의 객체지향 프로그램 안에서 유기적인 관계를 가진다.

••• Car 클래스

객체지향에 대한 개념을 이해하기 위해서 Car 클래스를 사용하여 내용을 살펴보자.

실세계의 자동차에서 Car 클래스를 작성하는 과정은 다음과 같다.

1. 실세계의 자동차의 공통적인 속성과 기능을 나열한다.
2. 공통적인 속성 중에서 사용자가 정의하는 클래스에 적합한 속성을 선택한다.
3. 공통적인 기능 중에서 사용자가 정의하는 클래스에 적합한 기능을 선택한다.
4. 선택한 속성은 클래스 내의 변수로 정의하고 선택한 기능은 클래스의 메서드로 구현한다.
5. 객체 생성시 클래스안의 멤버 변수의 초기화가 필요하면 생성자를 작성하여 초기화를 한다.

[예제 9-1] Car.java

```
public class Car {
  // private: 객체에 의해 직접 사용이 제한되는 변수, 클래스 내부에서만 접근이 허용됨
    private int speed = 55;
    private float fuel, avmpg = 30;
    private int direction;
  // public: 객체에 의해 직접 사용이 가능한 변수
    public String color;

    public Car () {// 기본 생성자
        this("blue"); // Car(String)을 호출
    }

    public Car (String carColor) { // 생성자
        color = carColor;
    }

    public void drive (int newSpeed) {
        fuel -= (float) speed/avmpg;
        if (fuel <= 0.0)
        stop();
        else
        speed = newSpeed;
    }

    public void stop () {
        applyBrakes ();
        speed = 0;
    }

    public void applyBrakes() {
    }
}
```

위의 Java 언어 클래스 코드에서 speed, fuel, avmpg, direction 변수 앞에는 private 지시자가 있는데 이들 변수는 객체에 의해 직접 접근이 제한되는 변수가 된다. 즉, Car 클래스의 객체 obj를 작성한 경우 다음과 같이 사용이 제한된다.

```
Car obj = new Car();
obj.speed = 0; // private 멤버이므로 직접 사용불가
obj.fuel = 50.5f; // private 멤버이므로 직접 사용불가
obj.color = "red"; // public 멤버이므로 직접 사용가능

obj.drive(); // public 메서드이므로 사용 가능
```

private 변수로 정의된 필드는 public 인터페이스로 정의된 drive(), stop() 등의 메서드를 사용하지 않고서는 접근할 수 없게 된다. private 변수는 클래스 외부에 변수 값을 감추어 객체의 값을 보호한다. 접근 지시자에 대한 내용은 뒤에서 상세히 설명한다.

••• 메서드 중복정의

Java 언어는 메서드의 중복정의(overloading)를 지원한다. 메서드의 중복정의는 메서드의 이름은 같고 파라미터의 위치나 수가 다른 메서드를 하나 이상 사용할 수 있는 방법이다. 즉, 하나의 클래스 안에 다른 파라미터의 같은 이름을 가진 같은 이름의 메서드가 하나 이상 있을 수 있다. 이러한 방식은 보다 자연스러운 프로그래밍을 가능하게 하여 프로그래머의 수고를 절감시켜 준다. Java 언어의 클래스 생성자는 클래스의 인스턴스를 생성할 시에 클래스 변수의 초기화를 하는 데 목적이 있으며 생성자도 중복정의가 가능하다.

Car 클래스에는 2개의 생성자가 있는데, 이는 사용자가 객체를 생성할 때 생성자를 선택해서 사용할 수 있도록 하기 위함이다.

2.
객체 관계 및 상속 관계

2.1 객체 관계

객체와 객체 사이에는 일정한 관계성이 있다. 객체간의 관계는 "is part of" 나 "has a"의 관계이다. 자동차와 엔진의 경우를 살펴보면 자동차와 엔진은 각각 클래스 객체로서 정의될 수 있지만 자동차의 입장에서 엔진은 객체라기보다는 자동차의 부품이므로 다음의 공식이 성립한다.

```
Engine is part of Car. // is part of의 관계, 객체 관계
Car has a Engine.// has a 관계, 객체 관계
그러나
Car is part of Engine. // 성립하지 않음, Engine이 Car에서 사용(포함) 됨을 의미
Engine has a Car. // 성립하지 않음, Engine이 Car를 가지지 않음을 의미
```

"is part of"나 "has a"의 관계가 성립하면 객체간의 관계로 나타낼 수가 있고, 클래스 관점에서는 다른 클래스 객체를 포함관계에 의해서 정의해 사용할 수 있음을 의미한다.

[예제 9-2] Engine.java

```
public class Engine {
public void setMotorSpeed (int pedalPos) {
// set motor speed relative to pedal postion
}
}
```

CarWithEngine 클래스에서는 Engine 클래스에 대한 인스턴스를 만들고 자동차 클래스의 public 인터페이스에 의해 엔진 클래스 인스턴스의 public 메서드를 호출한다. 자동차의 액셀러레이터 입력이 엔진의 모터로 전달되는 과정을 다음의 예에서 살펴볼 수 있다.

[예제 9-3] CarWithEngine.java

```
public class CarWithEngine {
private Engine carEng; // Engine 객체 선언
private int pedalPos;
 //
public CarWithEngine (String color) {
// Create instances of the engine and gas pedal
carEng = new Engine(); // Engine 객체 생성
}

public void drive (int newSpeed) {
// the car must be in gear to drive
setGear();
// pass to the motor the current pedal setting
pressPedal();
}

public void pressPedal () {
```

```
pedalPos++ ;
carEng.setMotorSpeed (pedalPos); // Engine 메서드 호출
}

public void setGear() {
// put the car in gear
}
}
```

2.2 상속 관계

클래스와 클래스 사이의 상속에는 일정한 관계성이 있다. 클래스간의 관계는 "is kind of" 관계나 "is a"의 관계가 있다. 자동차와 버스, 트럭, 스포츠카의 경우를 살펴보면 자동차와 버스, 트럭, 스포츠카는 각각 클래스로 정의할 수 있지만 이들 클래스간의 관계를 살펴보면 상호간에 일정한 관계성을 가지고 있다. 즉, "버스는 자동차의 한 종류이다." 또는 "트럭은 자동차이다"라는 공식이 성립한다. 따라서 "is kind of" 관계나 "is a"의 관계가 성립하면 클래스간의 관계로 나타낼 수 있고, Java 언어의 클래스에서는 클래스간의 관계가 상속에 의해 표현이 가능하다.

```
Bus is kind of Car. // is kind of의 관계, 클래스 관계, 상속 관계
Bus is a Car.// is a 관계, 클래스 관계, 상속 관계
그러나
Car is kind of Bus. // 성립하지 않음, 즉, 버스의 의미가 더 크다.
Car is a Bus.// 성립하지 않음, 즉, 버스의 의미가 더 크다.
```

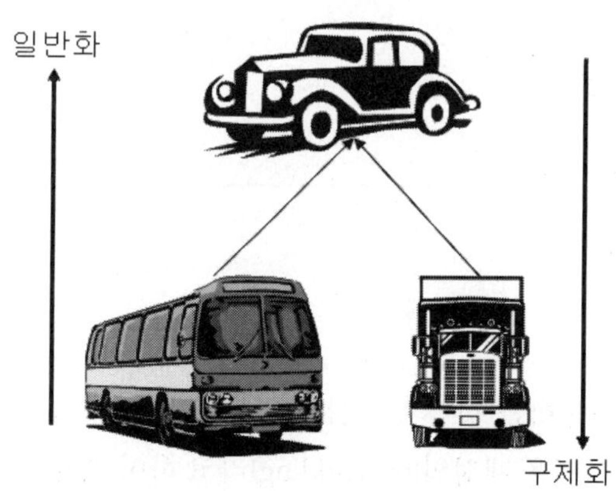

▲ **그림 9-1.** 일반화와 구체화

버스나 트럭은 자동차에 비해 보다 구체적인 클래스가 되는 관점을 구체화, 특수화(specialization)라고 하고 상위의 개념으로 의미의 폭이 넓어지는 것을 일반화(generalization)라고 한다.

••• 상속 관련 용어

상속을 하게 되면 상, 하 클래스간의 용어는 다음과 같이 정리할 수 있다.

[표 9-2] 상속에 따른 클래스 호칭

상위 클래스(super class) 부모 클래스(parent class) 기본 클래스(base class)	하위 클래스(sub class) 자녀 클래스(child class) 파생 클래스(derived class)

기본 클래스에서 파생 클래스로 상속받을 때 사용하는 키워드는 "extends"이다. 상위 클래스 Car를 상속받아 Bus를 작성하는 경우 다음과 같이 작성할 수 있다.

[예제 9-4] Bus.java

```
public class Bus extends Car {
    public Bus () {// default constructor
    this("blue"); // Bus(String)를 호출
    }
    public Bus (String carColor) {// the constructor
    color = carColor;
    }
    public void stop () {
    applyOilBrakes ();
    speed = 0;
    }
    public void applyOilBrakes() {
    }
}
```

2.3 상속과 폴리모피즘(polymorphism)

클래스간의 상속에서 기본 클래스의 메서드를 그대로 사용하는 것이 부적합한 경우에 부모 클래스의 메서드를 개선하여 새로운 클래스에서 사용할 수 있다. 이것을 재정의(overridding)라고 하며 객체지향 프로그램에서 폴리모피즘(polymorphism)을 가능하게 한다.

예를 들어 버스와 스포츠카는 stop()이란 메서드를 부모 클래스인 자동차로부터 상속받게 되는데, 자동차는 마찰 브레이크를 사용하고 버스는 유압식 브레이크, 스포츠카는 ABS 브레이크를 사용한다면 부모 클래스의 stop()을 그대로 사용할 수 없게 된다. 따라서 새로운 클래스의 메서드를 재정의 하여 사용하게 된다.

이제 서로 다른 객체(Car, SportsCar, Bus)에 동일한 인터페이스인 stop()을 호출하면 결과는 유사하지만 서로 다른 결과를 내는 폴리모피즘이 생기게 된다.

[예제 9-5] Car.java, SportsCar.java, Bus.java

```
class Car {
   private int speed = 55;
   private float fuel, avmpg = 30;
   private int direction;
   private String color;

   public Car () {// default constructor
   this("blue");  // Car(String)을 호출
   }

   public Car (String carColor) {// the constructor
   color = carColor;
   }

   public void drive (int newSpeed) {
   fuel -= (float) speed/avmpg;
   if (fuel <= 0.0)
   stop();
   else
   speed = newSpeed;
   }

   public void stop () {
   applyBrakes ();
   speed = 0;
   }

   public void applyBrakes() {
   }
   }
//
class SportsCar extends Car {
```

```
public void stop () {
// 스포츠카는 ABS 브레이크 사용
applyABSBrakes ();
}

public void applyABSBrakes() {
// hit the brakes
}
}
//----------------------------------------------------------
class Bus extends Car {

public void stop () {
// Bus는 유압식 브레이크 사용
applyOilPresureBrakes ();
}

public void applyOilPresureBrakes () {
// hit the brakes
}
}
```

Note. 메서드 재정의(overridding) 유의사항

메서드 재정의는 부모 메서드와 메서드 이름, 파라미터의 순서와 타입이 같은 메서드로 사용되어야 하며, 메서드의 리턴 값에 의해서 다른 메서드로 분류되지 않으므로 리턴 타입은 다르게 해도 상관없다.

2.4 This와 Super 키워드

Java 언어 프로그램에서는 때때로 객체 자신에 대한 참조가 필요한 경우에 this를 사용하고, 클래스를 상속받았을 때 부모 클래스에 대한 참조를 필요로 하는 경우에는 super를 사용한다.

객체 자신에 대한 참조(this)

this 키워드는 객체 자신에 대한 참조가 필요한 경우에 사용한다. 다음 프로그램은 this의 사용예를 보여준다.

[예제 9-6] ThisTest.java

```
1    class ThisTest {
2        int variable;
3
4        public ThisTest(int variable) {
5            this.variable = variable; // 변수명의 혼동을 피하기 위해서 사용
6
7            sendAccess(this); // 클래스 자신에 대한 참조를 다른 메서드에게 전달
8        }
9        public ThisTest() {
10           this(100); // 클래스의 생성자 ThisTest(int variable)를 호출
11       }
12   }
```

5번 줄은 클래스 자신에 있는 변수 variable에 ThisTest 메서드의 인수 값을 치환할 때 변수명의 혼동을 피하기 위해서 사용하였고, 7번 줄은 클래스 자신에 대한 참조를 다른 메서드에게 전달하는 데 this를 사용하였으며, 10번 줄에서는 클래스의 생성자를 호출할 때 this를 사용하였다. 이 외에도 Frame이나 ImageObserver 등의 클래스의 파라미터 전달 과정에서 this를 사용하게 된다.

••• 부모 클래스에 대한 참조(super)

super 키워드는 부모 클래스에서 상속받은 멤버 중에서 재정의 된 멤버를 참조할 때 사용하거나, 부모 클래스의 생성자를 호출하여 부모 클래스가 가지고 있는 멤버를 초기화할 때 사용한다.

다음의 예제는 Java 언어 클래스 Dialog를 상속받아서 MyDialog를 만든 것이다.

사용 예(Usage) : super의 사용

```
class MyDialog extends Dialog {

public MyDialog(Frame f) {
  // Dialog의 생성자를 호출하여 Dialog의 변수를 초기화
   super(f, "Dialog Title", true);
   }

public boolean handleEvent (Event e) {
        if (e.id == Event.WINDOW_DESTROY) {
            hide();
            dispose();
            System.exit(0);
```

```
12            }
13        else if (e.id != Event.MOUSE_DOWN) {
                      // 재 정의된 Dialog의 메서드 handleEvent를 호출
14                return super.handleEvent(e);
15            }
16            return true;
17        }
18    }
```

4번 줄은 Dialog의 생성자를 호출하여 Dialog의 변수를 초기화하는 기능을 수행하고 14번 줄은 재정의된 Dialog의 메서드 handleEvent를 호출하고 있다.

2.5 Java 클래스 접근 제어

새로운 클래스를 정의할 때 메서드와 변수에 대하여 접근 지시자를 두어 단계적으로 클래스의 정보를 사용하거나 이용하도록 할 수 있다.

- ⊙ public : public으로 선언된 메서드와 변수는 어느 곳에서든 호출이 가능하다.
- ⊙ protected : protected로 선언된 메서드와 변수는 클래스의 멤버와 서브 클래스, 패키지 내에서만 사용이 가능하다.
- ⊙ private : private로 선언된 메서드와 변수는 자신의 클래스에서만 사용이 가능하고 상속된 클래스에서는 사용이 불가능하다.
- ⊙ final : 클래스에 final이 오면 상속이 불가능한 클래스이고, 메서드에 final이 오면 재정의(overridding)가 불가능한 메서드이며, 변수에 final이 오면 상수형 변수로 정의되어 값의 변경이 불가능하게 된다.
- ⊙ 지시자 없음 : Java 언어의 디폴트로 접근 지시자가 없는 상태가 package 상태이며 같은 패키지 내에서만 참조를 할 수 있다.

다음의 표는 클래스 멤버에 대한 지시자의 관계에 대하여 정리한 것이다.

[표 9-3] 클래스 멤버 지시자의 적용 범위

지시자	class내	package내	subclass에서	외부접근
public	○	○	○	○
protected	○	○	○	×
지시자 없음	○	○	×	×
private	○	×	×	×

3. Abstract 클래스와 Interface 클래스

3.1 Abstract 클래스

추상 클래스는 클래스가 상속되어 사용될 때 클래스 간에 일관성 있는 인터페이스의 사용을 위해서 작성되는 클래스이다.

추상 클래스 작성 규칙은 다음과 같다.

1. 클래스 선두에 abstract라는 키워드가 온다.
2. 반드시 하나 이상의 abstract 메서드가 있어야 한다.
3. abstract 메서드는 코드의 구현 없이 정의만 한다.
4. abstract 클래스를 상속받는 클래스는 abstract 메서드를 재정의해야 한다.

다음의 예제를 통해서 추상 클래스의 정의에 대하여 알아보자.

사용예(Usage) : 추상 클래스의 정의 및 상속

```
abstract class Animal {
  int numOfFoot;

  public abstract void run();
  public abstract void cry();
}
// ─────────────────────────────────
class Dog extends Animal {
  public void run() {
      System.out.println("running.");
  }
  public void cry() {
      System.out.println("bark!!");
  }
}
// ─────────────────────────────────
class Cat extends Animal {
  public void run() {
      System.out.println("running.");
  }
```

```
public void cry() {
    System.out.println("mewing!!");
}
}
```

위 프로그램에서 Animal 클래스는 추상 클래스로서 클래스 선두에 abstract라는 키워드가 오고 run()과 cry()는 abstract 메서드로 정의되어 코드의 완전한 구현 없이 정의만 되어 있다. 그리고 추상 클래스를 상속받은 Dog 클래스에서는 run()과 cry() 메서드를 재정의 하여 사용하고 있다.

부모 클래스로 추상 클래스를 사용한다면 새로 상속받아 만들어지는 클래스는 추상 클래스에 정의된 abstract 메서드에 대해 재정의 하는 과정을 따르게 되므로 추상 클래스의 하위에서는 일관성 있는 메서드에 대한 정의가 가능하게 된다.

추상 클래스를 사용하게 되면 클래스간의 상속을 거치면서 메서드에 대한 재정의 과정을 거치므로 폴리모피즘의 효과가 있게 된다.

사용예(Usage) : AnimalTest.java

```
public class AnimalTest {
    Dog dog;
    Cat cat;
    public AnimalTest() {
            dog = new Dog();
            cat = new Cat();
            dog.cry();
            cat.cry();
    }
    public static void main(String args[]) {
        AnimalTest at = new AnimalTest();
    }
}
```

3.2 Interface 클래스

앞에 살펴본 추상클래스(abstract class)는 상속 관계에서 중요한 의미를 가진다. Interface 클래스도 추상 클래스와 유사한 목적으로 만들어지며 그 차이점은 다음과 같다.

[표 9-4] 추상클래스(abstract class)와 Interface 클래스 차이점

구분	추상클래스(abstract class)	Interface 클래스
작성목적	상속 시 인터페이스 및 타입의 일관성 유지 두 객체간의 메시지 송수신을 위한 매개체로 사용	
작성방법	멤버 변수를 가질 수 있다.	
	일반 메서드를 가질 수 있다. abstract 메서드를 가질 수 있다.	일반 메서드를 가질 수 없다. abstract 메서드 대신 인터페이스를 가질 수 있다.
객체생성	객체를 만들 수 없다.	
상속	extends로 상속한다.	implements로 상속한다.
재정의	하위 클래스에서 abstract 메서드를 재정의해서 사용한다.	하위 클래스에서 인터페이스를 재정의해서 사용한다.
다중상속	단일 상속 가능	다중 상속 가능(하나 이상의 인터페이스가 상속 가능하다.)

비교해보면 인터페이스(메서드 선언)만 가지고 있는 것이 Interface 클래스이다.

••• *Interface 클래스 예*

ActionListener, MouseListener는 EventListener를 상속받아 만들어졌고 GUI 이벤트 처리를 위해 사용되는 인터페이스이다.

```
public interface ActionListener extends EventListener {
    void actionPerformed(ActionEvent e);
}

public interface MouseListener extends EventListener {
    void mouseClicked(MouseEvent e);
    void mouseEntered(MouseEvent e);
    void mouseExited(MouseEvent e);
    void mousePressed(MouseEvent e);
    void mouseReleased(MouseEvent e);
}
```

••• *Interface 클래스 상속*

GUI에서 ActionEvent를 처리하고자 하는 경우에 다음과 같이 ActionListener를 상속받고 actionPerformed(ActionEvent e)를 용도에 맞게 재정의 한다.

```
public class MyGUI extends Frame implements ActionListener {
    public MyGUI() { ... }
    public void actionPerformed(ActionEvent e) { // 이벤트 발생 시 처리할 내용 작성 }
}
```

본 절에서는 Interface 클래스의 작성 및 활용 방법에 대해서만 설명한다.

4. Inner 클래스와 Anonymous 클래스

Inner 클래스는 클래스 안에 작성하는 클래스를 말한다. 클래스 안에 멤버 변수, 메서드가 있는 것처럼 클래스도 다른 클래스의 멤버가 될 수 있다. Inner 클래스에는 지역 Inner 클래스와 이름 없는(Anonymous) Inner 클래스가 있다.

4.1 Inner 클래스

Inner 클래스를 사용하는 이유는 다음과 같다.

- 클래스를 용도에 따라 한 그룹으로 잡아주는 효과가 있다.
- 캡슐화 기능을 강화시킨다.
- 가독성이 높아지고 유지보수가 용이해진다.
- Inner 클래스에서 외부 클래스에 있는 자원(변수, 메서드) 호출이 용이해진다.

••• *지역 Inner 클래스 예*

[예제 9-7] InnerTest.java

```
public class InnerTest {
  Calc c; // Inner 클래스 객체 선언
  int X=5;

  public InnerTest() {
    c = new Calc(); // Inner 클래스 생성
    c.print();
```

```
  }

  // InnerTest 클래스 안에 Calc 클래스가 있음
  class Calc {
  float PI=3.14f;

   void print() {
    System.out.println("PI * X=" + PI*X);   // InnerTest의 X 멤버 참조 가능
   }
  }

  public static void main(String args[]) {
     InnerTest at = new InnerTest();
  }
}
```

실행결과

```
PI * X=15.700001
```

4.2 Anonymous 클래스

클래스의 객체 생성 시 객체의 구현사항을 메서드의 괄호 안에서 작성하는 방법으로 이름 없는 (anonymous) Inner 클래스를 사용할 수 있다.

다음은 이름 없는 Inner 클래스로 많이 사용하는 대표적인 경우이다.

버튼 이벤트 처리 시 이름 없는 Inner 클래스 사용

버튼의 이벤트처리 객체 등록 시 메서드를 구현하여 사용하는 경우이다.

```
button.addActionListener(new ActionListener() {
public void actionPerfored(ActionEvent e)
{
// do something.
}
});
```

••• *윈도우 frame 종료 이벤트 처리 시 이름 없는 Inner 클래스 사용*

윈도우 frame의 'X' 버튼 클릭 이벤트를 처리하는 객체 등록 시 메서드를 구현하여 사용하는 경우이다.

```
frame.addWindowListener(new WindowAdapter() {
        @Override
        public void windowClosing(WindowEvent e) {
            System.exit(0);
        }
});
```

5. 클래스 상속 종합 예제

지금까지 설명한 객체지향에 대한 개념을 바탕으로 추상 클래스 및 일반 클래스의 생성, 클래스 상속 및 객체 생성을 예제를 통하여 살펴봄으로서 객체지향 언어로서의 Java 언어를 이해하도록 하자.

5.1 문제 정의

객체지향 개념을 가진 Java 프로그램을 위하여 상속관계를 통해 그래픽 관련 클래스를 작성하도록 하자. 클래스로 작성되는 그래픽 요소들은 점, 사각형, 원 등의 요소로 이루어져 있으며 모든 그래픽 요소들은 기본 값으로 x, y 좌표를 가진다. 각 그래픽 요소들을 상태와 행위로 구분하여 분류하면 다음과 같다.

[표 9-5] 그래픽 객체의 상태와 행위의 분석

그래픽 객체	가능한 행위(메서드)	가능한 상태(속성)
점(Dot)	draw(), print(), setX(), setY(), getX(), getY(), ...	좌표, 색, 반지름, ...
사각형(Rect)	draw(), print(), setX(), setY(), getX(), getY(), setWidth(), setHeight(), getWidth(), getHeight(), ...	좌표, 폭, 높이, 배경색, 사각형의 선색, 배경의 알파값, 배경의 그러데이션, ...
원	draw(), print(), setX(), setY(), getX(), getY(), setDiameter(), setDiameter(), ...	좌표, 반지름, 배경색, 원의 선색, 배경의 알파값, 배경의 그러데이션, 원호의 각도, ...

표 9-5와 같이 각 그래픽 객체는 많은 상태와 행위(기능)를 가지고 있을 수 있으나 사용자 및 개발자의 관점에서 원하는 부분만을 선택하여 사용하게 된다. 객체의 상태에서 원하는 부분만을 선택하는 것을 데이터 추상화(data abstraction)이라고 하고 행위 중에서 원하는 기능만을 선택하는 것을 기능적인 추

상화(functional abstraction)이라고 한다. 표 9-5의 내용 중에서 데이터 추상화와 기능적인 추상화를 통해 작성된 그래픽 객체의 상태와 행위는 표 9-6과 같다.

5.2 추상화

[표 9-6] 그래픽 객체의 상태와 행위의 추상화

그래픽 객체	가능한 행위(메서드)	가능한 상태(속성)
점(Dot)	print()	좌표, 색
사각형(Rect)	print()	좌표, 폭, 높이, 색
원(Circle)	print()	좌표, 반지름, 색

표 9-6의 그래픽 객체의 상태와 행위를 살펴보면 모든 그래픽 객체는 "좌표"와 "색"의 상태 그리고 "print()" 라는 행위를 공통적으로 가지고 있는 것으로 알 수 있다. 이제 어느 정도 그래픽 객체의 추상화를 완료했다면 이제 각 객체를 클래스로 작성하기 전에 상속의 개념에 입각해서 추상클래스로 Graphic 클래스를 정의하고 각 클래스들을 클래스 트리로 나타내면 다음과 같다.

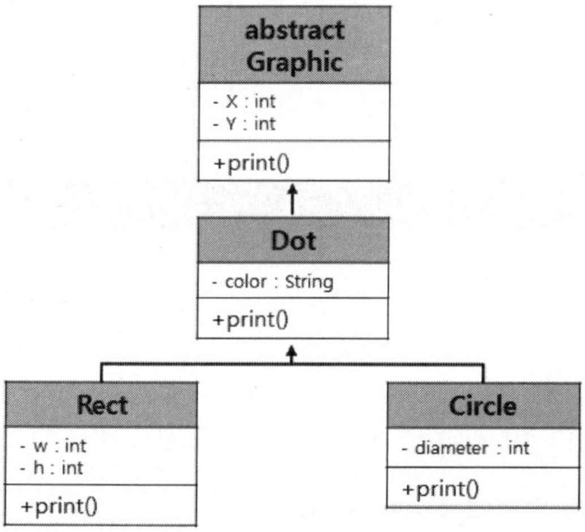

▲ 그림 9-2. 클래스 트리

5.3 클래스 작성

Graphic 추상클래스 작성

추상 클래스인 Graphic은 그래픽 클래스들의 공통적인 요소인 x, y 좌표를 필드로 가지고 있으며 print() 인터페이스를 하위 클래스들에게 상속할 목적으로만 작성된다.

[예제 9-8] Graphic.java

```
abstract class Graphic {   // abstract 키워드로 추상클래스 선언
    int x;                 // 하위 클래스에서 사용될 필드
    int y;                 // 하위 클래스에서 사용될 필드

    // 생성자로 클래스 내부의 필드 초기화 처리
    public Graphic(int x, int y) {
        this.x = x;        // 인수 x를 Graphic의 x에 치환
        this.y = y;        // 인수 y를 Graphic의 y에 치환
    }
    // 추상 클래스는 abstract 키워드가 있는 메서드가 반드시 하나 이상 있어야 함
    // 하위 클래스는 abstract 키워드가 있는 메서드를 반드시 재정의 해야 함
    // 따라서, 하위의 모든 클래스는 print() 메서드가 존재함을 보장 할 수 있음
    public abstract void print();
}
```

••• Dot 클래스 작성

Dot 클래스는 Graphic 클래스를 상속받아 작성한다. Dot 클래스에는 x, y 좌표를 가지고 있지 않지만 Graphic 클래스로부터 상속받아 사용하게 된다. 또한, print() 메서드를 재정의(overridding)여 사용하고 있다.

[예제 9-9] Dot.java

```
// Graphic 클래스를 상속 받아 작성한 클래스
class Dot extends Graphic {
    String color;          // 새로 추가된 필드

    // 디폴트 생성자
    public Dot() {
      this(0, 0, "");  // this이용 Dot(int x, int y, String color)를 호출
    }
    // 생성자로 클래스 내부의 필드 초기화 처리
    // 상속 받은 x, y 변수의 초기화를 처리
    public Dot(int x, int y, String color) {
        // super(x, y)는 Graphic 클래스의 생성자를 통해
        // x, y 값을 초기화함을 의미함
        super(x, y);
        // 인수 color를 Dot의 color에 치환
        this.color = color;
    }
```

```
    //재 정의된 print() 메서드로 클래스의 필드 값을 출력
    public void print() {
        System.out.print("X=" + x + " Y=" + y +
                " COLOR=" + color);
    }
}
```

Rect 클래스 작성

Rect 클래스는 Dot 클래스를 상속받아 작성한다. Rect 클래스에는 x, y, color 좌표를 가지고 있지 않지만 Dot 클래스로부터 상속받아 사용하게 된다. 또한, print() 메서드를 재정의(overridding)여 사용하고 있다.

[예제 9-10] Rect.java

```
// Dot 클래스를 상속 받아 작성한 클래스
class Rect extends Dot {
    int w;              // 새로 추가된 필드
    int h;              // 새로 추가된 필드

    // 기본 생성자
    public Rect() {
        // this 이용 Rect(int x, int y, int w, int h, String color) 호출
        this(0, 0, 0, 0, "");
    }
    // 생성자로 클래스 내부의 필드 초기화 처리
    // 상속 받은 x, y, color 변수의 초기화를 처리
    public Rect(int x, int y, int w, int h, String color) {
        // super(x, y, color)는 Dot 클래스의 생성자를 통해
        // x, y, color 값을 초기화함을 의미함
        super(x, y, color);
        this.w = w;         // 인수 w를 Rect의 w에 치환
        this.h = h;         // 인수 h를 Rect의 h에 치환
    }

    //재 정의된 print() 메서드로 클래스의 필드 값을 출력
    public void print() {
        // Dot의 print()를 호출하여 x, y, color 필드의 값을 출력함
        super.print();
        System.out.print(" W=" + w + " H=" + h);
```

```
    }
}
```

Circle 클래스 작성

Circle 클래스는 Dot 클래스를 상속받아 작성한다. Circle 클래스에는 x, y, color 좌표를 가지고 있지 않지만 Dot 클래스로부터 상속받아 사용하게 된다. 또한, print() 메서드를 재정의(overridding)여 사용하고 있다.

[예제 9-11] Circle.java

```
// Dot 클래스를 상속 받아 작성한 클래스
class Circle extends Dot {
    int diameter;            // 새로 추가된 필드

    // 기본 생성자
    public Circle() {
        // this 이용 Circle(int x, int y, int diameter, String color) 호출
        this(0, 0, 0, "");
    }
    // 생성자로 클래스 내부의 필드 초기화 처리
    // 상속 받은 x, y, color 변수의 초기화를 처리
    public Circle(int x, int y, int diameter, String color) {
        // super(x, y, color)는 Dot 클래스의 생성자를 통해
        // x, y, color 값을 초기화함을 의미함
        super(x, y, color);
        // 인수 diameter를 Circle의 diameter에 치환
        this.diameter = diameter;
    }

    //재 정의된 print() 메서드로 클래스의 필드 값을 출력
    public void print() {
        // Dot의 print()를 호출하여 x, y, color 필드의 값을 출력함
        super.print();
        System.out.print(" DIAMETER=" + diameter);
    }
}
```

••• 작성한 클래스 활용

위에서 작성한 그래픽 관련 클래스를 사용하기 위해 main() 메서드를 가지는 애플리케이션 프로그램을 작성한다. Graphic 클래스는 추상클래스로 객체를 선언할 수 는 있으나 인스턴스를 작성할 수는 없는 클래스이다. 또한, 각 클래스는 타입의 선언과 객체 생성의 타입이 일치하는 경우와 클래스 트리의 상위 타입으로 선언하고 하위 타입으로 생성한 경우 모두 사용이 가능하다. 클래스 상속관계는 "is-a" 관계이므로 Dot, Rect, Circle 클래스는 Graphic 타입이 된다. 또한, Rect, Circle 클래스는 Dot 타입이기도 하다.

[예제 9-12] Draw.java

```
public class Draw {
    Graphic shape1;          // Graphic 타입의 객체 선언

    Dot point1;              // Dot 타입의 객체 선언
    Rect rect1;              // Rect 타입의 객체 선언
    Circle circle1;          // Circle 타입의 객체 선언

    Graphic point2;          // Graphic 타입의 객체 선언
    Graphic rect2;           // Graphic 타입의 객체 선언
    Graphic circle2;         // Graphic 타입의 객체 선언

    public Draw() {
        // abstract 클래스로는 선언만 가능하고 객체(인스턴스)를 작성할 수 없음
        // shape1 = new Graphic(10, 20);

        // Dot로 선언한 변수에 Dot 타입의 객체 생성
        point1 = new Dot(20, 30, "RED");
        // Rect로 선언한 변수에 Rect 타입의 객체 생성
        rect1 = new Rect(40, 50, 30, 30, "CYAN");
        // Circle로 선언한 변수에 Circle 타입의 객체 생성
        circle1 = new Circle(70, 70, 100, "BLUE");

        // 객체는 선언 할 때가 아니라 new 키워드로 객체를 생성하는
        // 순간에 타입이 결정됨
        // Graphic로 선언한 변수에 Dot 타입의 객체 생성
        point2 = new Dot(25, 35, "RED");
        // Graphic로 선언한 변수에 Rect 타입의 객체 생성
        rect2 = new Rect(45, 55, 35, 35, "CYAN");
        // Graphic로 선언한 변수에 Circle 타입의 객체 생성
        circle2 = new Circle(75, 75, 100, "BLUE");

        // Dot의 print()가 호출됨을 확인
        System.out.print("POINT1: ");
```

```
        point1.print(); System.out.println("");

        // Rect의 print()가 호출됨을 확인
        System.out.print("RECT1 : ");
        rect1.print(); System.out.println("");

        // Circle의 print()가 호출됨을 확인
        System.out.print("CIRCLE1 : ");
        circle1.print(); System.out.println("\n");

        // Graphic으로 선언하였으나 Dot의 print()가 호출됨을 확인
        System.out.print("POINT2: ");
        point2.print(); System.out.println("");

        // Graphic으로 선언하였으나 Rect의 print()가 호출됨을 확인
        System.out.print("RECT2 : ");
        rect2.print(); System.out.println("");

        // Graphic으로 선언하였으나 Circle의 print()가 호출됨을 확인
        System.out.print("CIRCLE2 : ");
        circle2.print(); System.out.println("");
    }

    public static void main(String args[]) {
        // Draw 타입의 생성자를 호출하여 객체를 생성
        Draw d = new Draw();
    }
}
```

Draw.java를 컴파일하고 실행하여 결과를 확인한다. 여러 개의 클래스가 여러 파일에 나누어 작성되어 있는 경우는 main() 메서드가 있는 클래스를 컴파일하면 포함되는 클래스는 자동으로 컴파일이 이루어진다. 또는 "javac *.java"와 같이 와일드카드를 사용하여 컴파일 할 수 도 있다.

1. 다음은 Draw.java를 컴파일하고 실행하기 위해 명령창을 열고 Draw.java가 위치한 폴더로 이동한 후 컴파일하고 실행한 화면이다.

※ Draw.java만 컴파일 하면 관련 소스가 같이 컴파일 됨

실행결과

```
POINT1: *** Dot ***
X=20 Y=30 Color=RED
```

```
RECT1 : *** Rect ***
*** Dot ***
X=40 Y=50 Color=CYAN
W=30 H=30 Color=CYAN

CIRCLE1 : *** Circle ***
*** Dot ***
X=70 Y=70 Color=BLUE
X=70 Y=70 Color=BLUE D=100


POINT2: *** Dot ***
X=25 Y=35 Color=RED

RECT2 : *** Rect ***
*** Dot ***
X=45 Y=55 Color=CYAN
W=35 H=35 Color=CYAN

CIRCLE2 : *** Circle ***
*** Dot ***
X=75 Y=75 Color=BLUE
X=75 Y=75 Color=BLUE D=100
```

2. Draw.java에서 14번 라인의 "shape1 = new Graphic(10, 20);" 부분의 주석을 열어 놓고 컴파일한 경우는 "Draw.java:13: Graphic is abstract; cannot be instantiated"라는 에러 메시지를 볼 수 있다. 이는 abstract 클래스는 객체를 생성할 수 없다는 의미이다.

실행결과

```
C:\>javac Draw.java
Draw.java:14: error: Graphic is abstract; cannot be instantiated
              shape1 = new Graphic(10, 20);
                       ^
1 error
```

6. Java 패키지(Package)

6.1 패키지의 정의

패키지는 일정한 클래스들의 그룹을 말하는 데 JVM(Java Virtual Machine)에서 제공하는 것들도 있고 사용자가 만들어서 사용할 수도 있다.

사용자의 패키지를 만들려면 Java 언어 소스 프로그램의 첫 줄에 다음 줄을 추가하고, 소스를 컴파일 하여 시스템의 CLASSPATH 환경 변수에 경로를 추가하면 된다.

6.2 Java 언어 패키지를 만드는 순서

⊙ Java 언어 소스 프로그램의 첫 줄에 다음 줄을 추가한다.
  package MyPackageName;

⊙ Java 언어 소스 프로그램을 컴파일 한다. 아래와 같이 컴파일하면
  $HOME/classesMyPackageName에 MyProgram.class가 저장된다.
  javac -d $HOME/classes MyProgram.java

⊙ 시스템의 CLASSPATH 환경 변수에 경로를 추가한다.
  set CLASSPATH=%CLASSPATH%;$HOME/classes;

6.3 패키지의 사용

Java 언어 패키지를 사용하는 방법은 import 키워드를 이용하는 것이다. Java 언어 프로그램의 패키지 정의 다음 줄이나 패키지 선언이 없는 경우에는 첫 줄에 사용하려는 클래스를 import한다.

사용예(Usage) : 패키지의 사용

```
import java.awt.Button;    // awt 패키지의 Button 클래스를 불러옴
import java.awt.*;         // awt 패키지의 모든 클래스를 불러옴
```

6.4 대표적인 Java 언어의 패키지

Java 패키지는 버전이 올라감에 따라 계속 늘어나고 있으며 그 수가 100여 가지가 넘는다. 대표적인 Java 언어의 패키지는 다음과 같다.

▣ java.awt 패키지

- 그래픽 사용자 인터페이스를 만드는 데 사용되는 패키지로 메뉴, 버튼, 스크롤바, 색 지정 등에 관련된 패키지이다.

▣ java.io 패키지

- Java 언어 애플리케이션 프로그램에서 파일 입출력을 처리하는 패키지이다.

▣ java.lang 패키지

- Java 언어의 기본 패키지로 기본 타입에 대한 정의 Object, Exception, Float, Math, String 등에 관련된 패키지이다.

▣ java.net 패키지

- TCP/IP 클라이언트 서버 네트워킹을 지원하는 Socket, DatagramPacket 등과 HTTP, URL 또는 FTP 등의 프로토콜에 관련된 패키지이다.

▣ java.util 패키지

- 프로그램 중에 많이 사용될 수 있는 알고리즘에 대한 지원 클래스로 Stack, Dictionary, Vector 등의 클래스를 가지고 있는 패키지이다.

▣ javax.swing 패키지

- 스윙의 기본 패키지로 컴포넌트, 어댑터(adapter), 기본 컴포넌트 모델에 대한 클래스를 가지고 있다.

▣ javax.swing.event 패키지

- java.awt.event 타입 외에 스윙의 특별한 이벤트를 정의하고 있다.

> **Note. java.lang**
>
> `java.lang` 패키지는 `Java` 언어의 기본 패키지로 `import`하지 않아도 자동으로 불려오게 되는 패키지이다.

학습정리

1 객체지향 특징

- 캡슐화(Encapsulation)
- 상속(Inheritance)
- 다형성(Polymorphism)
- 동적인 사용(Dynamic Binding)

2 메서드 중복정의

3 객체관계(is part of)와 상속관계(is kind of)

4 this & super

5 접근지시자: public, private, protected, 지시자 없음

6 추상클래스와 Interface 클래스

7 Inner & Anonymous 클래스

8 package 사용법

연습문제

1 공(ball) 객체의 속성(상태)과 행위(기능)를 나열하여 작성하시오.

답 공(ball)의 여러 가지 답이 가능하다.

객체	상태, 속성, 멤버변수	행위, 메서드
Ball	price, pattern, size, vendor, ...	roll(), volume(). run(), ...

2 3가지 이상의 임의 객체에 대해 속성(상태)과 행위(기능)를 나열하시오.

답

객체의 종류	행위, 메서드	상태, 속성, 멤버변수
Pen	draw(), write()	color, price, durability
Car	drive(), turn()	price, fuelType, year
Grade	sum(), rank()	eng, math, kor

3 객체지향의 특징인 캡슐화, 상속, 폴리모피즘, 동적인 사용에 대해 약술하시오.

답

캡슐화
객체의 구성 요소인 행위와 상태를 하나의 틀에 연결하는 것을 캡슐화(encapsulation)라고 한다.

상속
상속(inheritance)이란 자녀가 부모로부터 여러 가지 성질을 물려받는 것처럼 기존에 정의한 클래스에서 새로운 클래스로 상속받아 정의되는 것을 말한다.

폴리모피즘
폴리모피즘(polymorphism)은 다른 클래스에 있는 메서드를 수행했을 때 의미적으로 같은 결과를 내보내는 것을 말한다.

동적인 사용
객체의 타입은 선언 시에 정해지는 것이 아니라 객체를 생성하는 단계에서 결정되어 진다.

4 상속(inheritance)에 관한 내용으로 틀린 것은?

① 기존 클래스에서 새로운 클래스로 코드를 상속 받는다.

② 추가, 개선, 삭제를 통해 새로운 클래스 작성이 가능하다.

③ 기능을 개선하는 것을 재정의(overridding)이라고 한다.

④ 상속 받은 클래스는 의미가 넓어지게 된다.

답 ④

상속받는 클래스는 의미가 좁아져서 특수화(specialization)가 되고 상위클래스로 올라갈수록 의미가 넓어져서 일반화(generalization)가 된다.

5 다형성(polymorphism)에 관한 내용으로 맞는 것은?

① 객체의 구성 요소인 행위와 상태를 하나의 틀에 연결하는 것

② 기존 클래스에서 새로운 클래스로 코드를 상속받는 것

③ 서로 다른 객체의 메서드를 수행했을 때 의미적으로는 같으나 서로 다른 결과를 가지는 모양

④ 객체를 실행시간에 정의하여 사용 가능하다.

답 ③

클래스 상속을 하고 메서드 재정의(수정)를 하면 클래스 계층 안에 같은 이름을 가지는 다른 기능의 메서드가 있게 된다. 이 메서드들이 객체 생성시 호출되면 "서로 다른 객체의 메서드를 수행했을 때 의미적으로는 같으나 서로 다른 결과를 가지는 모양"인 다형성이 생기게 된다.

6 클래스 상속시 사용하는 키워드는 무엇인가?

① extends　　② inheritance

③ expantion　　④ :

답 ① extends

클래스 상속 시에는 extends 키워드를 Interface 상속 시에는 implements를 사용한다.

7 객체 자신을 참조하는 키워드는 무엇인가?

① implements　　② self

③ this　　④ class

답 ③ this

객체 자신을 참조할 때 this를 상위클래스 객체를 참조할 때 super를 사용한다.

8 상위 클래스를 참조하는 키워드는 무엇인가?

① super ② self

③ this ④ extends

답 ① super

객체 자신을 참조할 때 this를 상위클래스 객체를 참조할 때 super를 사용한다.

9 선언된 메서드와 변수를 자신의 클래스에서만 사용이 가능하고 상속된 클래스에서는 사용이 불가능하게 하는 지시자는 무엇인가?

① public ② private

③ protected ④ 지시자 없음

답 ② private

private지시자는 클래스 멤버를 외부에서 접근이 불가능하도록 한다. 때문에 따로 public 인터페이스가 준비되어 있어야 한다.

10 다음 조건에 맞는 Horse 클래스를 작성하시오.

조건

- numOfLeg, power, color, speed를 속성이 있다.
- 기본 생성자가 있다.
- 파라메타를 통해 속성을 초기화하는 생성자를 가진다.

답

```
public class Horse {
int numOfLeg;
int power, color, speed;
public Horse() {
        super();
        // TODO Auto-generated constructor stub
    }

public Horse(int numOfLeg, int power, int color, int speed) {
```

```
        super();
        this.numOfLeg = numOfLeg;
        this.power = power;
        this.color = color;
        this.speed = speed;
    }
}
```

11 10번 Horse 클래스에 속성에 대한 세터(setter), 게터(getter)를 포함하여 작성하시오.

```
public class Horse {
int numOfLeg;
int power, color, speed;
public Horse() {
        super();
        // TODO Auto-generated constructor stub
    }
public Horse(int numOfLeg, int power, int color, int speed) {
        super();
        this.numOfLeg = numOfLeg;
        this.power = power;
        this.color = color;
        this.speed = speed;
    }
public int getPower() {
    return power;
}

public void setPower(int power) {
    this.power = power;
}

public int getColor() {
    return color;
}

public void setColor(int color) {
    this.color = color;
}

public int getSpeed() {
```

```
        return speed;
    }

    public void setSpeed(int speed) {
        this.speed = speed;
    }

    public int getNumOfLeg() {
        return numOfLeg;
    }

    public void setNumOfLeg(int numOfLeg) {
        this.numOfLeg = numOfLeg;
    }

    }
```

12 Horse 클래스를 상속받는 Zebra 클래스를 작성하고 정수 numOfStripe 속성을 추가하여 작성하시오.

답

```
public class Zebra extends Horse {
    int numOfStripe;
}
```

13 Zebra 클래스에 생성자를 추가하여 numOfStripe 속성과 Horse의 속성을 초기화하도록 작성하시오.

답

```
public class Zebra extends Horse {
    int numOfStripe;

public Zebra(int numOfLeg, int power, int color, int speed, int numOfStripe) {
    super(numOfLeg, power, color, speed);
    this.numOfStripe = numOfStripe;
}
}
```

14 Zebra 클래스에 세터(setter), 게터(getter)를 추가하여 작성하시오.

답

```
public class Zebra extends Horse {
int numOfStripe;

public Zebra(int numOfLeg, int power, int color, int speed, int numOfStripe) {
super(numOfLeg, power, color, speed);
this.numOfStripe = numOfStripe;
}


public int getNumOfStripe() {
return numOfStripe;
}

public void setNumOfStripe(int numOfStripe) {
this.numOfStripe = numOfStripe;
}
}
```

15 Horse 클래스 상위에 추상클래스(abstract class)로 Animal을 작성하고 Horse의 color, speed 속성을 가지도록 하고 추상메서드(abstract method)로 run()을 가지도록 작성하시오.

답

```
public abstract class Animal {

int color, speed;

public Animal(int color, int speed) {
super();
this.color = color;
this.speed = speed;
}

public abstract void run();
}
```

16 추상클래스(abstract class)로 Animal을 상속받는 Horse 클래스를 작성하시오.

답

```
public class Horse extends Animal {

int numOfLeg;
int power;

public Horse(int color, int speed, int numOfLeg, int power) {
super(color, speed);
this.numOfLeg = numOfLeg;
this.power = power;
}

@Override
public void run() {
// TODO Auto-generated method stub

}
}
```

17 문16에 Horse의 속성과 상속받은 Animal의 속성의 값을 문자열로 리턴 하는 toString() 메서드를 작성하시오.

답

```
public String toString() {
return "Horse [numOfLeg=" + numOfLeg + ", power=" + power + ", color="
+ color + ", speed=" + speed + "]"
}
```

18 문16에 문17의 toString()을 포함시켜 run() 메서드에서 toString()을 호출하여 속성의 값을 출력 하도록 Horse를 작성하시오.

답

```
public class Horse extends Animal {
```

```
    int numOfLeg;
    int power;

public Horse(int color, int speed, int numOfLeg, int power) {
        super(color, speed);
        this.numOfLeg = numOfLeg;
        this.power = power;
    }

public void run() {
    System.out.println(toString());
}

public String toString() {
    return "Horse [numOfLeg=" + numOfLeg + ", power=" + power + ", color="
            + color + ", speed=" + speed + "]";
}
}
```

19 Horse 클래스를 상속받은 Zebra 클래스에 toString()을 작성하여 Zebra 클래스의 모든 속성의 값을 문자열로 리턴 하도록 하고 run() 메서드에서 toString()을 호출하여 속성의 값을 출력 하도록 Zebra 클래스를 작성하시오.

답

```
public class Zebra extends Horse {
int numOfStripe;

public Zebra(int numOfLeg, int power, int color, int speed, int numOfStripe) {
    super(numOfLeg, power, color, speed);
    this.numOfStripe = numOfStripe;
}

public int getNumOfStripe() {
    return numOfStripe;
}

@Override
public void run() {
    System.out.println(toString());
}
```

```
@Override
public String toString() {
    return "Zebra [numOfStripe=" + numOfStripe + ", numOfLeg=" + numOfLeg
            + ", power=" + power + ", color=" + color + ", speed=" + speed
            + "]";
}

public void setNumOfStripe(int numOfStripe) {
    this.numOfStripe = numOfStripe;
}
}
```

20 HorseRacing 클래스를 작성하여 Animal 타입의 객체 pingu 객체를 생성하시오. 에러가 있다면 왜 그런지 이유를 설명하시오.

답 Animal 타입은 추상클래스이므로 객체를 생성할 수 없다(에러: Cannot instantiate the type Animal).

```
public class HorseRacing {
    Animal pingu;

    public HorseRacing() {
        // TODO Auto-generated constructor stub
        pingu = new Animal();
    }
}
```

21 HorseRacing 클래스를 작성하여 Animal 타입으로 tony, jeni 객체를 선언하고 각각 Horse, Zebra 타입으로 생성한 다음 run() 메서드를 호출하여 어떤 값이 출력되는지 작성하시오.

답

```
public class HorseRacing {
    Animal tony;
    Animal jeni;

    public HorseRacing() {
        // TODO Auto-generated constructor stub
```

```
        tony = new Horse(3, 50, 4, 10);
        jeni = new Zebra(3, 50, 4, 10, 22);

        tony.run();
        jeni.run();
    }

    public static void main(String[] args) {
        HorseRacing hr = new HorseRacing();

    }
}
```

실행결과

```
Horse [numOfLeg=4, power=10, color=3, speed=50]
Zebra [numOfStripe=22, numOfLeg=4, power=10, color=3, speed=50]
```

22 21번 문제에서 tony, jeni를 Animal 타입으로 선언했음에도 Horse, Zebra의 run() 메서드의 결과가 출력된 이유는 무엇인가?

답 객체의 타입은 선언 시에 결정되는 것이 아니라 생성시에 결정되므로 Animal 타입으로 선언했더라도 생성시 사용한 Horse, Zebra의 타입으로 결정이 된다.

23 HorseRacing 클래스를 작성하여 Horse 타입으로 tony를 Zebra 타입으로 jeni를 생성한 다음 run() 메서드를 호출하여 어떤 값이 출력되는지 작성하시오.

답

```
public class HorseRacing {
    Horse tony;
    Zebra jeni;

    public HorseRacing() {
        tony = new Horse(3, 50, 4, 10);
        jeni = new Zebra(3, 50, 4, 10, 22);

        tony.run();
```

```
        jeni.run();
    }

    public static void main(String[] args) {
        HorseRacing hr = new HorseRacing();

    }
}
```

실행결과

```
Horse [numOfLeg=4, power=10, color=3, speed=50]
Zebra [numOfStripe=22, numOfLeg=4, power=10, color=3, speed=50]
```

※ 다음 상속 구조에 부합하는 클래스를 작성하시오(문제 23 ~ 문제 28).

조건

- 추상클래스 Symbol은 추상메서드 symbolize()가 있다.
- 인터페이스 KeyInterface는 메서드 symbolizeI()이 있다.
- Key 클래스는 Symbol과 KeyInterface를 상속받는다. no(정수), passwd(문자열) 멤버와 멤버변수의 값을 출력하는 toString() 메서드가 있다.
- BioKey는 Key 클래스를 상속받는다. fingerprint(정수) 멤버와 멤버변수의 값을 출력하는 toString() 메서드가 있다.
- CardKey는 Key 클래스를 상속받는다. distance(정수) 멤버와 멤버변수의 값을 출력하는 toString() 메서드가 있다.
- KeyTest 클래스는 Key, CardKey, BioKey 클래스의 객체를 생성한다.

24 **추상메서드 symbolize()를 가지는 추상클래스 Symbol을 작성하시오.**

답

```
//추상클래스
public abstract class Symbol {

    public abstract void symbolize();
}
```

25 symbolizeI() 메서드를 가지는 KeyInterface 인터페이스를 작성하시오.

답

```
//인터페이스 클래스, 인터페이스
public interface KeyInterface {

    public void symbolizeI();
}
```

26 Symbol과 KeyInterface를 상속받는 Key 클래스를 작성하시오. no(정수), passwd(문자열) 멤버와 멤버변수의 값을 출력하는 toString() 메서드를 작성하시오.

답

```
public class Key  extends Symbol implements  KeyInterface {
    int no;
    String passwd;

    public Key(int no, String passwd) {
        super();
        this.no = no;
        this.passwd = passwd;
    }
    public String toString() {
        return "Key [no=" + no + ", passwd=" + passwd + "]";
    }
    public void symbolize() {
        System.out.println("Happy!!!");
    }
    public void symbolizeI() {
        symbolize();
    }
}
```

27 Key 클래스를 상속받는 BioKey 클래스를 작성하시오. fingerprint(정수) 멤버와 멤버변수의 값을 출력하는 toString() 메서드를 작성하시오.

답

```
public class BioKey extends Key {
    // 추가, 수정
    int fingerprint;

    public BioKey(int no, String passwd, int fingerprint) {
        super(no, passwd);
        this.fingerprint = fingerprint;
    }

    // 수정, overridding, 재정의
    public String toString() {
        return "BioKey [fingerprint=" + fingerprint + ", no=" + no + ", passwd=" + passwd +
"]";
    }
}
```

28 Key 클래스를 상속받는 CardKey 클래스를 작성하시오. distance(정수) 멤버와 멤버변수의 값을 출력하는 toString() 메서드를 작성하시오.

답

```
public class CardKey extends Key {
    // 추가
    int distance;

    public CardKey(int no, String passwd, int distance) {
        super(no, passwd);
        this.distance = distance;
    }

    // 수정, overridding, 재정의
    public String toString() {
        return "CardKey [distance=" + distance + ", no=" + no + ", passwd=" + passwd + "]";
    }
}
```

29 main() 메서드를 가지는 KeyTest 클래스를 작성하여 Key, CardKey, BioKey 클래스의 객체를 생성한다. 생성된 객체의 toString() 메서드를 호출하여 리턴 값을 출력하는 프로그램을 작성하시오.

답

```
public class KeyTest {
    Key k1, k2, k3;
    CardKey c1, c2;
    BioKey b1, b2;  // 객체 선언

    public KeyTest() {
        //super(); // Object()
        k1 = new Key(1, "1234");
        c1 = new CardKey(2, "4321", 10);
        b1 = new BioKey(3, "4321", 5);
        System.out.println( k1 + "\n" + c1 + "\n" + b1);

        k2 = new CardKey(4, "4321", 10);
        k3 = new BioKey(5, "4321", 5);
        System.out.println( k2 + "\n" + k3 );
    }
    public static void main(String[] args) {
        KeyTest kt = new KeyTest();
    }
}
```

CHAPTER

10

예외처리

학습목표

1 예외 처리란 무엇인지 이해하고, Java 언어에서 예외처리를 처리하는 방법을 습득한다.

학습개요

1 예외 처리의 소개
2 예외 처리 클래스 상속 관계
3 Exception 클래스
4 대표적인 예외
5 예외 처리 사용법
6 try, catch, finally 키워드
7 사용자 정의 예외 처리
8 예외 전달 흐름

1. 예외처리(Exception Handling)

1.1 예외 처리

예외 (exception) 라는 것은 프로그램 중에 발생할 수 있는 가벼운 에러 상태 (mild error condition) 이며 예외 처리는 예외가 발생한 상황에서 프로그램을 종료하지 않고 가능한 한 예외를 핸들링 하여 프로그램의 흐름을 복구하고, 초기에 의도하던 방향으로 프로그램을 수행할 수 있게 하는 것을 의미한다.

••• 예외 처리 사용 시기

안정적이고 오류에 강한 프로그램을 만들려고 하는 경우라면 언제든지 사용할 수 있다. 이 중에서도 예외 상황이 사용되는 전형적인 경우를 살펴보면 다음과 같다.

[표 10-1] 예외발생시기

예외 발생 시기	예외 발생 이유
파일을 디스크에서 개방 (open) 시	• 파일이 존재하지 않는 경우 • 파일의 허가 권한이 적합하지 않은 경우
변수 사용 시	• 정의 (definition) 안 된 변수를 사용할 경우 • 변수 선언의 구역 (scope) 이 부적절할 경우
산술 연산 시	• 산술 연산의 결과가 부정 또는 불능일 경우
여러 보안 처리 시	• 보안 상황을 위배하는 경우
URL 사용 시	• URL 의 형식이 잘못된 경우
질의어 사용 시	• 질의어의 내용이 잘못된 경우
기타 여러 상황	

••• Exception 클래스 상속관계

Java의 모든 클래스는 Object 라는 클래스의 하위 클래스 (sub class) 로 만들어지며 예외 처리를 지원하기 위해 Throwable 이라는 클래스를 모든 예외 처리를 위한 상위 클래스 (super class) 로 정의하고 있다.

즉, 모든 예외 클래스는 Throwable 클래스의 하위 클래스가 되고 자연스럽게 Throwable 클래스의 모든 내용을 상속받는다. Throwable 클래스의 하위에는 Error 와 Exception 클래스가 있고 Exception 클래스 하위에 RuntimeException 클래스가 있다.

1.2 예외 범주 및 종류

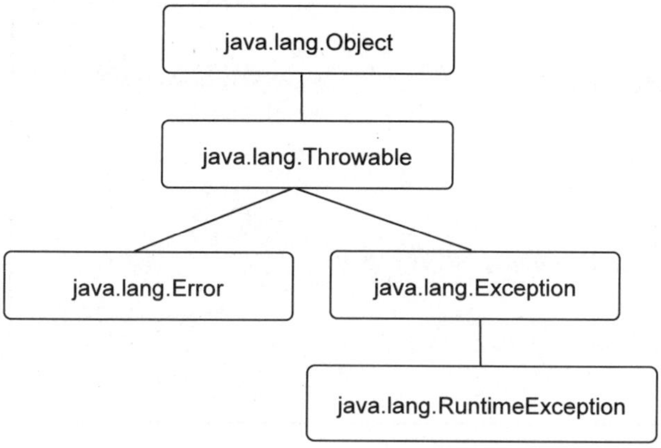

▲ **그림 10-1.** Exception 클래스의 상속 형태

이렇게 Java의 예외 처리에 관련된 클래스는 크게 Error 와 Exception 그리고RuntimeException 의 세 가지 범주로 나누어지게 된다. 이제 각각의 클래스의 쓰임에 대하여 알아보자.

••• *Error 클래스*

Error 클래스는 프로그램에서 발생하는 치명적인 문제점들을 정의한 클래스이다. 예를 들어, 메모리 부족 (out of memory) 등의 상황은 더 이상의 프로그램 진행을 불가능하게 만들고 에러가 발생하게 되면 프로그램의 흐름을 복구할 방법이 없다. 이런 경우에 프로그래머는 프로그램 자체를 수정해야 할 것이다. 따라서 Error 클래스에 대해서는 기타 지식이 필요하지 않다.

••• *Exception 클래스*

Exception 클래스는 모든 예외 클래스의 상위 클래스로 사용된다. Java에서 사용하고 있는 모든 예외는 Exception 클래스의 후손이다. 사용자가 새로운 예외를 만들려면 Exception 클래스를 상속받게 된다.

다음과 같이 작성하면 MyNewException 이라는 새로운 Exception 클래스가 만들어진다. Exception 은 클래스이고 클래스는 타입 (type) 이며 상속으로 만들어진 MyNewException 도 하나의 타입이 되어 예외로서 사용이 가능하다.

사용예 (Usage) : Exception 정의

```
import java.lang.*;

public class MyNewException extends Exception {
String reason;
public MyNewException (String reason) {
    this.reason = reason;
}
public String toString ( ) {
    return reason;
}
}
```

RuntimeException 클래스

RuntimeException 클래스는 Java 프로그램의 설계나 구현 시에 사용되어야 하는 예외로서 프로그램이 정상적으로 수행된다면 발생하지 않지만 프로그램의 수행중에 예외 상황이 생기면 발생하는 예외이다.

예를 들어, 배열을 사용하는 프로그램에서 배열의 첨자 (subscript) 가 해당되는 배열의 크기 이내에서 수행되는 프로그램이라면 상관없으나 프로그래머의 실수로 인해 첨자를 배열의 크기보다 큰 수를 사용하는 경우에는 예외가 발생한다.

사용예 (Usage) : RuntimeException 발생 경우

```
String message [ ] = {"one", "two", "three", "four"};

for ( int k = 0 ; k < 5 ; k++ ) {
System.out.println (message [k]);
}
```

Java 예외 종류

Java에서의 예외는 java.lang.Exception 에 의해 상속받아서 만들어지고 Java의 패키지 (클래스들의 그룹) 를 만들 때 정의되어 각 메서드 단위로 사용되므로 그 수가 정해진 것이 아니고, 그 이름을 다 암기해서 사용할 수는 없으며 또 그렇게 할 필요도 없다.

먼저 몇 가지 대표적인 예외 처리에 대하여 살펴보자.

▣ ArithmeticException : 변수를 0 으로 나누는 경우에 발생

사용예 (Usage) : ArithmeticException 발생 경우

```
int d = 0;
int x = variable / d;
```

ArithmeticException 은 변수를 0 으로 나누는 경우에 발생하는데 프로그램에 이러한 스타일의 코딩을 한다면 컴파일 시에 에러가 발생한다. 그러나 프로그램의 수행중에 이와 같은 상황으로 프로그램이 전개된다면 그때 ArithmeticException 이 발생한다.

▣ NullPointerException : Object 를 실체화하지 않고 사용하는 경우에 발생

사용예 (Usage) : NullPointerException 발생 경우

```
    Image im [ ] = new Image [4];
    g.drawImage (im [0], x, y, this);
```

NullPointerException 은 객체 (object) 를 new 에 의해 실체화 (instantiation) 하지 않고 사용하는 경우에 발생한다. Java는 포인터 연산을 지원하지는 않지만 포인터를 사용하고 있고 모든 객체는 new 키워드에 의해 실체화한 후에 사용 가능하다. 앞의 프로그램에서는 Image 클래스를 사용하여 배열을 선언하고 new 키워드를 이용하여 실체화했으나 각각의 Image 항목에 대한 실체화가 실현되지 않은 채로 사용되고 있기 때문에 NullPointerException 이 발생한다. 그러므로 앞의 프로그램을 적절히 수정하면 다음과 같다.

사용예 (Usage) : NullPointerException 발생 수정

```
    String imageName [ ] = {"a.gif", "b.gif", "c.gif", "d.gif"};
    Image im [ ] = new Image [4];

    for ( int k = 0; k < im. length; k++ ) {
       im [k] = getImage(getDocumentBase( ), imageName [k]);
    }

    g.drawImage (im [0], x, y, this);
```

▣ ClassCastException : 클래스를 불가능한 타입으로 변환시킬 때 발생

사용예 (Usage) : ClassCastException 발생

```
class Parent {
...
}

class Derived extends Parent {
...
}

Derived d1 = new Derived ( );
Derived d2 = new Derived ( );
Parent p = new Parent ( );
d1 = p;
```

ClassCastException은 클래스를 불가능한 타입으로 변환시킬 때 발생한다. 위 프로그램에서는 임의 클래스 Parent를 작성하고 하위 클래스로서 Derived 클래스를 작성한 후 각 클래스에서 널 (null)이 아닌 객체 (object) d1, d2, p를 생성했다.

객체간의 변환 (casting)을 행할시에 가능한 경우와 그렇지 않은 경우는 어떠한가를 알아보자. 가능한 모든 조합을 생각해 보면 표 10-2와 같다.

[표 10-2] 클래스간의 변환 (casting)

변환 방법	설 명	불/가
p = (Parent) d1;	후손 객체를 타입 명시하여 상위 객체로 변환	가
p = d1;	후손 객체를 타입 명시 없이 상위 객체로 변환	가
d1 = (Derived) p;	상위 객체를 타입 명시하여 하위 객체로 변환	불
d1 = p;	상위 객체를 타입 명시 없이 하위 객체로 변환	불
d1 = (Derived) d2	후손 객체를 타입 명시하여 다른 후손 객체로 변환	불
d1 = d2	후손 객체를 타입 명시 없이 다른 후손 객체로 변환	불

표 10-2의 내용과 같이 상속된 클래스 객체간의 타입 변환 시에는 하위 클래스에서 상위 클래스로만 자연스러운 변환이 일어난다는 것을 알 수 있다. 즉, 예제 프로그램에서는 상위 클래스의 객체를 하위 클래스의 객체로 형 변환을 시도했기 때문에 ClassCastException이 발생한 것이다. 따라서 앞의 프로그램을 적절히 수정하면 다음과 같다.

사용예 (Usage) : ClassCastException 발생 수정

```
class Parent {
...
}

class Derived extends Parent {
...
}

Derived d1 = new Derived ( );
Derived d2 = new Derived ( );
Parent p = new Parent ( );

p = d1;
```

▣ IOException : 파일 입출력 시에 실제로 파일이 없거나 네트워크 I/O 시에 발생

사용예 (Usage) : IOException 발생

```
FileOutputStream fos = new FileOutputStream ("filename.txt") ;
DataOutputStream dos = new DataOutputStream (fos) ;

dos.writeUTF ("some string") ;
```

IOException 은 파일 입출력 시에 실제로 파일이 없거나 파일이 있더라도 개방 (open) 할 수 없거나 네트워크 소켓 (socket) 으로부터 전송이나 수신을 할 수 없는 경우에 발생하며 Java에서 가장 많이 발생하는 예외 중의 하나이다. 그리고 중요한 점은 다른 많은 예외가 그렇듯이 IOException 은 위 프로그램 수행중 IOException 이 발생하지 않더라도 예외 처리를 해주어야 한다는 점이다. 이것은 특정 프로그램 코드 (특히 입출력의 경우) 는 예외가 될 경우가 많기 때문이다. 그러므로 위 프로그램을 적절히 수정하면 다음과 같다.

사용예 (Usage) : IOException 발생 수정

```
FileOutputStream fos;
DataOutputStream dos;

try {
    fos = new FileOutputStream ("filename.txt");
    dos = new DataOutputStream (fos);
```

```
    dos.writeUTF ("some string");
}catch (IOException e) {
    e.printStackTrace ( );
}
```

위 프로그램에서는 예외 처리에서 사용하는 키워드를 이용하여 예외 문제를 해결하였는데 자세한 사항은 다음 절에서 설명하기로 한다.

▣ NegativeArraySizeException : 배열의 크기를 음수로 생성하는 경우에 발생

사용예 (Usage) : NegativeArraySizeException 발생

```
int array [ ] = new int [-30];
```

NegativeArraySizeException 은 배열의 크기를 음수로 생성하는 경우에 발생하는데 실행시에 이러한 상황이 유발한 경우도 역시 같은 예외가 된다.

▣ ArrayIndexOutOfBoundsException : 배열의 실제 크기보다 더 큰 항목을 참조하려고 하는 경우에 발생

사용예 (Usage) : ArrayIndexOutOfBoundsException 발생

```
int array [ ] = new int [10] ;

for (int I = 0; i <= 10; i++) {
    System.out.println (array [i] );        // I = 10 일 때 Exception 발생
}
```

ArrayIndexOutOfBoundsException 은 배열의 실제 크기보다 더 큰 항목 (인덱스) 을 참조하려고 하는 경우에 발생하는 예외로 가장 많이 발생하는 예외 중의 하나이다. 위 프로그램의 경우 배열 array 의 크기는 10 이다. 즉 첨자의 범위는 0~9 까지이다. 그런데 i 가 10 이 되면 해당되는 배열 항목이 없게 되며 이런 경우가 ArrayIndexOutOfBoundsException 에 해당된다.

▣ MalFormedURLException : URL 을 사용할 때 URL 의 형식이 잘못된 경우에 발생

사용예 (Usage) : MalFormedURLException 발생

```
URL u = new URL ("http://xxx.domain.co.kr/filename.txt");
```

MalFormedURLException 은 URL 을 사용할 때 URL 의 형식이 잘못된 경우에 발생한다. 더 정확히 말하면 사용하는 URL 형식이 잘못될 가능성이 많기 때문에 사용하는 Exception 이다. 즉, IOException 과 같은 경우라고 할 수 있다. 따라서 URL 의 형식이 바르게 되어 있는 경우라도 MalFormedURLException 예외 처리를 해주어야 한다. 그러므로 앞의 프로그램을 적절히 수정하면 다음과 같다.

사용예 (Usage) : MalFormedURLException 발생 수정

```
URL u;
try {
    u = new URL ("http://xxx.domain.co.kr/filename.txt");
} catch (MalFormedURLException e) {
    e.printStackTrace ( );
}
```

이상으로 대표적인 예외 (exception) 에 대하여 살펴보았다.

프로그램 작성시 예외 처리 방법

Java에서는 C++ 의 예외 처리 (exception handling) 와 유사한 방법으로 예외 처리를 지원하고 있다. 예외 처리는 프로그램을 보다 안정적으로 수행할 수 있도록 도와준다. Java는 기본적으로 네트워크 상황에서 작업하는 경우가 많고, 네트워크에서는 처리가 비정상적으로 흘러 예기치 못하는 경우가 많이 생기기 때문에 Java에서 예외 처리는 반드시 필요하다고 할 수 있다.

앞 절에서 설명한 예외 처리는 소개한 코드를 수행시킬 때 발생할 수도 있고 하지 않을 수도 있다. 예외 처리를 편리하게 구분해 보면 실행 시간 (runtime) 의 예외 처리와 컴파일 시간 (compile time) 의 예외 처리로 나누어 볼 수 있다.

실행 시간의 예외 처리는 실행시의 상황에 따라 예외 처리가 발생할 수도 있고 하지 않을 수도 있다. 그러나 컴파일 시간의 예외 처리는 실제로 예외 처리가 발생하지 않더라도 프로그램 코딩은 예외 처리에 대한 핸들러 (handler) 가 정의되어 있어야 한다.

예외 발생

예외가 발생하는 프로그램을 예로 들어 예외를 처리하는 방법에 대하여 설명해 보자.

다음은 예외가 발생하는 프로그램이다. 배열은 세 개의 스트링을 가지고 있고 while 문은 반복적으로 스트링을 출력시키며 첨자를 증가시킨다. 스트링의 배열에는 배열의 항목이 세 개밖에 없으므로 첨자 i 값이 3 이 되었을 때 ArrayIndexOutOfBoundsException 이 발생하게 된다.

[예제 10-1] ExceptionTest.java

```
public class ExceptionTest {

    public static void main (String args [ ]) {
        int i = 0;

        String messages [ ] = {
            "Hello, World!",
            "Don ' t Worry, Be Happy !",
            "Wonderful Tonight !"
        };

        while (i < 4) { // i가 3이 될 때 예외 발생
            (messages [i]);
            i ++;
        }
    }
}
```

실행결과

```
Hello, World!
Don't Worry, Be Happy!
Wonderful Tonight!
Exception in thread "main" java.lang.ArrayIndexOutOfBoundsException: 3
        at ExceptionTest.main(ExceptionTest.java:13)
```

1.3 예외 처리 사용법

••• *예외 처리*

앞의 프로그램을 예외 처리 기법을 이용하여 처리해 보자. 예외 처리를 하려면 몇 가지 Java의 키워드의 용도를 파악하는 것이 필요하다.

••• *Try 예약어*

특정 예외 (exception) 를 찾아내려면 예외가 발생될 것이라고 예견되는 코드나 이미 특정 예외가 발생된 코드를 try 의 블록 안에 기술한다. 즉 try 블록은 보호된 코드 블록이 되는 것이다.

Catch 예약어

catch 블록은 예외가 발생되었을 경우, 해당되는 예외를 잡아내어 프로그램의 흐름을 복구할 것인지 종료할 것인지를 결정하는 프로그램을 기술해 두는 장소이다. 정해진 try 블록에서 하나 이상의 예외가 발생한다면 catch 문을 연속적으로 작성할 수도 있고 catch 문 안에서 try 블록을 중첩 (nested) 되게 기술할 수도 있다.

사용예 (Usage) : try & catch 의 사용

```
try {
    AException 이 발생할 가능성이 있는 실행문;
} catch (AExceptionType 변수) {
    try {
        AException 의 복구 코드;
        CException 이 발생할 가능성이 있는 실행문;
    } catch (CExceptionType 변수) {
        CException 의 복구 코드;
    }
} catch (BExceptionType 변수) {
    BException 의 복구 코드;
}
```

Finally 예약어

finally 블록은 예외의 발생과 관계없이 항상 수행되는 코드를 기술해 두는 곳이다. 프로그램이 시작되어 일정한 일을 수행할 경우에 그것이 정상적으로 종료되든지 아니면 비정상적으로 종료되더라도 어떤 특정한 일은 반드시 종료되어야 하는 경우가 있다. 예를 들어 수도꼭지를 틀어 잔디에 물을 줄 경우, 잔디밭에 물을 다 주고 수도꼭지를 잠글 수도 있지만, 물이 안 나오는 예외상황이 발생해서 잔디밭에 물을 주지 못한다고 할지라도 물이 갑자기 나올 때를 대비해 수도꼭지를 잠그는 것이 꼭 필요하다. 이와 같은 상황을 기록하는 곳이 finally 블록이다.

사용예 (Usage) : finally

```
try {
    Exception 이 발생할 가능성이 있는 실행문;
} catch ("특정 Exception 의 타입" 변수) {
    Exception 의 복구 코드;
} finally {
    항상 수행되는 코드;
}
```

finally 블록은 예외의 발생과 관계없이 항상 수행되지만 System.exit ( ) 메서드가 이전에 수행되었다면 finally 블록의 내용은 수행되지 못하고 프로그램은 종료된다.

1.4 사용자 정의 예외 및 활용

••• *프로그램의 수정*

앞의 프로그램을 예외 처리를 한 상태로 다시 작성하면 다음과 같다. 아래의 프로그램에는 try 블록이 하나 있고 catch 블록이 두 개 있다. 물론 하나의 try 블록에서 발생할 수 있는 예외는 하나 이상일 수 있으나 현재의 try 블록의 코드는ArrayIndexOutOfBoundsException외에 다른 예외는 발생하지 않을 것으로 보인다. 첫 번째 catch 블록은 ArrayIndexOutOfBoundsException을 처리하는 데 사용하게 되고 두 번째 catch 블록은 catch 되는 타입이 Exception을 사용하고 있다. 두 번째 catch 블록의 의미는 해당되는 try 블록에서 ArrayIndexOutOfBoundsException 이 아닌 다른 예외가 발생하면 이를 처리해 주겠다는 의미로 생각할 수 있다. 왜냐하면 Java의 객체간의 타입 변환 규칙에 의해 파생 클래스는 상위 클래스의 타입으로 변환이 가능하고 모든 예외는 상위 클래스인 Exception 클래스로 변환이 가능하기 때문이다.

[예제 10-2] ExceptionHandle.java

```
public class ExceptionHandle {

public static void main (String args [ ]) {
    int i = 0;

    String messages [ ] = {
        "Hello, World !",
        "Don ' t Worry, Be Happy !",
        "Wonderful Tonight !"
    };
    while (i < 4) {
      try {
        System.out.println (messages [i]);
      } catch (ArrayIndexOutOfBoundsException e) {
        System.out.println ("ArrayIndexOutOf BoundsException called");
        i = -1;
      } catch (Exception e) {
        System.out.println(e.toString ( ));
      } finally {
        System.out.println("Always Printed.");
      }
      i ++;
```

```
        } // while
    } // main ( )
    } // class
```

실행결과

```
Hello, World!
Always Printed.

Don't Worry, Be Happy!
Always Printed.
Wonderfl Tonight!
Always Printed.

ArrayIndexOutOfBuoundsException called
Always Printed.
Hello, World!
Always Printed.

Don't Worry, Be Happy!
Always Printed.
Wonderful Tonight!
Always Printed.
```

••• 사용자 정의 예외 및 활용

사용자의 프로그램에 불안정한 요소가 있거나 프로그램을 보다 안정적으로 유지하려면 사용자 예외를 정의하여 사용할 수 있다. 사용자 예외를 생성하는 방법은 상위 클래스인 Exception 클래스를 상속받아서 만드는 것이다. 이렇게 하면 예외처리를 위한 새로운 클래스 (타입) 가 생성된다.

새로운 타입을 생성한다는 것은 특정 예외 상황에 특정 지을 수 있다는 것을 의미한다. 사용자의 특정한 상황에서 사용자 정의 예외를 사용하는 방법은 해당 상황이 되었을 때에 사용자 정의 예외의 인스턴스 (instance) 를 throw 예약어를 사용하여 발생시키는 것이다. 그렇기 위해서는 발생시킨 예외를 처리해 주는 방법이 필요한데 그것은 Java의 RuntimeException 을 처리하는 방법과 같이 try, catch, finally 블록을 이용하면 된다.

사용예 (Usage) : 사용자 정의 예외

```
    // 사용자 Exception 생성
    public class MyException extends Exception {
```

```
String reason;
public MyException (String reason) {
    this. reason = reason;
}
public void toString ( ) {
    return reason;
}
}
```

```
// Exception 의 인스턴스를 발생 (throw)
throw new MyException ( );
```

사용자 정의 예외 활용 예제

사용자 정의 예외를 사용하여 처리하는 예제를 살펴봄으로써 예외 처리에 대해 명쾌한 이해를 갖도록 하자.

다음의 예제 프로그램은 사용자 예외를 세 가지로 정의하여 이들이 어떻게 사용될 수 있는가를 보여 주고 있다.

사용자 정의 예외 선언

예제 프로그램은 사용자 예외를 다음과 같이 세 가지로 정의한다. 예외의 이름은 임의로 작성하여 MyNewException1, MyNewException2, MyNewException3 으로 한다.

[예제 10-3] 사용자 정의 예외, MyNewException1.java

```
// 사용자 정의 예외 1
public class MyNewException1 extends Exception {
String reason;

public MyNewException1 (String reason) {
    this.reason = reason;
}
public String toString ( ){
    return reason;
}
}
```

[예제 10-4] 사용자 정의 예외, MyNewException2.java

```
// 사용자 정의 예외 2
public class MyNewException2 extends Exception {
String reason;

public MyNewException2 (String reason) {
    this.reason = reason;
}
public String toString ( ) {
    return reason;
}
}
```

[예제 10-5] 사용자 정의 예외, MyNewException3. java

```
// 사용자 정의 예외 3
public class MyNewException3 extends Exception {
String reason;

public MyNewException3 (String reason) {
    this.reason = reason;
}
public String toString ( ) {
    return reason;
}
}
```

Note.

사용자 정의 예외를 선언할 때 아래의 예제와 같이 작성하고 특정 메서드를 자유롭게 추가할 수 있다. 그러나 예외의 특성상 간단하게 선언하고 사용하여도 무방하다. 왜냐하면 예외는 발생된 내용보다는 발생 그 자체가 더 중요한 의미를 갖기 때문이다. 예를 들면 다음과 같다.

```
class MyException extends Exception { }
```

••• 사용자 정의 예외 발생

사용자가 정의한 예외를 발생 (throw) 시키는 방법에 대해 알아보자.

다음의 메서드 "ExceptionThrowMtd (int pos)" 는 임의의 정수가 파라미터로 전달되면 해당되는 번호의 예외를 넘기는 메서드다. 본래 예외는 특정 상황에서 발생하는 것이지만 현재 예제에서는 예외를 선택적으로 발생시키는 방법을 습득하기 위해 정의한 메서드다.

사용예 (Usage) : 사용자 정의 예외 발생

```
// 예외를 넘기는 구문이다.
// 해당 함수 안에서 발생되는 예외가 있다면 이를 throws에 의해 선언해 주어야 한다.
public void ExceptionThrowMtd (int pos) throws MyNewException1,
        MyNewException2, MyNewException3
{
    switch (pos) {
    case 1:
    // MyNewException1 예외를 발생시키는 구문이다.
        throw new MyNewException1 ("MyNewException1 발생");
    case 2:
    // MyNewException2 예외를 발생시키는 구문이다.
        throw new MyNewException2 ("MyNewException2 발생");
    case 3:
    // MyNewException3 예외를 발생시키는 구문이다.
        throw new MyNewException3 ("MyNewException3 발생" );
    } // switch
} // throwExMtd ( )
```

Note.

throw에 의해 발생되는 예외를 throws 해 줄 때, 위와 같이 세 가지 예외를 모두 선언하기 번거롭다고 생각하는 프로그래머는 모든 예외의 상위 클래스인 Exception 클래스로 선언 가능하다.

```
public void ExceptionThrowMtd (int pos) throws Exception { ... }
```

••• *사용자 정의 예외 처리 방법*

사용자 정의 예외를 처리하는 방법은 Java의 RuntimeException 을 처리하는 방법과 같이 try, catch, finally 블록을 이용하는 것이다.

Note.

사용자 정의 예외 처리를 사용할 때 주지할 사항은 RuntimeException은 해당되는 프로그램이 정상적으로 수행된다면 예외 처리를 사용할 필요가 없으나 사용자 정의 예외 (필자는 이것을 컴파일 시간 예외라고 정의) 는 반드시 예외 처리가 된 상태에서 해당 프로그램이나 메서드를 사용해야 한다는 것이다.

다음의 프로그램은 while 블록을 이용하여 i 변수 값을 증가시키면서 ExceptionThrowMtd (int pos) 메서드를 호출하고 있다. 프로그램의 내용상 예외가 발생할 수밖에 없도록 되어 있으며 i 의 값에 따라 해당되는 예외가 발생하게 된다.

그리고 System.out.println (e) 을 사용하여 예외 처리 객체의 내용을 출력하고 있는데 이때 나오는 메시지는 예외를 정의할 때 선언한 toString ( ) 메서드의 리턴 값이다.

사용예 (Usage) : 사용자 정의 예외 처리 방법

```
UserException ue = new UserException ( );

while (i < 4) {
    try {
        ue. ExceptionThrowMtd (i);
    } catch (MyNewException1 e1) {
        System.out.println (e1);
    } catch (MyNewException2 e2) {
        System.out.println (e2);
    } catch (MyNewException3 e3) {
        System.out.println (e3);
    } finally {
        System.out.println ("Always Printed.");
        i ++;
    }
}
```

••• *사용자 예외 처리 종합*

사용자 예외 처리에 대한 사항을 정리해 보면 다음과 같다.

- 타입으로 사용할 예외 클래스를 선언한다.
- 예외 상황이 되면 사용자 예외 클래스의 인스턴스를 발생 (throw) 시킨다.
- 예외 클래스의 인스턴스를 전달하는 throws 구문을 작성한다.
- throws가 사용된 메서드를 호출하는 측에서는 반드시 try 블록으로 정의하고 해당되는 타입을 처리하기 위한 catch 구문을 작성한다.

••• *사용자 예외 처리 프로그램*

사용자 예외 처리 프로그램의 전체 소스는 다음과 같다.

[예제 10-6] UserException.java

```
// 사용자 정의 예외 1
public class MyNewException1 extends Exception {
```

```
String reason;

public MyNewException1 (String reason) {
    this.reason = reason;
}
public String toString ( ) {
    return reason;
}
}
// 사용자 정의 예외 2
public class MyNewException2 extends Exception {
String reason;

public MyNewException2 (String reason) {
    this.reason = reason;
}
public String toString ( ) {
    return reason;
}
}
// 사용자 정의 예외 3
public class MyNewException3 extends Exception {
String reason;

public MyNewException3 (String reason) {
    this. reason = reason;
}
public String toString ( ) {
    return reason;
}
}
import java. io. * ;

public class UserException {
static int i = 0;

public static void main (String args [ ] ) {
    UserException ue = new UserException ( );

    while (i < 4) {
        try {
            ue.ExceptionThrowMtd (i);
        } catch (MyNewException1 e1) {
            System.out.println (e1);
```

```
        } catch (MyNewException2 e2) {
            System.out.println (e2);
        } catch (MyNewException3 e3) {
            System.out.println (e3);
                } finally {
            System.out.println ("Always Printed.");
            i ++;
        }

        try {
            System.in.read ( ) ;
        } catch (IOException e) { }

        } // while

    } // main ( )

    public void ExceptionThrowMtd (int pos) throws MyNewException1,
                MyNewException2, MyNewException3 {
        switch (pos) {
        case 1:
        throw new MyNewException1 ("MyNewException1 발생");
        case 2:
        throw new MyNewException2 ("MyNewException2 발생");
        case 3:
        throw new MyNewException3 ("MyNewException3 발생");
        } // switch
    } // ExceptionThrowMtd (int pos)
    }
```

실행결과

```
Always Printed.

MyNewException1 발생
Always printed.
MyNewException2 발생
Always printed.

MyNewException3 발생
Always Printed.
```

••• *예외 처리 활용 예제*

지금까지 예외 처리에 대해 살펴본 여러 사항을 바탕으로 예외가 발생했을 때 예외의 흐름이 어떻게 되는지 예제를 통해 살펴보자.

예외처리 예제

[예제 10-7] UserExceptionFlow.java

```
// java.lang 패키지는 디폴트 패키지이므로 import 하지 않아도 됨
import java.lang.*;

public class UserExceptionFlow {

public static void main (String args [ ] ) {
 UserExceptionFlow uef = new UserExceptionFlow ( );

 try {
      uef. ExceptionThrowMtd1 ( );
 } catch (MyNewException1 e1) {
      System.out.println (e1);
 } catch (Exception e2) {
      e2. printStackTrace ( );
 } finally {
      System.out.println ("Always Printed.");
 }

} // main ( )

public void ExceptionThrowMtd1 ( ) throws MyNewException1
{
 ExceptionThrowMtd2 ( );
}

public void ExceptionThrowMtd2 ( ) throws MyNewException1
{
 ExceptionThrowMtd3 ( );
}

public void ExceptionThrowMtd3 ( ) throws MyNewException1
{
 throw new MyNewException1 ("MyNewException1 발생");
```

```
34 }
35 }
```

실행결과

```
MyNewException1 발생
Always Printed.
```

이 프로그램을 설명하면 다음과 같다.

- 9~17 번 줄은 main 메서드에서 ExceptionThrowMtd1 을 호출하고 MyNewException1 에 대한 예외 처리를 하고 있다.
- 13 번 줄의 클래스 Exception 은 try 블록에서 MyNewException1 이 아닌 예외가 발생했을 때 예외를 처리하는 구문이 된다.
- 14 번 줄의 printStackTrace ( ) 메서드는 Exception 클래스의 메서드로서 예외가 발생된 경로 즉, 스택 정보를 출력하는 메서드다.
- 21, 26, 31 번 줄의 메서드는 MyNewException1 을 throws 구문에 의해 넘기 고 있다.
- 23, 28 번 줄은 예외를 전달하는 함수를 호출하고 있는데 이곳에서는 try, catch 블록이 사용되지 않고 있다.
- 33 번 줄은 MyNewException1 을 발생시키고 있다.

이 프로그램에서 예외의 흐름을 살펴보면 MyNewException1 을 발생시키는 ExceptionThrowMtd3 을 ExceptionThrowMtd2 에서 호출하고 있고 다시 Exception ThrowMtd2 를 ExceptionThrowMtd1 이 호출하고 있다. 마지막으로 ExceptionThrowMtd1 을 main 에서 try 블록으로 처리하여 마감하고 있다.

이와 같이 특정 예외가 발생하였을 때 직접 try, catch 를 사용하여 이를 처리 할 수도 있지만 단순히 throws 구문을 작성하여 처리 시점을 넘길 수 있다.

이 특정 예외를 처리하는 지점은 프로그램의 흐름상 처리의 책임이 있는 곳에서 행하는 것이 바람직할 것이다. 이러한 경우에 throws 와 try, catch 를 적절히 사용하는 것이 필요하다.

••• 시스템 클래스에 정의된 예외 구문

Java 프로그램을 작성할 때, 사용자가 작성한 클래스를 사용하기도 하고 시스템에 있는 준비된 클래스를 사용하기도 하는데 일반적으로 시스템의 클래스를 사용하는 경우가 많다.

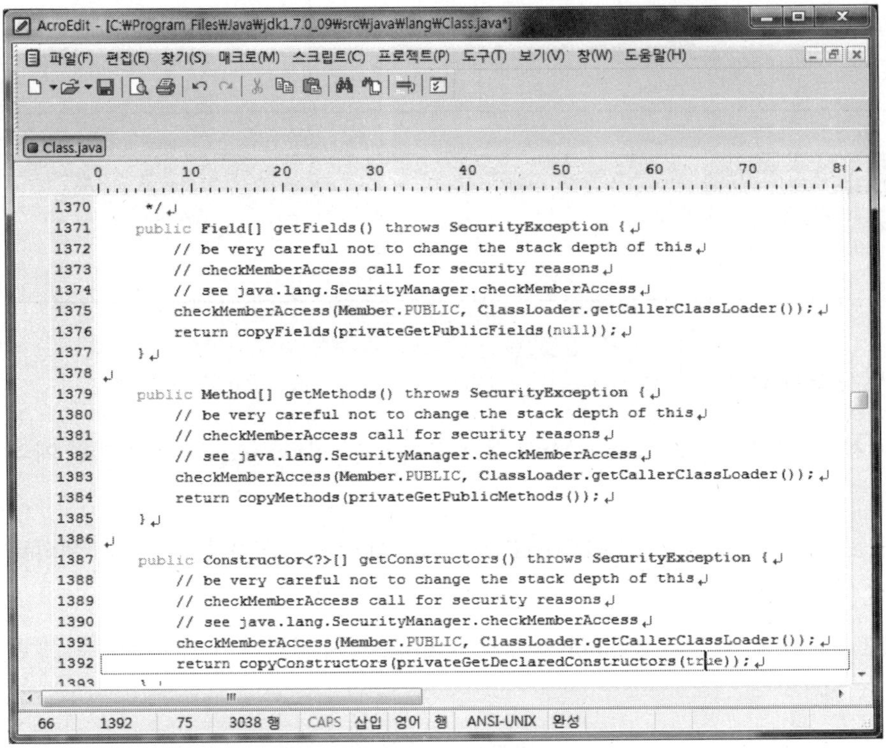

▲ **그림 10-2.** 기정의 (built-in) 클래스에 정의된 예외 구문

그리고 시스템에 있는 클래스들도 면밀한 처리가 요구되는 부분에는 예외가 정의되어 있는데 이들 클래스의 메서드를 사용할 경우에는 반드시 try, catch 블록으로 설정된 상태에서 해당 클래스의 메서드를 사용하는 것이 필요 하다. Java 시스템 클래스의 소스들은 Java 개발 도구와 함께 배포되는데 Java 베이스 디렉터리의 하위에는 src.zip 파일이 존재하며 압축파일내 서브디렉토리에는 여러 클래스들의 소스 프로그램이 들어있다. 이 중 한 클래스의 일부 내용을 살펴보면 그림 10-2와 같다.

••• *Java 도움말 파일의 이용*

Java 프로그래머는 Java 프로그램을 만들 때 Java 도움말 페이지를 함께 사용하면 된다. 이렇게 Java 도움말을 사용할 때 해당 메서드의 프로토타입 (prototype) 을 살펴보면 어떠한 예외가 사용되고 또 선언되어 있는지 알 수 있다. Java 도움말 페이지는 그림 10-3과 같은 형식으로 Java의 클래스와 메서드를 보여주고 있다.

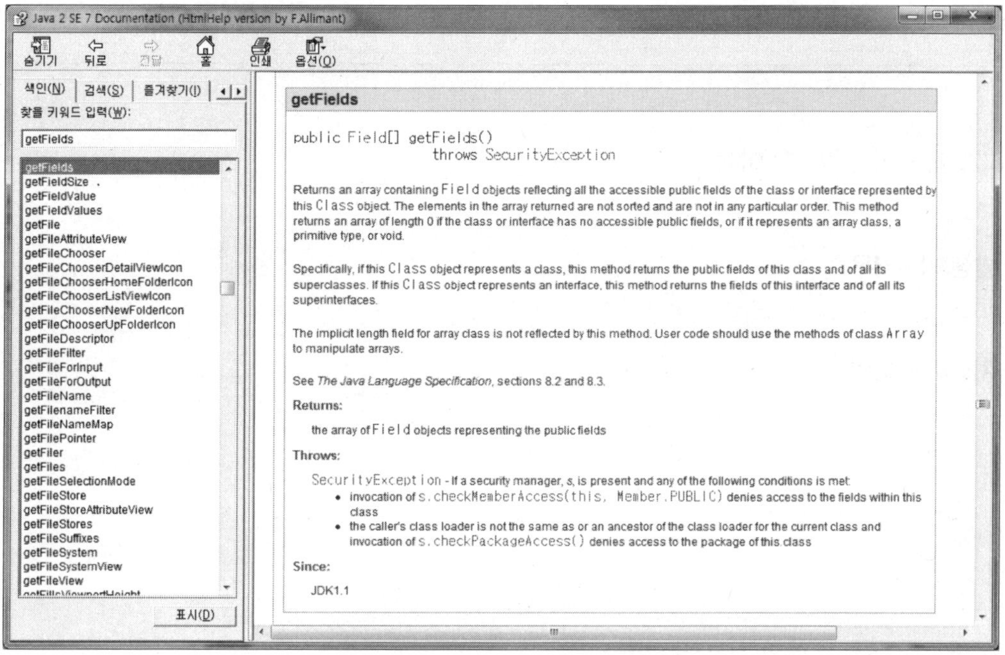

▲ **그림 10-3.** Java의 도움말 페이지

Note.

Java 프로그래밍 레퍼런스는 Java 개발 도구와 함께 문서로 배포된다. 도움말 문서는 두 가지가 있는데 HTML 형식의 문서와 윈도우즈 도움말 형식의 문서가 있다.

학습정리

1 예외처리가 왜 의미가 있는지 이해

2 예외가 발생되는 경우

3 예외를 처리하는 방법

- try
- catch
- finally
- throw
- throws

4 제공되는 클래스 사용 시 예외 처리하는 방법

연습문제

1 예외처리 관련 최상위 클래스는 무엇인가?

① Object ② Throwable
③ Exception ④ RuntimeException

답 ② Throwable
예외처리 관련한 최상위 클래스는 Throwable이다.

2 예외가 예견되는 코드 블록을 작성할 때 사용하는 키워드는 무엇인가?

① try ② catch
③ finally ④ throw

답 ① try
예외가 예견되는 코드를 try 블록에 작성한다.

3 예외처리에서 예외 발생과 관계없이 항상 수행되는 부분을 작성할 때 사용하는 키워드는 무엇인가?

① try　　② catch

③ finally　　④ throw

답 ③ finally

예외가 발생하지 않더라도 처리 해야 할 내용이 있으면 finally 블록에 작성한다.

4 사용자 예외를 정의한 경우 예외를 발생시킬 때 사용하는 키워드는 무엇인가?

① try　　② catch

③ throw　　④ throws

답 ③ throw

예외를 발생시킬 때 throw를 사용하며, 발생된 예외를 전달하기 위해 throws를 사용한다.

5 다음 조건에 맞는 예외클래스를 작성하시오.

조건

- 클래스 이름은 MaxFoundException이다.
- int max 값을 멤버로 가지고 있다.
- 생성자를 통해 int max을 초기화한다.
- String toString()을 통해 int max의 값을 String으로 리턴 한다.

답

```
public class MaxFoundException extends Exception {
    int max;

    public MaxFoundException(int max) {
        // TODO Auto-generated constructor stub
        this.max = max;
    }
    public String toString() {
        return "max=" + max;
    }
}
```

6 FoundMax 클래스를 작성하고 생성자에서 두 변수의 값을 비교해서 큰 값을 구했을 때 문5의 MaxFoundException을 발생시키는 프로그램을 작성하고 예외처리를 통해 실행결과를 구하시오.

답

```
public class FoundMax {
    int max;

    public FoundMax(int x, int y) {
        max = x > y ? x : y;
        try {
            throw new MaxFoundException(max);
        } catch (MaxFoundException e) {
            e.printStackTrace();
        }
    }

    public static void main(String[] args) {
        new FoundMax(30, 40);
    }
}
```

실행결과

```
max=40
at FoundMax.<init>(FoundMax.java:9)
at FoundMax.main(FoundMax.java:21)
```

7 문6에서 예외처리를 생성자에서 하지 않고 호출 측으로 넘겨 예외처리하도록 수정하시오.

답1

```
public class FoundMax {
    int max;

    public FoundMax(int x, int y) throws MaxFoundException {
        max = x > y ? x : y;
        throw new MaxFoundException(max);
    }
    public static void main(String[] args) {
        try {
```

```
            new FoundMax(30, 40);
        } catch (MaxFoundException e) {
            e.printStackTrace();
        }
    }
}
```

실행결과

```
max=40
at FoundMax.<init>(FoundMax.java:8)
at FoundMax.main(FoundMax.java:17)
```

답2

```
public class FoundMax {
    int max;

    public FoundMax(int x, int y) throws MaxFoundException {
        // TODO Auto-generated constructor stub
        max = x > y ? x : y;
        throw new MaxFoundException(max);
    }

    public static void main(String[] args) {
        try {
            new FoundMax(30, 40);
        } catch (MaxFoundException e) {
            System.out.println("I got it, max=" + e.max);
        }

    }
}
```

실행결과

```
I got it, max=40
```

8 문6에서 예외처리를 생성자 및 main() 메서드에서 처리 하지 않고 main의 호출 측으로 넘겨 예외처리하도록 수정하시오.

답

```
public class FoundMax {
    int max;

    public FoundMax(int x, int y) throws MaxFoundException {
        max = x > y ? x : y;
        throw new MaxFoundException(max);
    }
    public static void main(String[] args) throws MaxFoundException {
            new FoundMax(30, 40);
    }
}
```

실행결과

```
Exception in thread "main" max=40
at FoundMax.<init>(FoundMax.java:8)
at FoundMax.main(FoundMax.java:16)
```

CHAPTER

11

멀티스레드 프로그래밍

학습목표

1 스레드와 멀티스레드에 대해서 이해하고, Java 언어에서 멀티스레드를 사용하는 기법을 습득한다.

학습개요

1 스레드(Thread)란?
2 Multi-Process와 Multi-Thread
3 Thread의 구성 및 스케줄링
4 Thread 클래스 주요 메서드
5 이기적인 Thread
6 Thread 클래스 & Runnable 인터페이스
7 Thread 메서드
8 Multi-Thread 예제
9 ThreadGroup

1.
스레드

1.1 스레드란?

멀티 스레드 프로그래밍을 설명하기 전에 멀티 프로세스 프로그래밍에 대한 이해가 필요하다. 프로그램은 하드디스크에 저장되어 있고, 실행되어 프로그램이 활성화된 것을 프로세스 (process) 라고 한다. 프로세스는 실행되는 일련의 소스 코드, 데이터 및 계산 부분 그리고 CPU를 사용한다.

보통의 컴퓨터는 CPU가 하나이고, 여러 개의 프로세스가 동시에 실행된다. CPU 시간을 분할하여 여러 프로세스를 동작시킨다.

이러한 처리 방식을 멀티태스킹 (multi-tasking) 또는 멀티프로그래밍 (multi-programming) 이라고 한다. 스레드(Thread)는 프로세스에서 실행되는 일련의 소스 코드를 부르는 다른 말이다. 그러므로 기존 프로그램도 스레드를 사용하고 있다고 볼 수 있다. 그러나 멀티스레드 (Multi-Thread) 라고 하는 것은 하나의 프로세스에 하나의 스레드를 사용하는 것이 아니라, 하나의 프로세스에 여러 개의 스레드를 사용하는 것이다. 즉, 하나의 프로세스에 여러 개의 작은 스레드를 사용할 수 있다는 것이다. 스레드는 다른 용어로 경량 프로세스 (LWP : Light Weight Process) 라고 부르기도 한다.

멀티스레드의 경우 하나의 프로세스에 있는 각 스레드는 서로 비동기적 (asynchronous) 으로 실행된다. 비동기적으로 실행된다는 것은 각 스레드의 실행에 있어서 순서가 정해져 있지 않다는 것을 의미한다.

다른 시각에서 보면 멀티태스킹 (multi-tasking) 또는 멀티프로그래밍 (multi-programming) 을 하나의 프로세스에서 처리하는 것과 같다고 볼 수 있다.

실행되는 프로그램에서 독립적으로 실행되는 것이 바람직하다고 볼 수 있는 부분은 하나의 스레드로 정의하여 사용하면 편리하다.

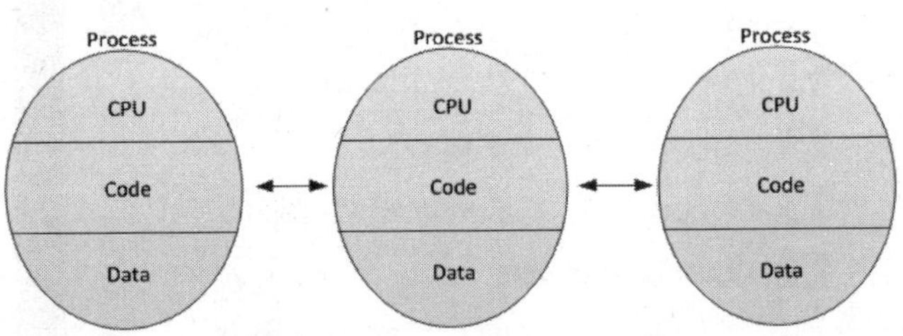

▲ **그림 11-1.** Java의 도움말 페이지

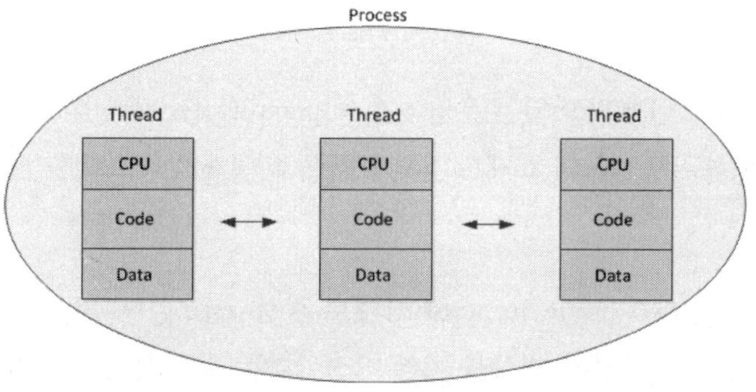

▲ **그림 11-2.** 멀티스레드 구조

멀티태스킹과 멀티스레드의 관계를 도식화하면 위의 그림과 같다.

1.2 스레드 구성

하나의 스레드는 하나의 가상적인 CPU, 스레드의 코드, 스레드의 데이터로 구성되어 있다. 이때 가상적인 CPU 는 Thread 클래스에 의해 구성되고 스레드의 코드는 스레드가 실행되는 내용이 되고, 데이터는 스레드의 코드가 사용하는 데이터가 된다.

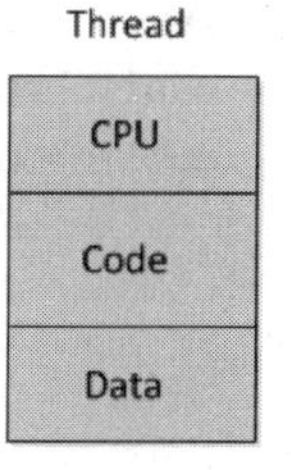

▲ **그림 11-3.** 스레드

하나의 스레드에 있는 CPU, 스레드의 코드, 스레드의 데이터는 독립적으로 구성이 가능하다. 같은 코드로 만들어진 여러 스레드가 실행될 수 있고, 서로 다른 코드로 만들어진 여러 스레드가 실행될 수도 있다. 스레드 간에는 공유되는 데이터의 참조가 가능하다.

1.3 스레드 상태 변경

스레드는 생성되어 start() 메서드 호출로 시작된다. 스레드 시작은 Runnable 인 스레드를 실행시키는 것이고 인터럽트나 sleep(), yield() 같은 조건에 따라 지연되거나 중단될 수 있다. 스레드 생성, 시작은 프로그래머에 의해 이루어지고, 실행 및 지연은 운영체제 스케쥴러의 안내 및 조정을 받아 실행된다.

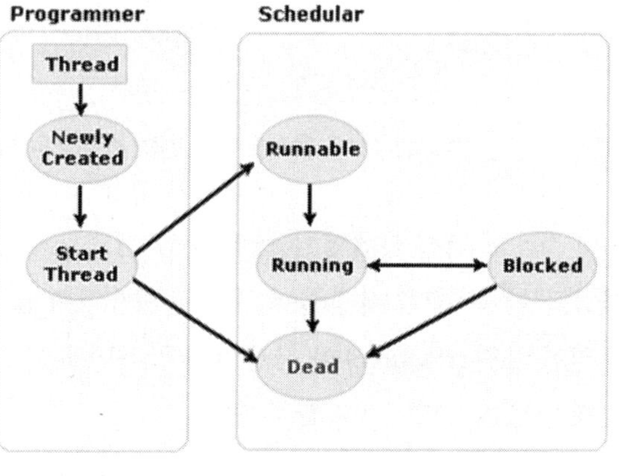

▲ **그림 11-4.** 스레드 상태 변경

1.4 스레드 스케줄링

Java가 멀티스레드를 지원한다고 하는 것은 Java가 실행되고 있는 운영체제 (Operating System) 역시 멀티스레드 지원 운영체제이어야 한다는 의미이다. 즉, Java의 스레드 운영방식은 운영체제의 스레드 운영방식과 연관성이 있다.

스레드 각각은 우선순위 (priority) 를 가지고 비동기적 (asynchronous) 상태로 경쟁 (racing) 에 의해 실행된다. 멀티스레드 프로그램의 경우 스레드들의 실행 순서 전체를 미리 지정한다는 것은 불가능한 일이며 바람직한 일도 아니다. 단지 어느 정도의 실행 흐름만을 제어할 수 있다.

Java 스레드의 우선순위 값은 최소 1 부터 최대 10 까지의 범위로 나뉘고 우선순위를 지정하지 않은 일반적인 스레드는 5 의 값을 가지게 된다.

사용예 (Usage) : 스레드의 우선순위 (priority)

```
public static final int MIN_PRIORITY
public static final int NORM_PRIORITY
public static final int MAX_PRIORITY
```

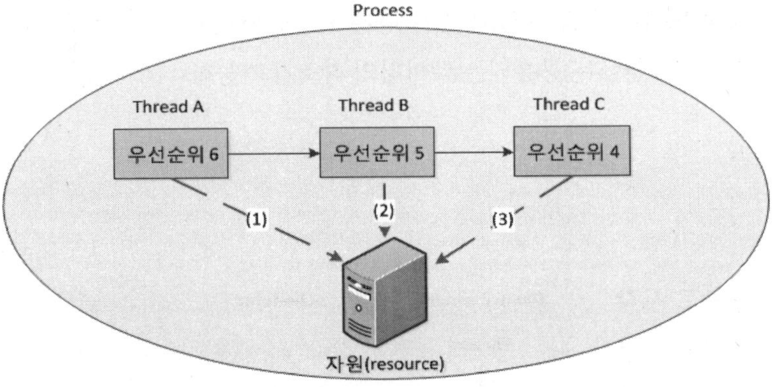

▲ **그림 11-5.** 우선순위가 있는 스레드의 실행 순서

Java 스레드 역시 선점형 (preemptive) 이므로 높은 우선순위의 스레드가 낮은 우선순위 스레드의 자원을 선점할 수 있다. 예를 들어, 우선순위 6, 5, 4 를 가지는 세 개의 스레드 A, B, C 가 있고 이들 스레드가 동일한 자원 (resource) 을 사용하려 한다면 A 의 실행이 끝난 뒤 B, C 가 차례로 실행될 것이다. 이러한 상황은 멀티스레드라고 할 수 없다.

멀티스레드 스케줄링의 상황을 연출해 보자.

우선순위가 5, 5, 5 로 같은 세 개의 스레드 A, B, C 가 있고 이들 스레드가 동일한 자원 (resource) 을 사용하려고 할 때 A 스레드가 자원을 먼저 차지했을 경우의 실행 순서를 생각해 보자. 이런 경우에 A 스레드가 자원을 차지하고 다른 스레드를 위해 어떠한 배려도 없었다면 앞의 경우와 마찬가지로 A 스레드의 실행이 끝난 후에 B 또는 C 스레드가 실행될 것이다.

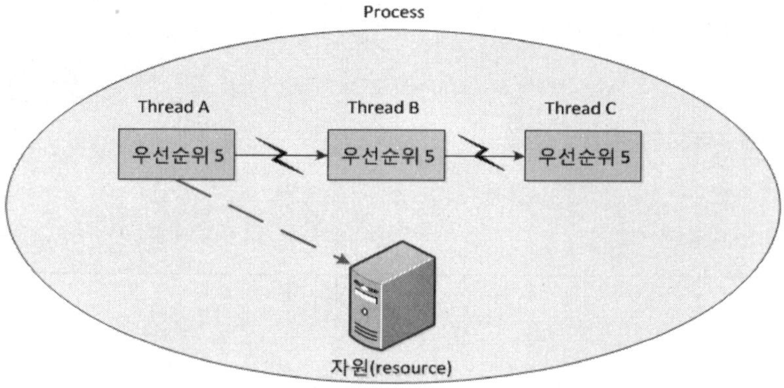

▲ **그림 11-6.** 이기적인 스레드의 동작

이와 같은 상황의 A 스레드를 이기적인 스레드 (selfish thread) 라고 한다. 프로그래머는 자신의 스레드가 이기적인 스레드인지 아닌지를 살펴보아야 한다.

멀티스레드를 실행시키는 방법에는 두 가지가 있다. 첫 번째 방법은 sleep (long) 을 이용하는 것이고 두 번째 방법은 yield( ) 를 이용하는 것이다.

▣ sleep(long)

첫 번째 방법은 각 스레드가 실행하는 동안에 일정한 시간만큼 sleep(long) 을 하는 것이다. sleep(long) 의 시간 단위는 밀리세컨드 (millisecond) 로 해당 시간만큼 자신의 스레드가 실행하지 않는 것을 의미하며 이때 같은 자원을 두고 경쟁하던 다른 스레드가 실행될 수 있다. sleep(long) 으로 다른 스레드에게 잠시 권한을 넘길 때는 자신보다 우선순위가 낮은 스레드도 실행 권한을 받을 수 있다.

Note.
밀리세컨드는 **10-3** 초이다. 즉, **1000ms** 는 1 초가 된다.

사용예 (Usage) : sleep(long) 의 이용

```
public class MyThread extends Thread {
 public MyThread( ) {
 }
 public void run( ) {
     while(true) {
         System.out.println("Hello World");
         try {
             sleep(500);
         } catch(InterruptedException e) { }
     }
 }
}
```

▣ yield( )

두 번째 방법은 각 스레드가 실행하는 동안에 yield( ) 를 하는 것이다. yield( ) 를 실행하면 같은 자원을 두고 경쟁하던 다른 스레드가 실행될 수 있다. yield( ) 로 다른 스레드에게 잠시 권한을 넘길 때는 자신보다 우선순위가 낮은 스레드는 실행 권한을 받을 수 없고 스레드 우선순위가 같은 스레드만이 실행될 수 있다.

사용예 (Usage) : yield( ) 의 이용

```
public class MyThread extends Thread {
 public MyThread( ) {
 }
 public void run( ) {
     while(true) {
         System.out.println("Hello World");
         yield( );
     }
 }
}
```

1.5 스레드 동작

Java에서는 어떻게 스레드를 정의하고 생성하며 관리 사용하는지를 설명한다.

••• 스레드 생성

Java에서 스레드를 생성하는 방법에는 두 가지가 있다. 하나는 Thread 클래스를 상속받는 방법이고, 또

하나는 Runnable 인터페이스를 이용하는 방법이다.

두 가지 방법 모두 Thread 클래스를 사용하므로 Thread 클래스를 생성하는 방법에 대하여 살펴보자.

생성자 (Constructor) : Thread 클래스

◉ public Thread( )
·새로운 스레드 객체를 생성한다.
·Thread(null, null, gname) 를 호출한 것과 같다.

◉ public Thread(Runnable target)
·target 을 지정하여 스레드 객체를 생성한다.
·Thread(null, target, gname) 를 호출한 것과 같다.
·target - run( ) 메서드가 호출되는 객체이다.

◉ public Thread(ThreadGroup group, Runnable target)
·스레드 그룹과 target 을 지정하여 스레드 객체를 생성한다.
·Thread(group, target, gname) 를 호출한 것과 같다.
·group - the thread group.
·target - the object whose run method is called.
·SecurityException 예외의 발생이 가능하다.

◉ public Thread(String name)
·스레드 이름을 지정하여 스레드 객체를 생성한다.
·Thread(null, null, name) 를 호출한 것과 같다.

◉ public Thread(ThreadGroup group, String name)
·스레드 그룹 이름과 스레드 이름을 지정하여 스레드 객체를 생성한다.
·Thread(group, null, name) 를 호출한 것과 같다.
·SecurityException 예외의 발생이 가능하다.

◉ public Thread(Runnable target, String name)
·target 과 스레드 이름을 지정하여 스레드 객체를 생성한다.
·Thread(null, target, name) 를 호출한 것과 같다.

◉ public Thread(ThreadGroup group, Runnable target, String name)
·스레드 그룹 이름과 스레드 이름, target 을 지정하여 스레드 객체를 생성한다.
·SecurityException 예외의 발생이 가능하다.

위의 생성자를 살펴보면 스레드를 생성할 때 "ThreadGroup group", "Runnable target", "String name" 을 이용하여 스레드를 생성할 수 있음을 알 수 있다.

"ThreadGroup group" 은 해당 스레드를 하나의 그룹에 연결시킬 수 있음을 의미하는 것이고,

"Runnable target"은 스레드의 몸체가 되는 run() 메서드가 어느 클래스에 작성되는가의 문제이며 "String name"은 스레드의 이름을 지정하는 것이다. 이들 각각에 대한 내용을 상세히 살펴보자.

우선 Thread 클래스와 Runnable 인터페이스를 이용하여 스레드를 생성하는 방법을 설명한다.

▣ Thread 클래스 이용
Thread 클래스를 이용하여 스레드를 생성하는 방법은 Thread 클래스를 상속받아 새로운 스레드 클래스를 정의하는 것이다.

사용예 (Usage) : Thread 클래스 상속

```
public class MyThread extends Thread {
 public MyThread( ) {

 }
 public void run( ) {
     while(true) {
         System.out.println("Hello World");
     }
 }
}
```

```
MyThread mt = new MyThread( );
```

위 프로그램의 run() 메서드는 Thread 클래스의 메서드이고 그것을 상속받아 재정의하고 있는 부분이다. run() 메서드는 스레드의 코드 부분이 되는 내용이 들어있다. 즉, 원하는 스레드 동작이 있을 때 run() 메서드 안에 작성하면 된다.

▣ Runnable 인터페이스 이용
Runnable 인터페이스를 이용하여 스레드를 생성하는 방법은 Runnable 인터페이스를 상속받아 생성한 Runnable 객체를 Thread 클래스의 값으로 사용하는 것이다.

사용예 (Usage) : Runnable 인터페이스 상속

```
public class MyThread implements Runnable {

 public MyThread( ) {

 }
 public void run( ) {
```

```
        while(true) {
            System.out.println("Hello World");
        }
    }
}
```

```
Runnable r = new MyThread( );
Thread t = new Thread(r);
```

위 프로그램의 run( ) 메서드는 Runnable 인터페이스의 메서드이고 그것을 상속받아 재정의하고 있는 부분이다. run( ) 메서드는 스레드의 코드 부분이 되는 내용이 들어있게 된다. 즉, 원하는 스레드 동작이 있을 때 run( ) 메서드 안에 작성하면 된다. 이렇게 작성된 Runnable 객체를 Thread 클래스의 값으로 부여하여 새로운 스레드 객체를 생성할 수 있다.

Thread 클래스와 Runnable 인터페이스의 사용 선택 요건

Thread 클래스와 Runnable 인터페이스의 기능상의 차이점은 없으므로 어느 쪽을 사용해도 무방하고 혼합해서 사용할 수도 있다. Java는 단일 상속만을 지원하고 있으므로 주 클래스가 이미 다른 클래스를 상속받은 상태일 때는 Runnable 인터페이스를 이용하게 된다. 그렇지 않은 경우에는 Thread 클래스를 상속받아서 사용하고 주 클래스의 멤버를 참조할 경우에는 Thread 클래스를 주 클래스의 내부 클래스(inner class)로 작성하여 사용하는 것이 스레드를 관리하기 편하다.

사용예 (Usage) : Runnable 인터페이스를 이용하는 경우

```
public class MyThread extends Applet implements Runnable {

 public MyThread( ) {

 }
 public void run( ) {
     while(true) {
         System.out.println("Hello World");
     }
 }
}
```

사용예 (Usage) : Thread 를 상속받아 이용하는 경우

```
public class extends Frame {
  public static void main(String args[ ]) {
      MyThread mt = new MyThread( );
  }

  public class MyThread extends Thread {
      public MyThread( ) {

      }
      public void run( ) {
          while(true) {
              System.out.println("Hello World");
          }
      }
  }
}
```

스레드 시작

스레드를 시작하려면 생성된 스레드 객체를 start( ) 시키면 된다. 스레드에 start( ) 가 실행되면 스레드가 실행, 즉 Runnable 하게 된다.

사용예 (Usage) : 스레드 시작

```
MyThread t1 = new MyThread( );

t1.start( );
________________________________________________

Runnable r = new MyThread( );
Thread t2 = new Thread(r);

t2.start( );
```

스레드 끝내기

스레드는 스레드의 실행이 끝나면 자동적으로 종료하게 되고 stop( ) 메서드에 의해서도 종료할 수 있다. 한번 stop( ) 에 의해 종료된 스레드는 다시 start( ) 에 의해 실행을 재개할 수 없다.

사용예 (Usage) : stop( ) 의 이용

```
public static void main(String args[ ]) {
 MyThread mt = new MyThread( );

 mt.start( );

 If(time_to_kill) {
    mt.stop( );
 }
}
```

스레드 관련 메서드

Thread 클래스 주요 메서드는 표 11-1과 같다.

[표 11-1] Thread 클래스 주요 메서드

Method	Return Type	Description
currentThread()	Thread	현재 실행중인 스레드 리턴
getName()	String	스레드 이름 반환
start()	void	스레드 시작
run()	void	스레드의 내용
sleep()	void	시간지연(milisecond)
isAlive()	boolean	스레드동작 확인
activeCount()	int	동작 중인 스레드 수
interrupt()	void	스레드에 인터럽트
yield()	void	스레드 실행 권한 양도
join()	void	스레드가 끝나거나, 지정한 시간이 지나기까지 대기

▣ isAlive( )

실행시킨 스레드가 잘 동작하고 있는지의 여부를 isAlive( ) 메서드를 통해 확인할 수 있다. 해당 스레드가 잘 실행되고 있으면 "true" 그렇지 아니면 "false" 를 리턴한다.

메서드 (Method) : isAlive( )

```
◉ public final native boolean isAlive( )
```

isAlive( ) 메서드를 이용한 예는 다음과 같다.

사용예 (Usage) : isAlive( ) 의 이용

```
public static void main(String args[ ]) {
 MyThread mt = new MyThread( );

 mt.start( );

 if(!mt.isAlive( )) {
     mt = new MyThread( );
     mt.start( );
 }
}
```

▣ suspend( ) & resume( )

suspend( ) 는 스레드의 동작을 멈추게 하는 것이고 resume( ) 은 다시 재개시키는 메서드이다. suspend( ) 시킨 스레드를 start( ) 에 의해 재개시킬 수는 없다.

메서드 (Method) : suspend( ) & resume( )

```
◉ public final void suspend( )
◉ public final void resume( )
```

suspend( ) & resume( ) 메서드를 이용한 예는 다음과 같다.

사용예 (Usage) : suspend( ) & resume( ) 의 이용

```
public static void main(String args[ ]) {
 MyThread mt = new MyThread( );

 mt.start( );

 mt.suspend( );
 mt.resume( );
}
```

▣ join( ) & join(long)

join( ) 스레드의 동작이 끝날 때를 기다리는 메서드이고 join(long) 은 해당 시간 동안 스레드의 동작이 끝나기를 기다리는 메서드이다.

메서드 (Method) : join( ) & join(long)

```
◉ public final synchronized void join(long millis)
       throws InterruptedException
◉ public final synchronized void join(long millis, int nanos)
       throws InterruptedException
◉ public final void join( )
       throws InterruptedException
```

join( ) 및 join(long) 메서드를 이용한 예는 다음과 같다.

사용예 (Usage) : join( ) 및 join(long) 메서드 이용

```
public static void main(String args[ ]) {
 MyThread mt1 = new MyThread( );
 MyThread mt2 = new MyThread( );

 mt1.start( );
 mt2.start( );

 mt2.join(100);
 mt1.join( );
 System.out.println("Ends.");
}
```

위 프로그램에서 mt2.join(100) 은 100 ms 안에 mt1 스레드의 실행이 끝나기를 기다리고 있고 mt1.join( ) 은 mt1 스레드가 끝나기를 영원히 기다리는 구문이다. 즉, mt1 스레드가 끝나지 않으면 그 다음 라인의 내용은 실행될 수 없다.

1.6 스레드 이용 예제

▣ Thread 클래스를 이용한 예제

다음은 Thread 클래스를 상속받아 스레드를 사용한 프로그램이다.

[예제 11-1] ThreadTest1.java

```
// Thread 클래스를 상속받아 작성한 스레드 클래스
class MyThread extends Thread {

 public MyThread(String name) {
```

```
        // Thread(String)을 호출하여 스레드의 이름을 설정함
        super(name);
    }

    // 스레드의 실행 부분 정의 함수
    public void run( ) {
        for(int i = 0; i < 5; i++) {
            // 스레드의 이름을 출력
            System.out.println("Thread Name is " +
                getName( ));

            try {
                // 스레드의 지정한 시간만큼 sleep( ) 시킴
                sleep(100);
            } catch(InterruptedException e) { }
        }
    }
}
```

```
public class ThreadTest1 {
    // 사용자가 정의한 스레드 객체 선언
    MyThread t1, t2, t3;
    public void doRun( ) {
        // 사용자가 정의한 스레드 객체 생성
        t1 = new MyThread("T1");
        t2 = new MyThread("T2");
        t3 = new MyThread("T3");

        // 스레드 동작 개시
        t1.start( );
        t2.start( );
        t3.start( );

        try {
            // t1 스레드가 종료되기까지 대기한다.
            t1.join( );
            // t2 스레드가 100ms 안에 종료되기까지 대기한다.
            t2.join(100);
            // t3 스레드가 종료되기까지 대기한다.
            t3.join( );
        }catch(InterruptedException e) {
            e.printStackTrace( );
        }
```

```
        System.out.println("All Threads are dead!!");

    }

    public static void main(String args[ ]) {
        ThreadTest1 tt1 = new ThreadTest1( );

        tt1.doRun( );
    }
}
```

위 프로그램의 실행 결과 다음과 같이 실행 순서가 일정하지 않음을 알 수 있다.

프로그램 실행 결과 (Program Output)

```
Thread Name is T1
Thread Name is T2
Thread Name is T3
Thread Name is T3
Thread Name is T1
Thread Name is T2
Thread Name is T3
Thread Name is T2
Thread Name is T1
Thread Name is T2
Thread Name is T3
Thread Name is T1
Thread Name is T3
Thread Name is T2
Thread Name is T1
All Threads are dead!!
```

▣ Runnable 인터페이스를 이용한 예제

다음은 Runnable 인터페이스를 상속받아 스레드를 사용한 프로그램이다.

[예제 11-2] ThreadTest2.java

```
// Runnable 을 상속받은 스레드 클래스
class MyThread implements Runnable {

 public void run( ) {
```

```
        for(int i = 0; i < 5; i++) {
            // 현재 실행되고 있는 스레드의 이름을 출력
            System.out.println("Thread Name is " +
                Thread.currentThread( ).getName( ));

            try {
                // 스레드의 지정한 시간만큼 sleep( ) 시킴
                Thread.sleep(100);
            } catch(InterruptedException e) { }
        }
    }
}
```

```
public class ThreadTest2 {
 // Runnable 객체 선언
 Runnable r1, r2, r3;
 // 스레드 객체 선언
 Thread t1, t2, t3;

 public void doRun( ) {

     // Runnable 객체 생성
     r1 = new MyThread( );
     r2 = new MyThread( );
     r3 = new MyThread( );

     // Runnable 객체와 이름을 이용하여 스레드 객체 생성
     t1 = new Thread(r1, "T1");
     t2 = new Thread(r2, "T2");
     t3 = new Thread(r3, "T3");

     // 스레드 실행 시작
     t1.start( );
     t2.start( );
     t3.start( );

     try {
         // t1 스레드가 종료되기까지 대기한다.
         t1.join( );
         // t2 스레드가 100ms 안에 종료되기까지 대기한다.
         t2.join(100);
         // t3 스레드가 종료되기까지 대기한다.
         t3.join( );
     }catch(InterruptedException e) {
```

```
            e.printStackTrace( );
        }

        System.out.println("All Threads are dead!!");
    }

    public static void main(String args[ ]) {
        ThreadTest2 tt2 = new ThreadTest2( );
        tt2.doRun( );
    }
}
```

위 프로그램의 MyThread 는 runnable 로 Thread 클래스의 후손은 아니다. 따라서 스레드의 메서드가 필요할 때는 "Thread.sleep(100)" 과 같이 Thread 클래스의 이름을 명시하여 사용한다.

"Thread.currentThread( ).getName( )" 은 현재 실행되고 있는 스레드의 이름을 얻는다. 위 프로그램의 실행 결과로 다음과 같이 실행 순서가 일정하지 않음을 알 수 있다.

프로그램 실행 결과 (Program Output)

```
Thread Name is T1
Thread Name is T2
Thread Name is T3
Thread Name is T1
Thread Name is T2
Thread Name is T3
Thread Name is T2
Thread Name is T1
Thread Name is T3
Thread Name is T2
Thread Name is T3
Thread Name is T1
Thread Name is T3
Thread Name is T2
Thread Name is T1
All Threads are dead!!
```

2. 스레드 그룹

2.1 스레드 그룹

스레드들은 하나의 그룹으로 연결될 수 있는데 이것을 스레드 그룹 (ThreadGroup) 이라고 한다. 스레드 그룹을 이용하면 여러 개의 스레드를 관리하고 제어하기가 용이해진다.

스레드 그룹은 ThreadGroup 클래스를 사용하여 생성하게 되며 서로 계층적인 연결이 가능하다.

생성자 (Constructor) : ThreadGroup 클래스

◉ `public ThreadGroup(String name)`
- 그룹 이름을 이용하여 스레드 그룹을 생성한다.
- 스레드 그룹의 선조는 자신이 된다.

◉ `public ThreadGroup(ThreadGroup parent, String name)`
- 그룹 이름을 이용하여 스레드 그룹을 생성한다.
- 스레드 그룹의 선조는 "parent" 가 된다.

ThreadGroup 클래스를 이용하여 스레드 그룹을 생성하는 방법은 다음과 같다.

사용예 (Usage) : ThreadGroup 클래스

```
ThreadGroup tg = new ThreadGroup("TG1");
```

하나의 스레드 그룹에 여러 개의 스레드를 연결시킨 후 스레드 그룹에 속해 있는 스레드의 정보를 출력하는 프로그램을 살펴보자.

[예제 11-3] ThreadGroupTest.java

```
// 스레드 클래스 정의
class MyThread extends Thread {
 String name;

 public MyThread(ThreadGroup tg, String name) {
     // 스레드를 그룹에 연결시키고 자신의 이름을 지정한다.
     super(tg, name);
```

```
        this.name = name;
    }

    // 무한 루프를 도는 스레드의 내용
    public void run( ) {

        while(true) {
            try {
                sleep(100);
            } catch(InterruptedException e) {
              System.out.println("InterruptedException");
            }
        }
    }
}
```

```
public class ThreadGroupTest {
    // 스레드 객체 선언
    MyThread mt1, mt2, mt3;
    // 스레드 그룹 객체 선언
    ThreadGroup tg;
    // 스레드의 배열
    MyThread list[ ];

    public ThreadGroupTest( ) {
        // 스레드 그룹 객체 생성
        tg = new ThreadGroup("TG");

        // 스레드 객체를 "tg" 스레드 그룹 하에 지정한 이름으로 연결한다.
        mt1 = new MyThread(tg, "one");
        mt2 = new MyThread(tg, "two");
        mt3 = new MyThread(tg, "three");

        // 각 스레드를 활성화시킨다.
        mt1.start( );
        mt2.start( );
        mt3.start( );
    }

    public static void main(String args[ ]) {
        ThreadGroupTest tgt = new ThreadGroupTest( );

        tgt.go( );
    }
```

```
    public void go( ) {
        // 스레드 그룹의 이름을 출력한다.
        System.out.println("getName( ) = " + tg.getName( ));
        // 스레드 그룹의 최대 우선순위를 출력한다.
        System.out.println("getMaxPriority( ) = " + tg.getMaxPriority( ));
        // 스레드 그룹에 있는 스레드의 수를 구한다.
        System.out.println("activeCount( ) = " + tg.activeCount( ));
        // 스레드 그룹의 정보를 스트링으로 출력한다.
        System.out.println("toString( ) = " + tg.toString( ));

        int ac = tg.activeCount( );
        list = new MyThread[ac];

        // 스레드 그룹의 스레드들을 스레드 배열로 만든다.
        tg.enumerate(list, false);

        // 스레드 배열의 스레드 이름을 출력한다.
        for(int i = 0; i < list.length; i++) {
            System.out.println("list[" + i + "].getName( ) = " +
                list[i].getName( ));
        }
    }
}
```

위 프로그램과 같이 스레드 그룹 하에 있는 각 스레드들의 객체를 얻을 수 있다면 스레드의 정보는 물론이고 스레드들에 관한 모든 제어를 할 수 있게 된다.

위 프로그램의 실행 결과는 다음과 같다.

프로그램 실행 결과 (Program Output)

```
getName( ) = TG
getMaxPriority( ) = 10
activeCount( ) = 3
toString( ) = java.lang.ThreadGroup[name = TG,maxpri = 10]
list[0].getName( ) = one
list[1].getName( ) = two
list[2].getName( ) = three
```

학습정리

1 스레드 개념

2 멀티 스레드

3 스레드 우선순위 스케쥴링

4 이기적인 스레드: sleep(), yield()

5 Thread 클래스 / Runnable 인터페이스

6 Thread 메서드

– start(), stop(), suspend(), resume(), join(), isAlive()

7 ThreadGroup

연습문제

1 멀티스레드에 대한 설명으로 틀린 것은?

① 하나의 프로세스안에 여러 개의 스레드를 사용하는 것이다.

② 하나의 프로세스에 있는 각 스레드는 서로 동기적(synchronous)으로 실행한다.

③ 스레드의 실행에 있어서 순서가 정해져 있지 않다.

④ 프로그램에서 독립적으로 실행되는 것이 바람직하다고 볼 수 있는 부분은 하나의 스레드로 작성한다.

답 ②

하나의 프로세스에 있는 각 스레드는 서로 비동기적(asynchronous)으로 실행한다.

2 하나의 스레드가 동작하기 위한 기본적인 구성 성분이 아닌 것은?

① 하나의 가상적인 CPU

② 스레드의 코드

③ 스레드의 데이터

④ 스레드의 타이머

답 ④

하나의 스레드가 동작하기 위해서는 가상적으로 CPU를 점유하고 있어야 하며, 스레드의 내용이 되는 코드가 필요하고 스레드만의 데이터가 있어야 한다.

3 멀티스레드 스케줄링에 대한 설명으로 틀린 것은?

① 운영체제가 멀티스레드를 지원해야 멀티스레드 프로그래밍이 가능하다.

② 각 스레드는 우선순위(priority)를 가지며, 우선순위 범위 최소 1부터 최대 10까지 이다.

③ yield()를 통해서만 스레드 간에 자원을 공유시킬 수 있다.

④ 타 스레드에 대한 배려가 없이 자원을 독점하는 스레드를 이기적인 스레드(selfish thread)라고 한다.

답 ③

스레드 간에 자원을 공유하는 방법에는 yield()와 sleep(long)가 있다.

4 다음 조건과 같은 화면이 출력되도록 GUI를 작성하시오.

조건

- Thread를 사용하여 왼쪽 버튼 색을 무한 반복하여 변경 시킨다.
- Thread를 사용하여 오른쪽 버튼 폰트를 무한 반복하여 변경 시킨다.

답

```
import java.awt.*;

public class DynamicButton extends Frame {
    Button b1, b2;
    BGThread bgt; FontThread fnt;
    public DynamicButton() {
        setLayout(new GridLayout(1,2));
        b1= new Button("OK");
        b2= new Button("YES");
        add(b1); add(b2);
        bgt = new BGThread();
        fnt = new FontThread();
        bgt.start(); fnt.start();
    }
    public static void main(String args[]) {
        DynamicButton db = new DynamicButton();
        db.setSize(500, 300);
        db.setVisible(true);
    }
    class BGThread extends Thread {
        public void run() {
            while(true) {
                try {
                int rr=(int)(Math.random()*1000)%256;
                int gg=(int)(Math.random()*1000)%256;
                int bb=(int)(Math.random()*1000)%256;
                b1.setBackground(new Color(rr, gg, bb));
                sleep(100);
                } catch(InterruptedException e) { e.printStackTrace(); }
            }
        }
    } // class
    class FontThread extends Thread {
        public void run() {
            while(true) {
            try {
            int sz=(int)(Math.random()*1000)%100;
            int st=(int)(Math.random()*1000)%3;
            if(st == 0) b2.setFont(new Font("TimesRoman", Font.ITALIC, sz));
            if(st == 1) b2.setFont(new Font("TimesRoman", Font.PLAIN, sz));
            if(st == 2) b2.setFont(new Font("TimesRoman", Font.BOLD, sz));
            sleep(100);
```

```
            } catch(InterruptedException e) { e.printStackTrace(); }
            }
        }
    } // class
}
```

5 다음 조건과 같은 화면이 출력되도록 GUI를 작성하시오.

조건

- Thread를 사용하여 왼쪽 버튼의 배경색을 무한 반복하여 변경 시킨다.
- 왼쪽 Scrollbar의 위치값이 왼쪽 버튼에 표시되며 Thread의 지연시간으로 사용된다.
- 스크롤바 값의 범위는 0 ~ 999 이다.

- Thread를 사용하여 오른쪽 버튼의 글자색을 무한 반복하여 변경 시킨다.
- 오른쪽 Scrollbar의 위치값이 오른쪽 버튼에 표시되며 Thread의 지연시간 및 폰트의 크기로 사용된다.
- 스크롤바 값의 범위는 0 ~ 99 이다.

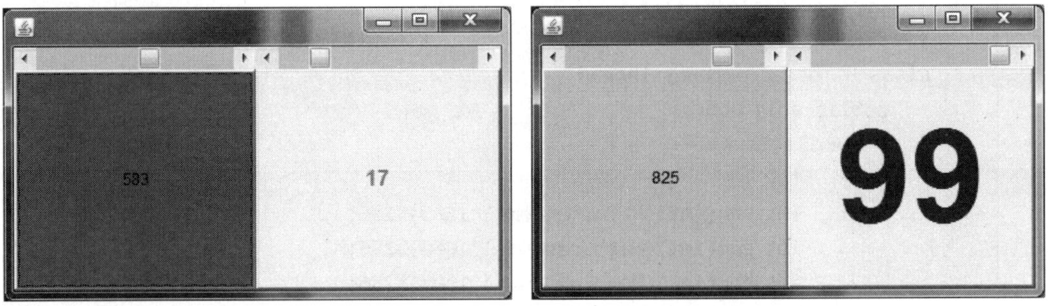

답

```
import java.awt.*;
import java.awt.event.*;

public class TG extends Frame implements AdjustmentListener {
    Scrollbar sb1, sb2;
    Button b1, b2;
    Panel p1, p2;
    BGCThread bgc;
    BGTThread bgt;

    public TG() {
        setLayout(new GridLayout(1, 2));
```

```
        p1 = new Panel(new BorderLayout());
        p2 = new Panel(new BorderLayout());

        sb1 = new Scrollbar(Scrollbar.HORIZONTAL, 0, 1, 0, 1000);
        sb2 = new Scrollbar(Scrollbar.HORIZONTAL, 0, 1, 0,  100);
        b1 = new Button();
        b2 = new Button();

        bgc = new BGCThread();
        bgc.start();

        bgt = new BGTThread();
        bgt.start();

        sb1.addAdjustmentListener(this);
        sb2.addAdjustmentListener(this);

        p1.add("North", sb1);
        p1.add("Center", b1);
        p2.add("North", sb2);
        p2.add("Center", b2);

        add(p1);
        add(p2);

    }

    public void adjustmentValueChanged(AdjustmentEvent e) {
        if(e.getSource() == sb1) {
            b1.setLabel( ""+e.getValue() );
            bgc.setInterval(e.getValue());
        }
        else if(e.getSource() == sb2) {
            b2.setLabel( ""+e.getValue() );
            bgt.setFontSize(e.getValue());
        }
    }
    public static void main(String args[]) {
        TG tg = new TG();
        tg.setSize(400, 400);
        tg.setVisible(true);
    }

// Inner class
```

```
class BGCThread extends Thread {
    int interval;
    public void setInterval(int interval) {
        this.interval = interval;
    }

    public void run() {
        while(true) {
            int c1 = (int)(Math.random() * 1000) % 256;
            int c2 = (int)(Math.random() * 1000) % 256;
            int c3 = (int)(Math.random() * 1000) % 256;
            b1.setBackground(new Color(c2, c2, c3));

            try {
                sleep(interval);
            } catch(InterruptedException e) { }
        }
    }
}

// Inner class
class BGTThread extends Thread {
    int size;
    public void setFontSize(int size) {
        this.size = size;
    }

    public void run() {
        while(true) {
            int c1 = (int)(Math.random() * 1000) % 256;
            int c2 = (int)(Math.random() * 1000) % 256;
            int c3 = (int)(Math.random() * 1000) % 256;
            b2.setForeground(new Color(c2, c2, c3));
            b2.setFont( new Font("TimesRoman", Font.BOLD, size) );
            b2.setLabel(""+size);

            try {
                sleep(size);
            } catch(InterruptedException e) { }
        }
    }
}
} // TG
```

CHAPTER

12

입출력(Input/Output)

학습목표

1. 표준 입출력과 유틸리티 클래스인 File클래스에 대해 살펴본다.
2. 16비트 유니코드 문자 체계를 사용하는 Java 언어의 입출력 방법에 대해 학습한다.

학습개요

1. 표준 입출력
2. File 클래스
3. FileInputStream & DataInputStream
4. URL 입력 스트림 & URL Connection
5. FileOutputStream & DataOutputStream
6. RandomAccessFile
7. InputStreamReader
8. OutputStreamWriter

1.
파일 입/출력

1.1 표준 입/출력

다른 언어와 마찬가지로 Java에서도 파일 입출력 클래스를 제공한다. 표준 입력 (stdin), 표준 출력 (stdout), 표준 에러 (stderr) 를 기본으로 하여 물리적인 파일을 스트림으로 읽고 쓸 수 있다.

••• *표준 입출력*

표준 입출력을 수행하기 위해서는 java.lang 패키지의 System 클래스에 정의된 변수인 in, out, err 를 이용하여 표준 입출력 및 에러를 출력할 수 있다.

우선 스트림에 대해서 알아야 하는데 스트림이란 말 그대로 흐름이란 의미로 강에서 물이 흐르는 것 같이 컴퓨터에서는 물이 아닌 2 진 데이터가 흐른다. 입력 스트림은 키보드와 같은 입력 장치를 통해서 읽어 들이고, 출력 스트림은 프린터나 화면 등과 같은 출력 장치로 보내진다.

Java에서 사용되는 대표적인 입/출력 스트림은 다음과 같다.

```
InputStream / OutputStream
BufferedInputStream / BufferdOutputStream
DataInputStream / DataOutputStream
FileInputStream / FileOutputStream
StringBufferInputStream
PrintStream
```

••• *표준 입력*

키보드는 사용자의 입력을 받아들이는 대표적인 표준 입력 장치로서, System 클래스는 키보드, 또는 표준 입력 장치를 의미하는 멤버 변수인 in 을 가지고 있다. 입력 스트림은 키보드 외에 다른 장치로도 사용할 수 있다. 예를 들어 파일이나 스캐너 등도 입력 스트림으로 사용할 수 있다.

System.in 은 java.io 패키지의 InputStream 의 인스턴스로 생성된 것으로 다음의 메서드를 사용하여 표준 입력을 처리한다.

메서드 (Method) : read( ), skip( )

```
public int read( ) throws IOException
public long skip(long n) throws IOException
```

read( ) 메서드는 표준 입력에서부터 한 바이트 문자를 읽어 들이고 skip (long n) 메서드는 n 바이트 문자 입력을 건너뛸 때 사용한다.

read( ) 메서드는 한 바이트를 읽고 해당 바이트 값을 반환하거나 입력 소스의 끝을 만나면 -1 을 반환한다. 여기서 read( ) 메서드가 반환하는 값은 0 에서 255 사이의 "int" 값이기 때문에 읽은 값을 출력하기 위해서는 "char" 로 형 변환을 해야 한다.

skip( ) 메서드는 입력 스트림의 데이터 중 몇 바이트를 건너뛰는 데 사용되는 것으로 입력 파라미터로 long 형의 건너뛸 바이트 수가 사용된다. 이 메서드의 리턴 값은 실제 건너뛴 바이트 수 (long형) 이거나, 입력 스트림의 끝을 만났을 경우에 반환되는 -1이다.

표준 출력

출력 스트림에 사용되는 장치로는 화면이나 프린터, 파일 등 여러 가지가 존재한다. 여기서 말하는 표준 출력 장치는 주로 모니터 화면을 의미한다.

System.out 은 java.io 패키지의 PrintStream 의 인스턴스로 생성된 것으로 다음의 메서드를 사용하여 표준 출력을 처리한다.

메서드 (Method) : print( ), println( )

```
public void print( )
public void println( )
```

print( ) 메서드는 표준 출력으로 개행 문자의 출력 없이 변수 값이나 스트링을 출력할 때 사용하고 println( ) 메서드는 값의 출력 시 개행 문자의 출력을 할 때 사용한다.

print( ) 메서드나 println( ) 메서드에서 사용되는 매개변수로는 여러 가지 것들이 사용된다. boolean, byte, char, char[ ], float, double, int, long, String 등 매우 다양한 형들이 사용될 수 있다.

••• *표준 에러*

System.err 은 java.io 패키지의 PrintStream 의 인스턴스로 생성된 것으로 System.out 과 동일한 메서드를 사용하여 표준 에러를 처리한다.

다음 프로그램은 표준 입력 (키보드) 에서 읽어 표준 출력 (모니터 화면) 으로 출력하는 프로그램으로 UNIX 의 cat 명령과 유사한 동작을 한다.

[예제 12-1] MyCat.java

```
import java.io.*;

class MyCat {
 public static void main (String args[ ]) throws IOException {
 int b;
 int count = 0;
 while ((b = System.in.read( )) != '\r') {
     count++;
     System.out.print((char)b);
 }

 System.out.println( );             // 줄 바꿈
 System.err.println("counted " + count + " total bytes.");
 }
}
```

실행결과

```
This is simple text.
This is simple text.
counted 20 total bytes.
```

위 프로그램을 수행한 결과는 다음과 같다.

여기서 입력을 종료하기 위해서는 CTRL-Z 를 눌러서 프로그램을 종료한다.

1.2 File 클래스

파일 클래스는 물리적으로 저장되어 있는 파일에 대한 정보를 얻을 때 사용하는 클래스로 실제로 파일을 읽거나 쓸 때 사용하면 유용하다. 파일 클래스는 파일뿐만 아니라 디렉터리도 포함하여 처리한다.

즉, 파일과 디렉터리에 대한 구분 없이 파일을 사용할 수 있다.

파일 클래스의 생성자는 다음과 같이 세 가지가 있다.

생성자 (Constructor) : File( )

```
◉ public File(String path)
◉ public File(String path, String name)
◉ public File(File dir, String name)
```

첫 번째 생성자의 경우 path 에 경로와 파일 이름이 모두 포함되어 있고 두 번째 생성자의 경우, path 에 경로 이름을, name 에 파일 이름을 분리하여 지정하여 File 클래스를 생성하게 된다. 세 번째 생성자의 경우 dir 이라는 File 클래스의 인스턴스와 파일 이름을 이용하여 File 클래스를 생성한다. 만약 파일 클래스의 인스턴스인 dir 이 null 이라면 현재 디렉터리에 파일을 생성하게 된다.

예를 들어 아래의 4 가지 방법을 이용하여 Sample 디렉터리에 test.txt 파일을 생성할 수 있다.

사용예 (Usage) : 파일 생성 방법

```
◉ File f1 = new File("c:\Sample\test.txt");
◉ File f2 = new File("c:\Sample", "test.txt");
◉ File f3 = new File("c:\Sample");
◉ File f4 = new File(f3, "test.txt");
```

파일 클래스의 메서드들은 다음과 같다.

메서드 (Method) : File 클래스

```
◉ public String getName( )              // 파일 이름 출력
◉ public String getPath( )              // 파일 경로 출력
◉ public String getAbsolutePath( )      // 파일 절대 경로 출력
◉ public String getParent( )            // 파일의 상위 디렉터리 출력
◉ public boolean exists( )              // 파일의 존재 검사
◉ public boolean canWrite( )            // 파일의 기록 가능 검사
◉ public boolean canRead( )             // 파일의 읽기 가능 검사
◉ public boolean isFile( )              // 파일 검사
◉ public boolean isDirectory( )         // 디렉터리 검사
◉ public boolean isAbsolute( )          // 절대 경로인지 검사
◉ public long lastModified( )           // 파일의 수정 시각
◉ public long length( )                 // 파일의 길이
◉ public boolean mkdir( )               // 새로운 디렉터리 생성
```

```
◉ public boolean renameTo(File dest)        // 파일의 새 이름으로 변경
◉ public boolean mkdirs( )                  // 여러 개의 디렉터리 생성
◉ public String[] list( )                   // 디렉터리내의 모든 파일 이름 정보
◉ File[]  listFiles()                       // 디렉터리내의 모든 파일 이름 정보
◉ public boolean delete( )                  // 파일 삭제
◉ public int hashCode( )                    // 파일 구분 코드
◉ public boolean equals(Object obj)         // 파일 내용 검사
◉ public String toString( )                 // 파일의 값을 스트링으로 출력
```

••• *File 예제*

File 클래스를 사용하는 예제를 작성해보자. 다음 프로그램은 도스 명령어 "dir"와 유사한 기능을 하는 프로그램이다. 지정된 디렉터리의 정보를 읽어서 출력한다. 디렉터리를 지정하지 않으면 현재 디렉터리에 대한 정보를 출력한다.

[예제 12-2] JDir.java

```
// File 클래스를 위해 필요함
import java.io.*;
// Date 클래스를 위해 필요함
import java.util.*;

public class JDir {
// 지정된 디렉터리 저장
String dir;

// 지정된 디렉터리로 객체 초기화
public JDir(String dir) {
    this.dir = dir;
}

public static void main(String args[]) {
    // 지정된 디렉터리가 없는 경우
    if(args.length < 1) {
        // "."은 현재 디렉터리를 의미
        JDir jdir = new JDir(".");
        // 디렉터리를 리스트 출력
        jdir.list();
    }
    // 지정된 디렉터리가 있는 경우
    else {
```

```
        // args[0]은 명령 라인 인수 첫 번째 값
        JDir jdir = new JDir(args[0]);
        // 디렉터리를 리스트 출력
        jdir.list();
    }
}

public void list() {
    // "dir" 값으로 File 객체 생성
    File f = new File(dir);

    // 디렉터리가 존재하는지 검사
    if(f.exists()) {
        // 디렉터리의 파일 리스트를 File 형식으로 가져옴
        File[] files = f.listFiles();

        // 디렉터리의 리스트를 출력
        for(int i=0; i < files.length; i++) {
            // 날짜 및 시간 처리 위한 Date 객체 생성
            Date date = new Date(files[i].lastModified());

            // 파일의 이름, 크기, 시간을 출력
            System.out.println(files[i].getName() + "\t\t" +
            files[i].length() + "\t" +
            date.toString());
        }
    } else {
        System.out.println("디렉터리가 존재하지 않습니다.");
    }
}
}
```

디렉터리를 지정하지 않고 JDir 실행한 경우 현재 디렉터리의 정보를 보여준다.

실행결과

```
Append 클래스.java          420    Sat Oct 20 12:10:30 KST 2012
ButtonHandler.class         738    Fri Oct 26 10:02:40 KST 2012
ButtonHandler.java          464    Fri Oct 19 11:51:08 KST 2012
CopyFile.java               693    Sat Oct 20 12:16:36 KST 2012
ExceptionHandle.java        578    Wed Oct 24 18:46:26 KST 2012
ExceptionTest.java          305    Fri Oct 19 10:50:44 KST 2012
```

```
JDir.class                  1253    Fri Oct 26 10:17:55 KST 2012
JDir.java                   1255    Sat Oct 20 12:00:44 KST 2012
MyCat.java                  330     Sat Oct 20 11:56:58 KST 2012
MyNewException1.java        218     Fri Oct 19 10:55:08 KST 2012
```

디렉터리를 지정하고 JDir 실행한 경우 디렉터리의 정보를 보여준다.

실행결과

```
c:\java>java JDir C:\java\jdr
ButtonHandler.java          464     Fri Oct 19 11:51:08 KST 2012
ExceptionTest.java          305     Fri Oct 19 10:50:44 KST 2012
MyNewException1.java        218     Fri Oct 19 10:55:08 KST 2012
MyNewException2.java        218     Fri Oct 19 10:55:24 KST 2012
MyNewException3.java        217     Fri Oct 19 10:55:42 KST 2012
UserException.java          1643    Fri Oct 19 10:57:12 KST 2012
UserExceptionFlow.java      801     Fri Oct 19 10:59:34 KST 2012
```

••• *File 클래스 예제1*

다음은 File 클래스를 사용하여 파일의 정보를 구하는 예제이다.

[예제 12-3] FileEx1.java

```
import java.io.*;

public class FileEx1 {

    public FileEx1() {
        super();

        File f = new File("/Windows/");
        System.out.println(f.getAbsolutePath());
        System.out.println(f.getName());
        System.out.println(f.getParent());
        System.out.println(f.getPath());
        long len = f.length();
        System.out.println(len);
    }
    public static void main(String[] args) {
        FileEx1 io1 = new FileEx1();
```

```
    }
}
```

실행결과

```
C:\Windows
Windows
\
\Windows
24576
```

••• File 클래스 예제2

다음은 File 클래스를 사용하여 지정한 디렉터리 하의 파일 리스트를 구하는 예제이다.

[예제 12-4] FileEx2.java

```
import java.io.*;

public class FileEx2 {

    public FileEx2() {
        super();

        File f = new File("/Windows/");
        System.out.println(f.getAbsolutePath());
        System.out.println(f.getName());
        System.out.println(f.getParent());
        System.out.println(f.getPath());
        long len = f.length();
        System.out.println(len);

        String[] str = f.list();
        for (int i = 0; i < str.length; i++) {
            System.out.println("str[" + i + "]=" + str[i]);
        }
    }
    public static void main(String[] args) {
        FileEx2 io1 = new FileEx2();
    }
}
```

```
실행결과
C:\Windows
Windows
\
\Windows
24576
str[0]=addins
str[1]=AhnInst.log
str[2]=appcompat
... 중간생략 ...
str[103]=write.exe
str[104]=y5writeCOM.dll
```

••• *File 클래스 예제3*

다음은 File 클래스를 사용하여 지정한 디렉터리 하의 파일과 디렉터리를 구분하는 예제이다.

[예제 12-5] FileEx3.java

```java
import java.io.*;

public class FileEx3 {

    public FileEx3() {
        super();

        File f = new File("/Windows/");
        if (f.isDirectory()) {
            System.out.println("<DIR>");
        } else {
            System.out.println("<FILE>");
        }

        File[] files = f.listFiles();
        for (int i = 0; i < files.length; i++) {
            if (files[i].isDirectory()) {
                System.out.print("<DIR> ");
            } else {
                System.out.print("<FILE> ");
            }
            System.out.println("files[" + i + "]=" + files[i]);
        }
```

```
        // f.listFiles(), 디렉터리, 파일을 구분하여 표시하여 출력하기
        // boolean isDirectory()
        // boolean isFile()
        // boolean isHidden()
    }
    public static void main(String[] args) {
        FileEx3 io1 = new FileEx3();
    }
}
```

실행결과

```
<DIR>
<DIR> files[0]=\Windows\addins
<FILE> files[1]=\Windows\AhnInst.log
<DIR> files[2]=\Windows\appcompat
... 중간생략 ...
<FILE> files[103]=\Windows\write.exe
<FILE> files[104]=\Windows\y5writeCOM.dll
```

••• File 클래스 예제4

다음은 File 클래스를 사용하여 지정한 파일의 내용을 읽어 들이는 예제이다.

[예제 12-6] FileEx4.java

```
import java.io.*;

public class FileEx4 {

    public FileEx4() {
        super();

        File f = new File("/Windows/win.ini");
        byte[] b = new byte[(int) f.length()];

        try {
            FileInputStream fis = new FileInputStream(f);
            fis.read(b);
            fis.close();

            System.out.println(new String(b));
```

```
        } catch (FileNotFoundException e) {
            // TODO Auto-generated catch block
            e.printStackTrace();
        } catch (IOException e) {
            // TODO Auto-generated catch block
            e.printStackTrace();
        }
    }
    public static void main(String[] args) {
        FileEx4 io1 = new FileEx4();
    }
}
```

실행결과

```
; for 16-bit app support
[fonts]
[extensions]
[mci extensions]
[files]
[Mail]
MAPI=1
CMCDLLNAME32=mapi32.dll
CMC=1
MAPIX=1
MAPIXVER=1.0.0.1
OLEMessaging=1
```

••• *File 클래스 예제5*

다음은 File 클래스를 사용하여 지정한 디렉터리하의 확장자가 .ini인 모든 파일의 내용을 읽어 들이는 예제이다.

[예제 12-7] FileEx5.java

```
import java.io.*;

public class FileEx5 {

    public FileEx5() {
        super();
```

```
        File f = new File("/Windows/");
        File[] files = f.listFiles();

        for (int i = 0; i < files.length; i++) {

            if (files[i].isFile() && files[i].getName().endsWith(".ini")) {
                byte[] b = new byte[(int) files[i].length()];

            try {
            FileInputStream fis = new FileInputStream(files[i]);
            fis.read(b);
            fis.close();
            System.out.println("-------------------------------");
                    System.out.println(files[i]);
                    System.out.println(new String(b));
            } catch (FileNotFoundException e) {
                // TODO Auto-generated catch block
                e.printStackTrace();
            } catch (IOException e) {
                // TODO Auto-generated catch block
                e.printStackTrace();
            }
            }
        }
    }
    public static void main(String[] args) {
        FileEx5 io1 = new FileEx5();
    }
}
```

실행결과

```
-------------------------------
\Windows\Hjimesv.ini
[HncJapaneseIMEServer]
path=C:\Program Files (x86)\Common Files\Hnc\Common\Him
-------------------------------
\Windows\rdviewer50.ini
[database]
connectdb=

... 중간생략 ...
-------------------------------
```

```
\Windows\system.ini
; for 16-bit app support
[386Enh]
... 이하생략 ...
```

1.3 파일 입력 스트림

••• *FileInputStream 클래스*

파일의 내용을 읽어 들이는 클래스는 상위 클래스를 InputStream 클래스로 하여 만들어진 것이다. 파일을 입력할 때에는 입력에 관련된 예외 상황이 발생할 소지가 있으므로 입력 스트림 클래스들은 IOException 을 발생시키도록 만들어져 있다. 따라서 입력 스트림 클래스의 메서드를 사용할 때는 사용하는 메서드가 IOException 을 발생시키는가를 확인한 후에 try-catch 문을 이용하여 사용해야 한다. 파일을 입력하는 클래스에는 여러 가지가 있으나 여기에서는 가장 많이 사용되는 클래스를 중심으로 설명하도록 한다.

FileInputStream 클래스는 텍스트 문서를 바이트 단위나 바이트 버퍼로 읽어 들이는 데 사용하는 클래스이다. FileInputStream 클래스를 사용하는 방법은 다음과 같이 파일 이름으로 만드는 방법과 File 클래스의 오브젝트로 만드는 두 가지 방법이 있고 파일을 사용한 후에는 FileInputStream 을 close( ) 메서드에 의해서 종료해야 한다.

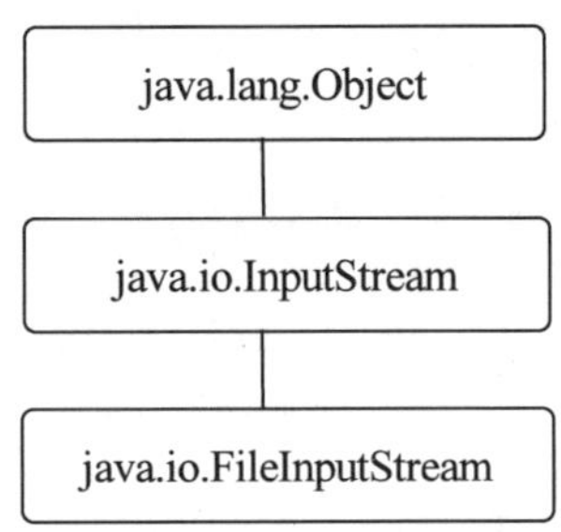

FileInputStream 의 생성자는 다음과 같다.

생성자 (Constructor) : FileInputStream 클래스

```
◉ public FileInputStream(String name) throws FileNotFoundException2.
◉ public FileInputStream(File file) throws FileNotFoundException
◉ public FileInputStream(FileDescriptor fdObj)
```

첫 번째 생성자는 파일 이름을 지정한 경우이고, 두 번째 생성자는 File 클래스의 인스턴스를 지정한 경우로 두 가지 생성자에서 예외 상황 (FileNotFoundException) 이 발생할 수 있다. 세 번째 생성자는 FileDescriptor 를 사용할 수 있다.

다음 예제는 첫 번째 생성자와 두 번째 생성자를 이용해 "test.txt" 라는 파일을 만들고, 열린 파일을 닫는 예제이다.

사용예 (Usage) : FileInputStream 클래스

```
FileInputStream file = new FileInputStream("c:\Sample\test.txt");
file.close( );
```

```
File f = new File("c:\Sample\test.txt");
FileInputStream file = new FileInputStream(f);
file.close( );
```

FileInputStream 클래스의 메서드들은 다음과 같다.

메서드 (Method) : FileInputStream 클래스

·int read( )
- 한 바이트씩 읽어 들이고 에러 시에는 -1이 리턴된다.

·int read(byte b[ ])
- 바이트 버퍼로 읽어 들이고 파일 끝에 도달했을 때는 -1이 리턴된다.

·int read(byte b[ ], int offset, int len)
- offset 이후에서부터 len 길이만큼 바이트 버퍼로 읽어 들이고 파일 끝에 도달했을 때는 -1이 리턴된다.

••• *FileInputStream 클래스 예제*

다음은 FileInputStream 클래스를 사용하여 텍스트 파일의 내용을 읽어 들이는 예제이다.

[예제 12-8] FileInputStreamTest.java

```
import java.io.*;

class FileInputStreamTest {
    public static void main(String[] args) {

        try {
            FileInputStream fis = new FileInputStream("data.txt");
            int i;
            while ((i = fis.read()) != -1) {
                // 정수로 출력
                System.out.print(i + " ");
            }
            fis.close();
```

```
            System.out.println();

            fis = new FileInputStream("data.txt");
            while ((i = fis.read()) != -1) {
                // 유니코드 문자로 출력
                System.out.print((char)i + " ");
            }
            fis.close();
        } catch (IOException e) {
            System.out.println(e);
        }
    }
}
```

실행결과

```
0 0 4 210 64 94 221 47 26 159 190 119 0 5 104 101 108 108 111
... 유니코드 출력 값은 생략함 ...
```

DataInputStream 클래스

DataInputStream 클래스는 데이터 타입에 의해서 파일 내용을 읽어 들이는 데 사용하는 클래스로 2 진 상태의 파일도 읽어 들일 수 있다. DataInputStream 클래스의 생성자는 단지 하나만 존재한다.

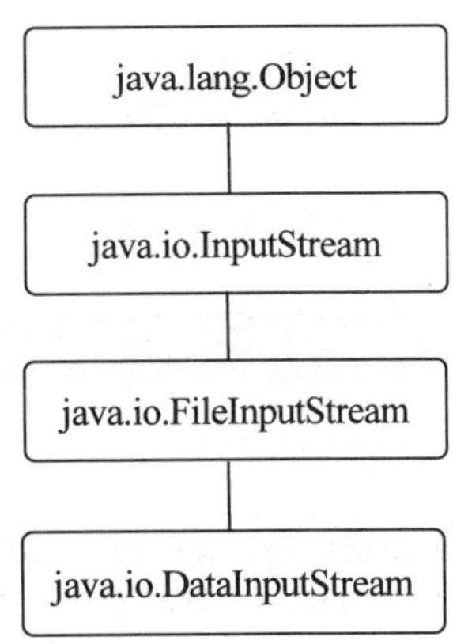

그 생성자 형식은 다음과 같다.

생성자 (Constructor) : DataInputStream 클래스

◉ `public DataInputStream(InputStream in)`

DataInputStream 생성자의 입력 파라미터로 InputStream 클래스의 인스턴스를 사용하고 있다. DataInputStream 클래스를 사용하는 방법은 다음과 같이 FileInputStream 을 인수로 하여 사용하며 스트림을 사용한 후에는 개방의 역순으로 스트림을 닫아서 파일 읽기를 종료한다.

사용예 (Usage) : DataInputStream 클래스

```
FileInputStream fileis = new FileInputStream("c:\Sample\test.txt");
DataInputStream datais = new DataInputStream(fileis);

datais.close( );
fileis.close( );
```

DataInputStream 클래스의 메서드들은 다음과 같다.

메서드 (Method) : DataInputStream 클래스

```
·public final int read(byte  b[ ])
  - 바이트 버퍼로 읽어 들이고 파일 끝에 도달했을 때는 -1이 리턴된다.
·public final int read(byte  b[], int  off, int  len)
  - offset 이후에서부터 len 길이 만큼이고 바이트 버퍼로 읽어 들이고 파일 끝에 도달했을 때는 -1 이 리턴된다.
·public final boolean readBoolean( )
  - 0 일 때는 false 로 1일 때는 true 류 하여 읽어 들인다.
·public final byte readByte( )
·public final char readChar( )
·public final double readDouble( )
·public final float readFloat( )
·public final void readFully(byte  b[ ])
  - 입력 스트림의 내용을 모두 읽을 때까지 반복하여 읽어 들인다.
·public final void readFully(byte  b[ ], int  off, int  len)
·public final int readInt( )
·public final String readLine( )
  - 파일의 끝이나 줄의 끝까지 읽어 들인다.
·public final long readLong( )
·public final short readShort( )
·public final int readUnsignedByte( )
·public final int readUnsignedShort( )
·public final String readUTF( )
  - UTF(Universial Transmission Format)-8 형식으로 스트링을 읽어 들인다.
·public final static String readUTF(DataInput  in)
·public final int skipBytes(int  n)
```

BufferedInputStream 예제

다음은 BufferedInputStream을 사용하여 표준입력에서 문자열을 읽어 들이는 예제이다.

[예제 12-9] BufferedInputStreamTest

```
import java.io.*;

class BufferedInputStreamTest {
    public static void main(String[] args) throws IOException {
        InputStream is = System.in; // 키보드

        BufferedInputStream bis = new BufferedInputStream(is);
        byte[] b = new byte[16];

        System.out.print("Input Data : ");
        bis.read(b);
        System.out.println("String = " + new String(b));
        bis.close();
    }
}
```

실행결과

```
Input Data : I am Happy
String = I am Happy
```

FileInputStream을 BufferedInputStream로 재개방하는 예제

다음은 FileInputStream으로 파일을 open한 다음 BufferedInputStream을 사용하여 재개방하여 파일의 내용을 읽어 들이는 예제이다.

[예제 12-10] BufferedInputStreamTest2

```
import java.io.*;

class BufferedInputStreamTest2 {

    public static void main(String[] args) throws IOException {
        File f = new File("/Windows/win.ini");
        FileInputStream fis = new FileInputStream(f);

        BufferedInputStream bis = new BufferedInputStream(fis);
        byte[] b = new byte[(int) f.length()];

        System.out.print("Input Data : ");
```

```
        bis.read(b);
        System.out.println("String = " + new String(b));
        bis.close();
    }
}
```

실행결과

```
Input Data : String = ; for 16-bit app support
[fonts]
[extensions]
[mci extensions]
[files]
[Mail]
MAPI=1
CMCDLLNAME32=mapi32.dll
CMC=1
MAPIX=1
MAPIXVER=1.0.0.1
OLEMessaging=1
```

••• *URL 입력 스트림*

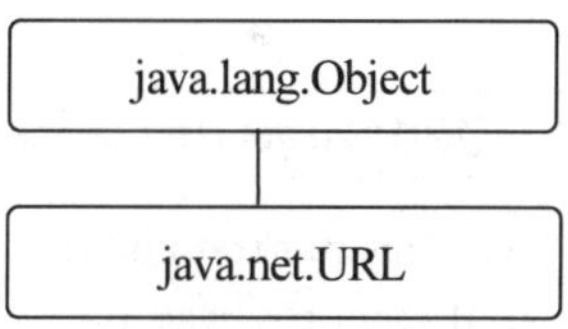

이미지나 사운드 파일을 읽을 때 URL 클래스를 이용하여 URL 아래에 있는 이미지나 사운드 파일을 읽어서 사용하였다. URL 입력 스트림을 이용하여 해당 URL 에 있는 파일을 입력 스트림으로 하여 읽을 수 있다. URL 입력 스트림을 얻기 위해서 다음 예제와 같이 해당 URL 에서 openStream( ) 메서드를 이용한다. 개방된 URL 입력 스트림은 FileInputStream 과 같이 사용할 수 있다.

아래의 예제에서는 getDocumentBase( ) 를 이용하여 URL 을 생성하였으며 URL 클래스는 MalformedURLException 을 발생시키지만 URL.openStream( ) 은 IOException 을 발생시킨다.

사용예 (Usage) : URL 클래스

```
InputStream is;
String datafile = new String("/home/Sample/test.txt");
byte b[ ] = new byte[24];

try {
    is = (new URL(getDocumentBase( ), datafile)).openStream( );
```

```
} catch(IOException e) { }

try {
        is.read(b, 0, b.length);
} catch(IOException e) {
}
```

위 예제에서 URL.openStream( ) 메서드를 이용해서 InputStream 을 생성하였고, 이 스트림 클래스의 read( ) 메서드를 이용하여 byte 배열 변수인 b 에 test.txt 파일의 내용을 읽는다.

••• *URLConnecton 클래스*

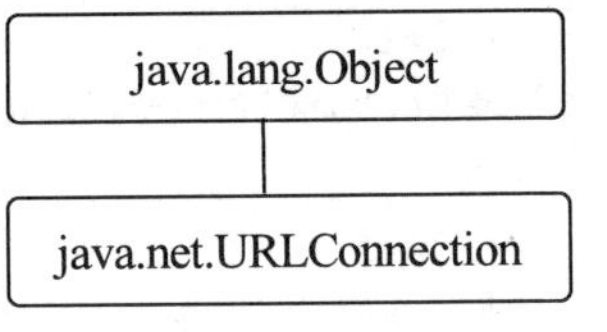

URLConnection 클래스는 URL.openStream( ) 처럼 URL 의 파일 내용을 스트림으로 읽어 들이는 클래스이다. URLConnection 스트림을 얻어내기 위해서 다음 예제와 같이 해당 URL 에서 openConnection( ) 으로 URLConnection 클래스의 객체를 만들고 connect( ) 메서드로 해당 URL 에 연결한 후 getInputStream( ) 으로 입력 스트림을 얻어낸다.

개방된 URL 입력 스트림은 FileInputStream 과 같이 사용할 수 있으며 예제와 같이 BufferInputStream 또는 DataInputStream 에 의해 재개방하여 사용할 수 있다.

사용예 (Usage) : URLConnection 클래스

```
URLConnection conn;
DataInputStream data;

try {
      conn = theURL.openConnection( );
      conn.connect( );
data = new DataInputStream(
       new BufferedInputStream(conn.getInputStream( ))
       );
catch (IOException e) {
}
```

••• *파일 읽기 예제*

FrameApp 클래스의 메뉴에서 "Open" 메뉴항목을 선택하였을 때 FileDialog 가 펼쳐지고 선택한 파일 이름을 구하는 것까지 살펴보았는데 앞 절에서 설명한 입력 스트림을 이용해서 FrameApp 클래스의 텍스트 영역으로 파일 내용을 출력하는 부분을 완성하였다.

사용예 (Usage) : openProc( )

```
1    public void openProc(String fname) {
2        File f = new File(fname);
3
4            String s;
5        byte buffer[ ] = new byte[(int)f.length( )];
6
7            try {
8                FileInputStream fis = new FileInputStream(f);
9            fis.read(buffer);
10           fis.close( );
11       } catch(FileNotFoundException e) {
12       } catch(IOException e) { }
13
14       s = new String(buffer, 0);
15       ta.setText(s);
16   }
```

위 프로그램의 주요 부분을 설명하면 다음과 같다.

- 2 번 줄은 파라미터로 전달되는 파일 이름을 이용하여 파일 오브젝트를 생성하였다.
- 5 번 줄은 파일 오브젝트를 이용하여 파일의 크기를 구하고 파일 내용이 저장될 버퍼를 생성한다.
- 8~10 번 줄은 파일 오브젝트를 이용하여 FileInputStream 의 오브젝트를 생성하고 파일 내용을 버퍼로 읽어 들인다.
- 14~15 번 줄은 읽어 들인 바이트 버퍼 내용을 상위 바이트를 유니코드로 변환한 후에 TextArea 영역에 출력한다.

1.4 출력 스트림 클래스

문자열 및 문서를 파일로 출력시키는 클래스는 상위 클래스를 OutputStream 클래스로 하여 만들어진 것이다. 파일을 출력할 때에는 출력에 관련된 예외 상황이 발생될 소지가 있으므로 출력 스트림 클래스들은 IOException 을 발생시키도록 만들어져 있다. 따라서 출력 스트림 클래스의 메서드를 사용할 때는 사용하는 메서드가 IOException 을 발생시키는가를 확인한 후에 try-catch 문을 이용하여 사용해야 한다.

••• *FileOutputStream 클래스*

파일을 출력하는 클래스에는 여러 가지가 있으나 여기에서는 가장 많이 사용되는 클래스를 중심으로 설명하도록 한다.

java.lang.Object
↓
java.io.FileOutputStream

FileOutputStream 클래스는 텍스트 문서를 바이트 단위나 바이트 버퍼로 출력시키는 데 사용하는 클래스이다. FileOutputStream 클래스를 사용하는 방법은 다음과 같이 파일 이름으로 만드는 방법과 File 클래스의 오브젝트로 만드는 두 가지 방법이 있고, 파일을 사용한 후에는 FileOutputStream 을 close( ) 메서드에 의해서 종료해야 한다.

FileOutputStream의 생성자는 다음과 같다.

생성자 (Constructor) : FileOutputStream 클래스

```
◉ public FileOutputStream(String name) throws IOException
◉ public FileOutputStream(String name, boolean append) throws IOException
◉ public FileOutputStream(File file) throws IOException
◉ public FileOutputStream(FileDescriptor fdObj)
```

생성자의 첫 번째 입력 파라미터는 출력을 위한 파일 이름이고, 두 번째는 boolean 형 변수로, true 인 경우 기존에 파일이 있으면 뒷부분에 추가시킨다.

다음은 FileOutputStream 클래스에 대한 예제이다.

사용예 (Usage) : FileOutputStream 클래스

```
FileOutputStream file = new FileOutputStream("c:\Sample\out.txt");
-----------------------------------------------------------
File f = new File("c:\Sample\out.txt");
FileOutputStream file = new FileOutputStream(f);
-----------------------------------------------------------
file.close( );
```

FileOutputStream 클래스의 메서드들은 다음과 같다.

메서드 (Method) : FileOutputStream 클래스

- int write(int b)
  - 한 바이트씩 출력시킨다.
- int write(byte b[ ])
  - 바이트 버퍼 내용을 출력시킨다.
- int write(byte b[ ], int offset, int len)
  - 바이트 버퍼에서 offset 이후부터 len 길이만큼 출력시킨다.

FileOutputStream 클래스 예제

다음은 FileOutputStream 클래스를 사용하여 텍스트파일에 저장하는 예제이다.

[예제 12-11] FileOutputStreamTest.java

```
import java.io.*;

class FileOutputStreamTest {
    public static void main(String[] args) {
        try {
            FileOutputStream fos = new FileOutputStream("data.txt");
            for (int i = 0; i < 10; i++) {
                fos.write(i);
            }
            fos.close();
        } catch (IOException e) {
            System.out.println(e);
        }
    }
}
```

실행결과

* data.txt 파일을 열어 저장된 내용을 확인해본다.

••• DataOutputStream 클래스

DataOutputStream 클래스는 데이터 타입에 의해서 파일 내용을 출력시키는 데 사용하는 클래스로 이진 상태의 파일도 출력시킬 수 있다. DataOutput - Stream 클래스를 사용하는 방법은 다음과 같이 FileOutputStream 을 인수로 사용하며 스트림을 사용한 후에는 개방의 역순으로 스트림을 닫아서 파일 읽기를 종료한다.

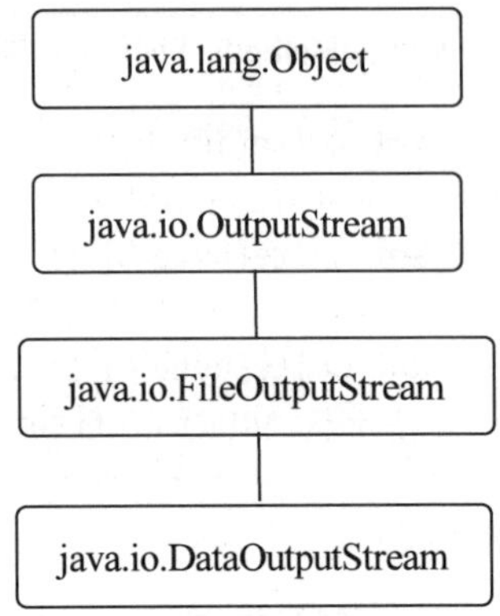

생성자는 다음과 같다.

생성자 (Constructor) : DataOutputStream 클래스

```
◉ public DataOutputStream(OutputStream out)
```

DataOutputStream 은 오직 한 개의 생성자만을 갖고, 그 유일한 파라미터로는 OutputStream 객체를 갖는다. 다음 예제는 OutputStream 객체로 FileOutput- Stream 객체를 사용한 출력을 보이고 있다.

사용예 (Usage) : DataOutputStream 클래스

```
FileOutputStream fileos = new FileOutputStream("c:\Sample\out.txt");
DataOutputStream dataos = new DataOutputStream(fileos);

dataos.close( );
fileos.close( );
```

DataInputStream 클래스의 메서드들은 다음과 같다.

메서드 (Method) : DataOutputStream 클래스

```
·public void flush ( )
  - 메모리상에 남아있는 데이터를 디스크로 저장한다.
·public final int size( )
  - DataInputStream 으로 출력되는 바이트의 크기를 결정한다.
·public void write(byte  b[ ], int  off, int  len)
  - 바이트 버퍼의 내용을 offset 이후부터 len 길이만큼 출력시킨다.
·public void write(int  b)
  - 바이트 버퍼로 출력시킨다.
```

```
·public final void writeBoolean(boolean  v)
·public final void writeByte(int  v)
·public final void writeBytes(String  s)
·public final void writeChar(int  v)
·public final void writeChars(String  s)
·public final void writeDouble(double  v)
·public final void writeFloat(float  v)
·public final void writeInt(int  v)
·public final void writeLong(long  v)
·public final void writeShort(int  v)
·public final void writeUTF(String  str)
  - UTF(Universial Transmission Format)-8 형식으로 스트링을 출력시킨다.
```

••• *DataInputStream & DataOutputStream 예제*

다음은 DataInputStream과 DataOutputStream을 사용하여 data.txt에 출력한 후 출력한 내용을 읽어 들이는 예제이다.

[예제 12-12] DataIOTest.java

```
import java.io.*;

public class DataIOTest {

    public static void main(String[] args) throws IOException {

        FileOutputStream fos = new FileOutputStream("data.txt");
        DataOutputStream dos = new DataOutputStream(fos);
        dos.writeInt(1234);
        dos.writeDouble(123.456);
        dos.writeUTF("hello");                // Universal Transmission Format

        FileInputStream fis = new FileInputStream("data.txt");
        DataInputStream dis = new DataInputStream(fis);
        System.out.println(dis.readInt());
        System.out.println(dis.readDouble());
        System.out.println(dis.readUTF());

        dos.close();
        dis.close();
    }
}
```

실행결과

```
1234
123.456
hello
```

••• *파일 쓰기 예제*

다음은 입력한 내용을 "Save" 메뉴 항목을 선택하여 파일로 저장하는 프로그램을 작성한 것이다.

[예제 12-13] saveProc( )

```
1    public void saveProc(String fname) {
2        String s = ta.getText( );
3        byte buffer[ ] = new byte[s.length( )];
4
5        s.getBytes(0, s.length( ), buffer, 0);
6
7        try {
8            FileOutputStream fos = new FileOutputStream(fname);
9            fos.write(buffer);
10           fos.close( );
11         } catch(FileNotFoundException e) {
12         } catch(IOException e) { }
13   }
```

앞에 나오는 프로그램의 주요 부분을 설명하면 다음과 같다.

- 2 번 줄은 텍스트 영역에 입력된 내용을 스트링으로 얻어낸다.
- 3, 5 번 줄은 얻어진 스트링의 길이와 같은 크기의 바이트 버퍼를 생성 하여 스트링을 바이트 타입으로 변환한다.
- 8~10 번 줄은 파일 출력 스트림으로 버퍼의 내용을 출력한다.

1.5 진보된 입출력 클래스

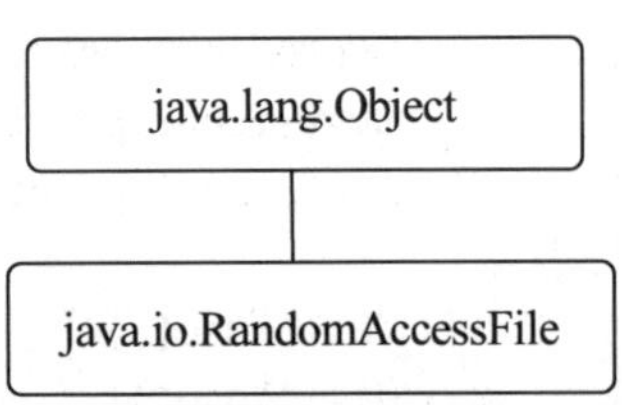

••• *RandomAccessFile*

RandomAccessFile은 파일을 읽기 전용 ("r") 이나 읽고 쓸 수 있는 방식 ("rw") 으로 개방할 수 있고 파일 내용을 레코드 경계를 중심으로 이동할 수 있도록 하는 클래스이다. 개방된 RandomAccessFile은 Data- InputStream 과 DataOutputStream 에서 사용한 메서드를 모두 이용할 수 있다.

RandomAccessFile 클래스를 사용하는 방법은 다음과 같이 파일 이름으로 만드는 방법과 File 클래스의 오브젝트로 만드는 두 가지 방법이 있고 파일을 사용한 후에는 RandomAccessFile을 close( ) 메서드에 의해서 종료해야 한다.

RandomAccessFile 클래스의 생성자에 대해서 알아보자

생성자 (Constructor) : RandomAccessFile 클래스

```
◉ public RandomAccessFile(String name, String mode) throws IOException
◉ public RandomAccessFile(File file, String mode) throws IOException
```

위의 첫 번째 생성자에서 name 은 파일의 이름을 의미하고, 두 번째는 File 클래스의 인스턴스를 사용한다. 두 생성자 모두 mode 라는 String 변수를 필요로 하는데, 파일을 읽기 전용 ("r") 으로 개방할 것인지, 아니면 읽고 쓸 수도 있는 방식 ("rw") 으로 개방할 것인지를 나타내기 위한 변수이다.

다음은 RandomAccessFile 클래스를 이용해서 파일을 사용하는 방법을 나타내고 있다.

사용예 (Usage) : RandomAccessFile 클래스

```
RandomAccessFile raf = new RandomAccessFile("c:\Sample\out.txt", "rw");
______________________________________________________

File f = new File("c:\Sample\out.txt");
RandomAccessFile raf = new RandomAccessFile(f, "r");
______________________________________________________

raf.close( );
```

FileOutputStream 클래스의 메서드들은 다음과 같다.

메서드 (Method) : RandomAccessFile 클래스

- DataInputStream 과 DataOutputStream 의 모든 메서드
- long getFilePointer( )
  - 파일 포인터의 현재 위치를 리턴한다. 처음 개방했을 때의 값은 0 이다.
- void seek(long pos)
  - pos 의 위치로 파일 포인터를 이동시킨다.
- long length( )
  - 파일의 길이를 리턴한다. 즉, 파일 끝의 위치값을 구할 수 있다.

RandomAccessFile 이용 파일에 내용 추가

RandomAccessFile에는 출력 내용을 추가하기 위한 모드가 별도로 제공되지 않는다. 파일 내용을 추가하려면 파일 포인터를 파일의 끝으로 이동하고 내용을 출력한 후에 스트림을 종료시키면 된다.

다음 프로그램은 RandomAccessFile에 스트링을 추가하는 프로그램이다.

[예제 12-14] Append 클래스

```
1   import java.io.IOException;
2   import java.io.RandomAccessFile;
3
4   public class Append {
5
6   public static void main(String args[ ]) throws IOException {
7       RandomAccessFile raf;
8       String s = "Information to Append\n";
9
10      try {
11          raf = new RandomAccessFile("tmp.txt","rw");
12
13      raf.seek(raf.length( ));
14
15      raf.writeBytes(s);
16
17      raf.close( );
18      } catch (IOException e) {
19      }
20  }
21  }
```

위 프로그램의 주요 부분을 설명하면 다음과 같다.

- 7 번 줄은 RandomAccessFile 클래스의 인스턴스 변수를 선언한다.
- 8 번 줄은 파일에 쓰기 위한 문자열을 선언하고, 내용을 할당한다.
- 10~19 번 줄은 RandomAccessFile 클래스를 이용하여 파일을 개방한 후 필요한 내용을 파일에 쓰는 작업을 하고 있다. 파일에 쓰고자 하는 내용을 모두 기록한 후에는 반드시 파일을 닫는 작업을 해야 한다. 이때 Random- AccessFile 에서는 예외사항이 발생할 수 있기 때문에 try-catch 문을 사용하고 있다. RandomAccessFile 클래스의 생성자에서 "IOException" 이 발생할 수 있다.
- 11 번 줄은 파일을 읽고 쓰기 모드로 개방한다. 이때 개방할 파일 이름은 tmp.txt이다.

- 13 번 줄에서는 이번 예제가 기존의 파일에 내용을 덧붙이기 위함이기 때문에 기존 파일의 길이만큼 이동하는 것이 필요하다. 즉 파일의 끝부분으로 이동한다.
- 15 번 줄에서 비로소 앞에서 정의한 내용을 기존 파일에 추가한다.
- 17 번 줄에서 파일 추가가 모두 끝났기 때문에 개방된 파일을 닫아 준다.

이로써 tmp.txt 파일에 기존의 파일 내용의 손상 없이 "Information to Append" 라는 문자열이 추가되었다.

1.6 유니코드 입출력

••• *유니코드 입력 스트림 클래스*

InputStreamReader 클래스는 byte 스트림과 character 스트림 사이의 다리 역할을 한다. InputStreamReader 클래스는 byte 단위로 문자열을 읽고, 특정 character encoding 방식에 따라서 character 로 변환을 시킨다. character encoding 방식은 특정 이름으로 지정하여 사용할 수도 있고, 현재 플랫폼에 기본적으로 적용되는 character encoding 방식을 사용할 수도 있다.

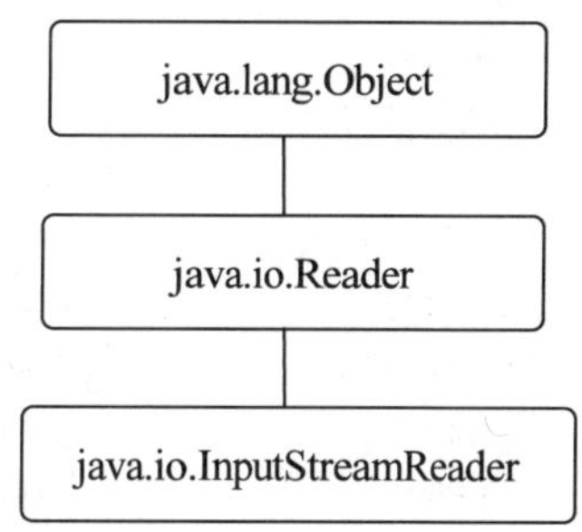

InputStreamReader 클래스의 read( ) 메서드를 사용하면 기본적인 byte 입력 스트림으로 하나 또는 그 이상의 byte 를 읽을 수도 있기 때문에, 그 효율을 높이기 위해서는 InputStreamReader 클래스를 BufferedReader 클래스로 재개방(wrap) 해야 한다. 예를 들면 다음과 같다.

```
BufferedReader in = new BufferedReader(new InputStreamReader(System.in));
```

생성자를 알아보자.

생성자 (Constructor) : InputStreamReader 클래스

◉ `public InputStreamReader(InputStream in)`
·기본적인 character encoding 방식을 사용하는 InputStreamReader 를 생성

◉ `public InputStreamReader(InputStream in, String enc) throws UnsupportedEncodingException`
·enc 에서 지정한 character encoding 방식을 사용하는 InputStreamReader 를 생성

Note. character encoding 방식 (enc)

```
인코딩          설 명
 Cp933         Korean Mixed with 1880 UDC, superset of 5029
 Cp949         PC Korean      =>  통합 완성형
 Cp970         AIX Korean
 EUC_KR        KSC5601, EUC Encoding, Korean
 ISO2022KR     ISO 2022 KR, Korean

* KSC5601과 KSC5636/ISO-646/US-ASCII 의 8 bit 인코딩 이름을 KSC5601
  에서 EUC_KR 로 바꿨다.

* 기타 인코딩 방식
"8859_1",            //ISO Latin-1
"8859_2",            //ISO Latin-2
"8859_3",            //ISO Latin-3
"8859_4",            //ISO Latin-4
"8859_9",            //ISO Latin-5
"Big5",              //Big 5 Traditional Chinese
"CNS11643",          //CNS 11643 Traditional Chinese
"Cp1250",            //Windows Eastern Europe / Latin-2
"Cp1252",            //Windows Western Europe / Latin-1
"Cp437",             //PC Original
"Cp850",             //PC Latin-1
"Cp852",             //PC Latin-2
"EUCJIS",            //Japanese EUC
"GB2312",            //GB2312-80 Simplified Chinese
"JIS",               //JIS
"KSC5601",           //KSC5601 Korean
"EUC-KR",            //KSC5601 Korean과 공존
"SJIS",              //PC and Windows Japanese
"UTF8"               //Standard UTF-8
```

InputStreamReader 클래스에서 자주 사용되는 메서드는 다음과 같다.

메서드 (Method) : InputStreamReader 클래스

◉ public int read( ) throws IOException

·단일 character 를 읽고, Stream 의 끝을 만나면 -1을 반환한다.

◉ public int read(char cbuf[ ], int off, int len) throws IOException

·char 배열에 "len" 만큼 character 를 읽고, Stream 의 끝을 만나면 -1 을 반환한다.

·cbuf[ ] 배열의 "off" 부터 시작해서 "len" 바이트만큼 읽는다.

◉ public void close( ) throws IOException
·스트림을 닫는다. 이 메서드는 가장 마지막에 항상 호출해야 한다.

◉ public boolean ready( ) throws IOException
·Stream이 읽을 준비가 되어 있는지 조사한다. 즉, 입력 버퍼가 비었거나, 바이트 스트림에서 데이터를 읽을 수 있는지 조사한다.

다음 프로그램은 파일의 내용을 읽어서 화면에 표시하는 프로그램이다.

[예제 12-15] ReadFile.java

```
import java.io.*;
import java.lang.*;

public class ReadFile {

public static void main(String args[ ]){
    ReadFile r = new ReadFile( );
    r.readFile(args[0]);
 }

public void readFile(String file){
    BufferedReader input;
    String line = " ";

        try {
        input = new BufferedReader(new FileReader(file));
        while(true){
        try{
        line = input.readLine( );
        if(line == null) {
            break;
        }
        System.out.println(line);
            }catch(IOException e){
            break;
            }
        }
        input.close( );
        } catch (IOException e){
        }
    }
}
```

위 프로그램은 애플리케이션으로 작성되었다. 주요 기능은 파일의 이름을 입력 파라미터를 받아서 화면에 표시하는 것이다. 즉, 다음과 같이 하면 된다.

사용예 (Usage)

```
c:\>java ReadFile filename
```

위 프로그램에서 가장 중요한 부분은 다음과 같다.

사용예 (Usage)

```
try {
    // BufferedReader 의 입력 파라미터로 FileReader 를 사용해서 파일을 읽는다.
    input = new BufferedReader(new FileReader(file));
    while(true){
       try{
           // 줄 단위로 파일의 내용을 읽는다.
              line = input.readLine( );
           // 만약 파일의 끝에 도달하면 while 루프를 탈출한다.
           if(line == null) {
               break;
           }
           // 읽은 내용을 화면에 출력한다.
           System.out.println(line);
           }catch(IOException e){
            break;
           }
       }
           // 입력 스트림을 닫는다.
       input.close( );
    } catch (IOException e){
}
```

FileWriter 클래스 예제

다음은 FileWriter 클래스를 사용하여 텍스트파일에 저장하는 예제이다.

[예제 12-16] FileWriterTest.java

```
import java.io.*;

class FileWriterTest {
```

```
    public static void main(String[] args) throws IOException {
        File file = new File("data2.txt");
        FileWriter fw = new FileWriter(file);

        for (int i = 1; i <= 10; i++) {
            fw.write("Line number: " + i + "\r\n");
        }

        fw.close();
    }
}
```

실행결과

```
* data2.txt 파일을 열어 저장된 내용을 확인해본다.
```

FileReader 클래스 예제

다음은 FileReader 클래스를 사용하여 텍스트파일에서 읽어 들이는 예제이다.

[예제 12-17] FileReaderTest.java

```
import java.io.*;

class FileReaderTest {
    public static void main(String[] args) throws IOException {
        File file = new File("data2.txt");
        FileReader fr = new FileReader(file);
        int i;

        while ((i = fr.read()) != -1) {
            System.out.print((char) i);
            // System.out.print( i ); // 정수로 출력
        }
        fr.close();
    }
}
```

실행결과

```
Line number: 1
Line number: 2
Line number: 3
... 이하생략 ...
```

FileReader & FileWriter 클래스 예제

다음은 FileReader & FileWriter 클래스를 사용하여 지정한 텍스트 파일을 저장하고 읽어 들이는 예제이다.

[예제 12-18] FileIOGUI.java

```
import java.awt.*;
import java.awt.event.*;
import java.io.File;
import java.io.FileNotFoundException;
import java.io.FileReader;
import java.io.FileWriter;
import java.io.IOException;

public class FileIOGUI extends Frame implements ActionListener {
    Button b1, b2;
    TextField tf;
    TextArea ta;
    Panel p;

    public FileIOGUI() {
        super("My File IO Test");
        // new, layout, add
        b1 = new Button("Open");
        b2 = new Button("Save");
        tf = new TextField("/Windows/WindowsUpdate.log");
        ta = new TextArea();
        p = new Panel(new BorderLayout());

        b1.addActionListener(this);
        b2.addActionListener(this);

        p.add("West", b1);
        p.add("East", b2);
        p.add("Center", tf);
```

```
        this.add("North", p);
        this.add("Center", ta);

        // WindowAdapter로 부터 파생되는 클래스를 생성
        this.addWindowListener(new WindowAdapter() {
            public void windowClosing(WindowEvent e) {
                setVisible(false);
                System.exit(0);
            }
        });// 익명 이너
    }
    public static void main(String[] args) {
        FileIOGUI msg = new FileIOGUI();
        msg.setSize(500, 500);
        msg.setVisible(true);
    }
    @Override
    public void actionPerformed(ActionEvent e) {
        String cmd = e.getActionCommand();

        if (cmd.equals("Open")) {
            File file = new File(tf.getText());
            FileReader fr;
            char buf[] = new char[(int) file.length()];

            try {
                fr = new FileReader(file);
                fr.read(buf);
                fr.close();
                ta.setText(new String(buf));
            } catch (FileNotFoundException e1) {
                e1.printStackTrace();
            } catch (IOException e1) {
                e1.printStackTrace();
            }
        } else if (cmd.equals("Save")) {
            File file = new File(tf.getText());

            try {
                FileWriter fw = new FileWriter(file);
                fw.write(ta.getText());
                fw.close();
            } catch (FileNotFoundException e1) {
```

```
                e1.printStackTrace();
            } catch (IOException e1) {
                e1.printStackTrace();
            }
        } // else if

    } // actionPerformed
}
```

실행결과는 다음과 같다.

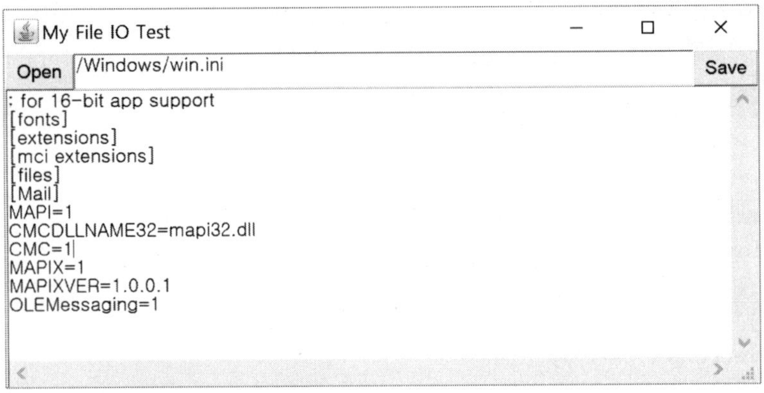

▲ **그림 12-1.** File I/O GUI

••• *유니코드 출력 스트림 클래스*

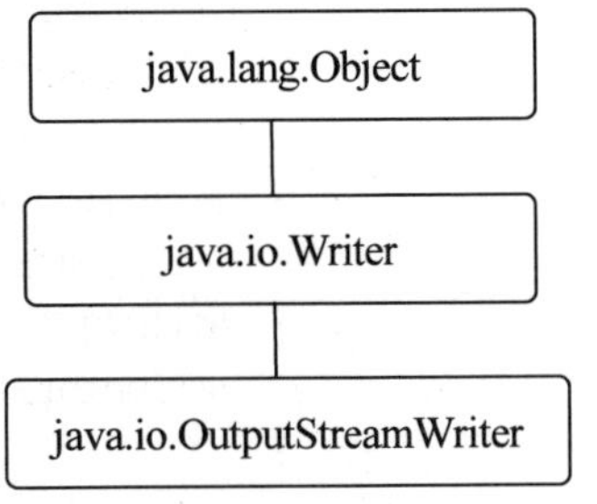

OutputStreamWriter 클래스는 출력 스트림에 문자 (character) 를 쓴다. 여기서 특정한 인코딩 방식에 따라서 바이트 (byte) 문자를 character 로 변환한다. OutputStreamWriter 는 내부에 "CharToByteConverter" 라는 메서드에 의해서 변환을 하기 때문에, 바이트 (byte) 스트림과 문자 (character) 스트림의 다리 역할을 한다고 말한다.

인코딩 방식은 이름에 의한 방법이나 CharToByteConverter 메서드를 사용하거나 또는 기본적으로 지정된 인코딩 방식을 사용할 수 있다. 여기서 사용되는 인코딩 방식도 InputStreamReader 에서 사용되는 방식과 동일하다.

write( ) 메서드를 사용하면, 인코딩 변환기가 작용을 하게 된다. 그 결과 바이트들은 출력 스트림에 쓰기 전에 버퍼에 쌓이게 되고, 그 버퍼의 크기를 지정할 수도 있다. 그렇지만 대부분의 경우에서는 기본적인 설정

값 만으로도 충분하다. write( ) 메서드를 통과한 문자 (character) 는 버퍼의 영향을 받지 않기 때문에, 효율을 높이기 위해서는 OutputStreamWriter 를 BufferedWriter 로 재개방해야 한다. 즉, 다음과 같이 한다.

```
Writer out = new BufferedWriter(new OutputStreamWriter(System.out));
```

생성자를 알아보자.

생성자 (Constructor) : OutputStreamWriter 클래스

◉ `public OutputStreamWriter(OutputStream out)`
- 기본적인 인코딩 방식을 따르는 OutputStreamWriter 클래스의 인스턴스를 생성한다.

◉ `public OutputStreamWriter(OutputStream out, String enc) throws UnsupportedEncodingException`
- enc 에 지정한 특정 인코딩 방식을 따르는 OutputStreamWriter 클래스의 인스턴스를 생성한다.

OutputStreamWriter 클래스에서 자주 사용되는 메서드는 다음과 같다.

메서드 (Method) : InputStreamWriter 클래스

◉ `public void write(int c) throws IOException`
- 단일 character 를 출력한다.

◉ `public void write(char cbuf[ ], int off, int len) throws IOException`
- cbuf[ ] 에 있는 character 중 off 번째부터 len 만큼 출력한다.

◉ `public void write(String str, int off, int len) throws IOException`
- str 에 지정된 문자열 중 off번째부터 시작해서 len 만큼 출력한다.

◉ `public void flush( ) throws IOException`
- 아직 스트림에 남아있는 내용을 출력한다.

◉ `public void close( ) throws IOException`
- 스트림을 종료한다.

••• *BufferedWriter 클래스 예제*

다음은 BufferedWriter 클래스를 사용하여 텍스트파일로 출력하는 예제이다.

[예제 12-19] BufferedWriterTest.java

```
import java.io.*;

class BufferedWriterTest {
    public static void main(String[] args) throws IOException {
        File file = new File("data2.txt");
        FileWriter fw = new FileWriter(file);

        BufferedWriter bw = new BufferedWriter(fw);

        for (int i = 1; i <= 10; i++) {
            // fw.write("Line number: " + i + "\r\n");
            bw.write("Line number: " + i + "\r\n");
        }
        bw.close();
        fw.close();
    }
}
```

실행결과

```
* data2.txt 파일을 열어 저장된 내용을 확인해본다.
```

••• 파일 복사 예제

다음 프로그램은 도스의 파일 복사 프로그램 기능과 유사한 프로그램이다.

[예제 12-20] CopyFile.java

```
import java.io.*;
import java.lang.*;

public class CopyFile {

public static void main(String args[ ]){
    CopyFile r = new CopyFile( );

    r.copyFile(args[0], args[1]);
}

public void copyFile(String inFile, String outFile){
    BufferedReader input;
```

```
    BufferedWriter output;
    int ch;

    try{
        input = new BufferedReader(new FileReader(inFile));
        output = new BufferedWriter(new FileWriter(outFile));
        while(true){
            try{
        ch = input.read( );
        if(ch == -1){
            break;
        }
        output.write(ch);
        }catch(IOException e){
        break;
        }
        }
        input.close( );
        output.close( );
        } catch (IOException e){
        }
    }
}
```

위 프로그램은 애플리케이션으로 작성되었다. 주요 기능은 복사할 파일의 이름과 새로운 파일 이름을 입력 파라미터로 받아서 복사하는 것이다. 즉, 다음과 같이 하면 된다.

사용예 (Usage)

```
c:\>java CopyFile source_file명 target_file명
```

위 프로그램에서 가장 중요한 부분은 다음과 같다.

사용예 (Usage)

```
    try{
        // 입력/출력 스트림을 생성한다.
        input = new BufferedReader(new FileReader(inFile));
        output = new BufferedWriter(new FileWriter(outFile));
        while(true){
            try{
```

```
            // 입력 스트림에서 한 문자(character)를 읽는다.
            ch = input.read( );
            // 입력 스트림의 끝이면 while 루프를 탈출한다.
            if(ch == -1){
            break;
            }
            // 입력 스트림에서 읽은 내용을 출력 스트림을 통해서 출력한다.
            output.write(ch);
        }catch(IOException e){
         break;
        }
    }
    // 입력/출력 스트림을 종료한다.
        input.close( );
        output.close( );
```

유니코드 입출력 스트림 예제

유니코드로 파일 입출력을 수행하는 예제를 작성해보자. 다음 프로그램은 스윙 GUI에서 FileChooser 클래스를 사용하여 메뉴 방식으로 파일을 불러오고 수정 후 저장하는 프로그램이다.

[예제 12-21] UnicodeIO.java

```
import javax.swing.*;
import java.io.*;
import java.awt.*;
import java.awt.event.*;

public class UnicodeIO extends JFrame implements ActionListener {
// 파일 선택 다이얼로그
JFileChooser chooser;
JMenuBar mb;
JMenu file;
JMenuItem open, save, exit;
JTextArea ta;
// JTextArea에 스크롤바를 위해 사용
JScrollPane spane;

public UnicodeIO() {
    // 컴포넌트 생성
    mb = new JMenuBar();
    file = new JMenu("File");
```

```
        open = new JMenuItem("Open");
        save = new JMenuItem("Save");
        exit = new JMenuItem("Exit");

        // JScrollPane에 연결
        ta = new JTextArea();
        spane = new JScrollPane(ta);

        // 이벤트 리스너에 등록
        open.addActionListener(this);
        save.addActionListener(this);
        exit.addActionListener(this);

        mb.add(file);
        file.add(open);
        file.add(save);
        file.add(exit);

        Container pane = getContentPane();
        pane.add(spane, BorderLayout.CENTER);

        setJMenuBar(mb);
    }
    public static void main(String args[]) {
        UnicodeIO uio = new UnicodeIO();
        uio.setSize(400, 400);
        uio.setVisible(true);
    }

    public void actionPerformed(ActionEvent e) {
        String cmd = e.getActionCommand();

        if(cmd.equals("Open")) {
            // JFileChooser로 불러올 파일 선택
            JFileChooser chooser = new JFileChooser();
            int returnVal = chooser.showOpenDialog(this);
            if(returnVal == JFileChooser.APPROVE_OPTION) {
            openProc(chooser.getSelectedFile());
            }
        }
        else if(cmd.equals("Save")) {
            // JFileChooser로 저장할 파일 선택
            JFileChooser chooser = new JFileChooser();
            int returnVal = chooser.showSaveDialog(this);
```

```
        if(returnVal == JFileChooser.APPROVE_OPTION) {
            saveProc(chooser.getSelectedFile());
        }
    }
    else if(cmd.equals("Exit")) {
        System.exit(0);
    }
}

public void openProc(File file) {
    // 불러올 파일의 크기를 구함
    char cbuf[] = new char[(int)file.length()];

    try{
    // 불러올 파일을 개방함
    FileInputStream fis = new FileInputStream(file);
        InputStreamReader isr = new InputStreamReader(fis, "UTF8");
    // 파일을 cbuf 버퍼 크기로 한 번에 불러옴
    isr.read(cbuf, 0, cbuf.length);
        isr.close();
        fis.close();

    // JTextArea에 지정
        ta.setText(new String(cbuf));
    } catch(IOException e){}
}

public void saveProc(File file) {
    try{
    // 저장할 파일을 개방함
    FileOutputStream fos = new FileOutputStream(file);
        OutputStreamWriter osw = new OutputStreamWriter(fos, "UTF8");

    // 파일을 ta의 문자열을 파일에 저장
        osw.write(ta.getText(), 0, ta.getText().length());

        osw.close();
        fos.close();
    } catch(IOException e){}
 }
}
```

컴파일 및 실행

UnicodeIO.java를 컴파일하고 실행하여 결과를 확인한다.

1. 초기 화면을 보여준다.

▲ **그림 12-2.** Unicode I/O 초기화면

2. File->Open을 눌러 파일 선택한 화면이다.

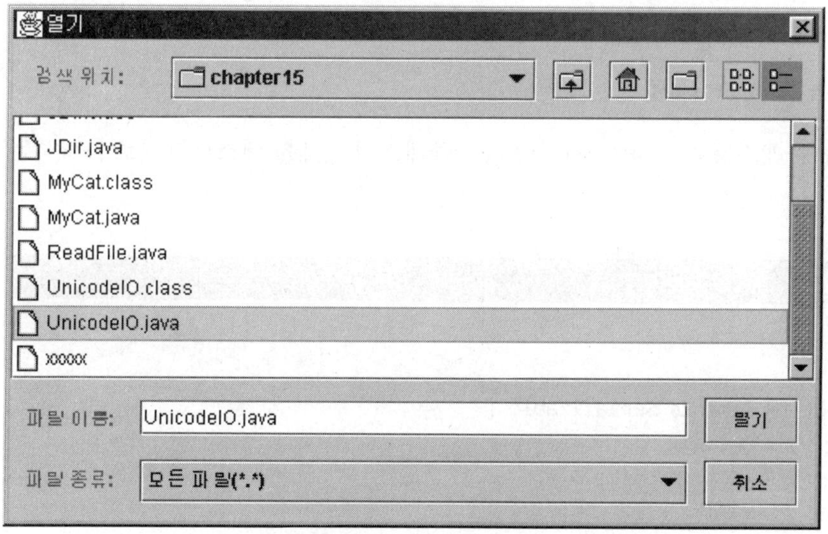

▲ **그림 12-3.** JFileChooser

3. 파일이 텍스트 영역에 출력된 결과를 보여준다.

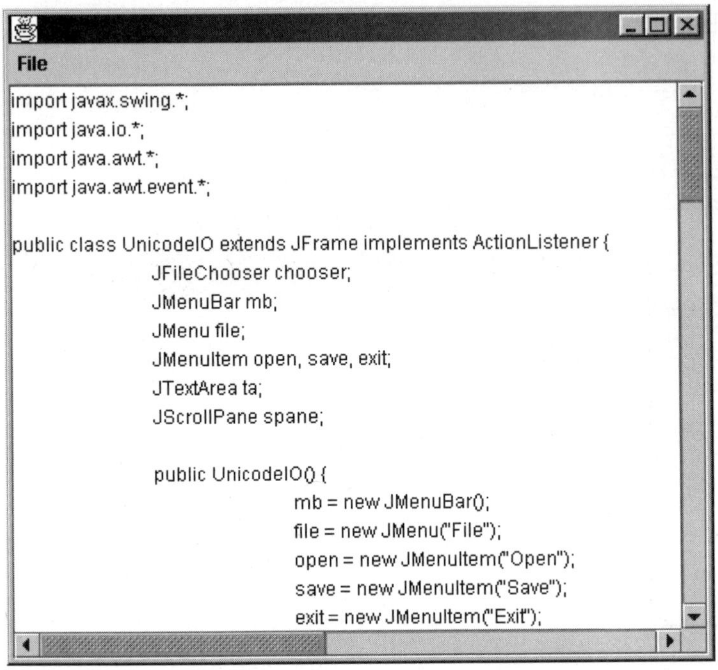

▲ **그림 12-4.** Unicode I/O 화면

4. 파일 저장의 경우도 수행하여 저장된 파일을 확인해 본다.

••• *ObjectOutputStream 클래스 예제*

다음은 ObjectOutputStream 클래스를 사용하여 SerialObject 클래스의 객체를 텍스트파일로 출력하는 예제이다.

[예제 12-22] SerialObject.java

```
import java.io.*;

public class SerialObject implements Serializable {
    private String name; // 이름
    private String dept; // 부서
    private String title; // 직책W

    public SerialObject(String name, String dept, String title) {
        this.name = name;
        this.dept = dept;
```

```
        this.title = title;
    }

    public String toString() {
        return name + ":" + dept + ":" + title;
    }
}
```

[예제 12-23] ObjectOutputStreamTest.java

```
import java.io.*;

public class ObjectOutputStreamTest {

    public static void main(String args[]) throws Exception {
        FileOutputStream fos = new FileOutputStream("object.txt");
        ObjectOutputStream oos = new ObjectOutputStream(fos);

        SerialObject so1 = new SerialObject("홍길동", "총무부", "과장");
        SerialObject so2 = new SerialObject("김삿갓", "영업부", "과장");
        SerialObject so3 = new SerialObject("암행어", "인사부", "과장");
        oos.writeObject(so1);
        oos.writeObject(so2);
        oos.writeObject(so3);
        oos.close();
    }
}
```

실행결과

```
* object.txt 파일을 열어 저장된 내용을 확인해본다.
```

ObjectInputStream 클래스 예제

다음은 ObjectInputStream 클래스를 사용하여 SerialObject 클래스의 객체를 텍스트파일에서 직접 읽어 들이는 예제이다.

[예제 12-24] ObjectInputStreamTest.java

```
import java.io.*;
```

```
public class ObjectInputStreamTest {

    public static void main(String args[]) throws Exception {
        FileInputStream fis = new FileInputStream("object.txt");
        ObjectInputStream ois = new ObjectInputStream(fis);

        SerialObject rso1 = (SerialObject) ois.readObject();
        SerialObject rso2 = (SerialObject) ois.readObject();
        SerialObject rso3 = (SerialObject) ois.readObject();

        System.out.println(rso1.toString());
        System.out.println(rso2.toString());
        System.out.println(rso3.toString());

        ois.close();
    }
}
```

실행결과

```
홍길동:총무부:과장
김삿갓:영업부:과장
암행어:인사부:과장
```

학습정리

1 표준 입출력

– System.in, System.out, System.err

2 File 클래스

3 FileInputStream / DataInputStream

4 URL Connection

5 FileOutputStream / DataOutputStream

6 RandomAccessFile

7 InputStreamReader / OutputStreamWriter

연습문제

1 Java의 표준 입출력 객체가 아닌 것은?

① System.in

② System.out

③ System.err

④ System.read

답 ④

Java의 표준 입출력 객체에는 표준입력 System.in, 표준출력 System.out, 표준 에러 System.err가 있다.

2 **File 클래스는 파일 관련 정보를 구할 때 사용한다. 디렉터리 목록을 구할 때 사용하는 메서드는 무엇인가?**

① public String[] list()

② public boolean isDirectory( )

③ public long length( )

④ public boolean mkdirs( )

답 ①

각 함수의 기능은 다음과 같다.

```
public boolean isDirectory( )      // 디렉터리 검사
public long length( )              // 파일의 길이
public boolean mkdirs( )           // 여러 개의 디렉터리 생성
public String[] list( )            // 디렉터리내의 모든 파일 이름 정보
```

3 **파일 입출력 클래스에 대한 설명으로 틀린 것은?**

① FileInputStream 클래스는 텍스트 파일을 읽어 들이기 위해 사용한다.

② DataOutputStream 클래스는 데이터 타입별로 값을 읽어 들이는 것이 가능하다.

③ RandomAccessFile 클래스는 입력 전용으로 사용한다.

④ InputStreamReader 클래스는 유니코드 입출력을 지원한다.

답 ③

RandomAccessFile 클래스는 입력과 출력 모두 사용할 수 있다.

CHAPTER

13

컬렉션 프레임워크

학습목표

1. 관계형 데이터베이스 개념과 객체의 배열을 이해하고,
2. Java Collection 프레임웍을 통해 객체 집합을 관리 할 수 있다.

학습개요

1. 관계형 데이터베이스 소개
2. 객체의 배열간의 관계 이해 및 응용
3. Handler 클래스
4. Collection & Vector
5. 비즈니스 로직 구현

1. 관계형 데이터베이스

모든 정보 시스템에서 데이터베이스는 필수 요소이며, 정보를 저장하여 원하는 때에 검색하고 갱신하여 사용하는 것이 요구된다.

현재 가장 널리 사용되고 있는 데이터베이스는 E. F. Codd가 개발한 관계형 데이터베이스(relational database)이다. 널리 사용되고 있는 RDBMS에는 Oracle, MySQL, Microsoft SQL Server, PostgreSQL, and SQLite 등이 있다.

관계형 데이터베이스의 특징

관계형 데이터베이스는 다음과 같은 특징을 가지고 있다.

- 데이터베이스의 모든 정보는 테이블로 표현한다.
- 물리적 저장장치에 독립적인 데이터를 위해 논리적 독립성을 가지고 있다.
- 질의를 할 경우 SQL과 같은 고급 언어를 제공한다.
- 선택(selection)이나 조인(join) 같은 관계 대수 연산과 집합 연산을 제공한다.
- 뷰(view)를 제공하여 원 데이터 저장 구조와 다른 관점에서 처리할 수 있도록 한다.
- 자료의 무결성, 권한, 트랜잭션 처리, 복구 등의 기능을 제공한다.

관계형 데이터베이스의 테이블

관계형 데이터베이스(Relational Database)는 관계(Relation) 또는 테이블(Table)로 구성된다. 기본단위인 관계는 열과 행으로 이루어진 이차원의 테이블로 표시되며 각 테이블은 고유한 이름을 갖는다. 관계는 속성(Attribute) 또는 필드(Field)로 특성을 나타내며 이것은 테이블의 열에 해당한다.

관계는 속성으로 이루어진 터플(Tuple) 또는 레코드(Record)의 집합(Set)이다. 한 관계에 존재하는 터플의 수를 원소수(Cardinality)라 하고 한 관계에 있는 속성의 수를 차수(Cardinality)한다. 영역(Domain)은 한 관계에 있는 특정 속성이 가질 수 있는 같은 데이터 형식(Data Type)을 지닌 모든 가능한 값(Value)의 집합이다.

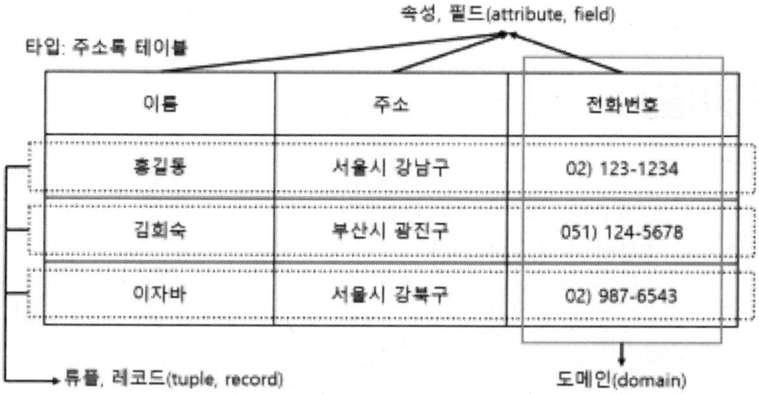

▲ **그림 13-1.** 관계형 데이터베이스 테이블 구성

- 관계(Relation): 테이블(Table)의 이름, 한 종류 개체(Entity) 집합
- 속성(Attribute): 테이블의 필드(Field), 테이블 열
- 터플(Tuple): 레코드(Record)의 집합(Set), 테이블 행
- 원소수(Cardinality): 한 관계에 존재하는 터플의 수
- 영역(Domain): 한 관계에서 특정 속성의 집합, 3개의 속성이 있으면 3개의 속성 도메인이 있음

••• *SQL 사용*

데이터베이스는 SQL(Standard Query Language)을 사용하여 데이터 저장 및 검색을 처리한다. SQL에는 데이터 정의를 위한 DDL(Data Definition Language)과 조작을 위한 DML(Data Manipulation Language)로 분류된다. DDL에는 CREATE, DROP, ALTER 등이 있고 DML에는 INSERT, UPDATE, DELETE가 있다.

- SELECT : 테이블에서 레코드를 가져올 때 사용한다.
- INSERT : 테이블에 새로운 레코드를 추가할 때 사용한다.
- DELETE : 테이블에서 레코드를 삭제할 때 사용한다.
- UPDATE : 테이블에서 레코드의 임의 필드를 갱신할 때 사용한다.
- CREATE : 새로운 테이블을 생성할 때 사용한다.
- ALTER : 테이블 구조를 변경할 때 사용한다.
- DROP : 테이블을 제거할 때 사용한다.

2.
2차원 배열, 객체 배열(테이블)

사원(Emp), 부서(Dept) 테이블로 구성된 Company 관계형 데이터베이스가 있다고 할 때, Emp, Dept 데이터베이스 테이블을 Java 객체 배열로 작성하면 다음과 같다.

Emp, Dept 테이블

empno	empname	deptno
110	Kim	200
210	Lee	100
241	Park	200
348	Choi	300
150	Kwon	300
170	Shim	300
280	Hwang	200
754	Jenny	300

deptno	deptname
100	Marketing
200	Planning
300	Financing

Emp, Dept 테이블의 객체 배열

```
EMP emps[] = {
    {10, "Kim", 200 },
    {20, "Lee", 100 },
    {30, "Park", 200 },
    {40, "Choi", 300 },
    {50, "Kwon", 300 },
    {60, "Shim", 300 },
    {70, "Hwang", 200 },
    {80, "Jenny", 300 },
};
DEPT depts[] = {
    {100, "Marketing" },
    {200, "Planning" },
    {300, "Financing" }
};
```

••• Company 프로그램의 주요 기능

Emp, Dept 테이블의 객체 배열을 사용하여 Company 프로그램의 주요 기능(메소드, 함수, 비즈니스 로직)을 작성하면 다음과 같다.

1. 사원 리스트 출력(get all emp)
2. 부서 리스트 출력(get all dept)
3. 사원리스트, 사원번호(No) 이름(Name) 부서번호(Deptno) 부서명(Deptname) 출력
4. 170(특정번호)번 사원의 정보, 사원번호(No) 이름(Name) 부서번호(Deptno) 부서명(Deptname)
5. Financing 부서에 근무하는 사원번호(No) 이름(Name) 부서번호(Deptno) 부서명(Deptname) 출력
6. 부서별 인원수 구하기
7. 인원수가 가장 많은 부서이름을 구하여 출력
8. 인원수가 가장 많은 부서의 사원 리스트(부서명포함) 출력

주요 기능(메소드, 함수, 비즈니스 로직) 구현을 통해 출력될 내용과 같은 내용을 출력하는 데이터베이스 SQL은 어떠한지 살펴본다.

1. 사원 리스트 출력(get all emp)과 SQL(단순 리스트)

```
* getAllEmp()
Emp [empno=110, empname=Kim, deptno=200]
Emp [empno=210, empname=Lee, deptno=100]
Emp [empno=241, empname=Park, deptno=200]
Emp [empno=348, empname=Choi, deptno=300]
Emp [empno=150, empname=Kwon, deptno=300]
Emp [empno=170, empname=Shim, deptno=300]
Emp [empno=280, empname=Hwang, deptno=200]
Emp [empno=754, empname=Jenny, deptno=300]
```

```
SQL> Select empno, empname, deptno from Emp;
```

2. 부서 리스트 출력(get all dept)과 SQL(단순 리스트)

```
* getAllDept()
Dept [deptno=100, deptname=Marketing]
Dept [deptno=200, deptname=Planning]
Dept [deptno=300, deptname=Financing]
```

```
SQL> Select deptno, deptname, deptno from Dept;
```

3. 사원리스트, 사원번호(No) 이름(Name) 부서번호(Deptno) 부서명(Deptname) 출력과 SQL(하나 이상 테이블의 Join)

```
* getAllEmpwithDeptname()
EmpDeptname [empno=110, empname=Kim, deptname=Planning]
EmpDeptname [empno=210, empname=Lee, deptname=Marketing]
EmpDeptname [empno=241, empname=Park, deptname=Planning]
EmpDeptname [empno=348, empname=Choi, deptname=Financing]
EmpDeptname [empno=150, empname=Kwon, deptname=Financing]
EmpDeptname [empno=170, empname=Shim, deptname=Financing]
EmpDeptname [empno=280, empname=Hwang, deptname=Planning]
EmpDeptname [empno=754, empname=Jenny, deptname=Financing]
```

```
SQL> Select E.empno, E.empname, D.deptname from Emp E, Dept D Where E.deptno = D.deptno;
```

4. 170번 사원의 정보, 사원번호(No) 이름(Name) 부서번호(Deptno) 부서명(Deptname) 출력과 SQL(하나 이상 테이블의 Join과 검색)

```
* getAllEmpwithDeptname(empno)
EmpDeptname [empno=170, empname=Shim, deptname=Financing]
```

```
SQL> Select E.empno, E.empname, D.deptname from Emp E, Dept D Where E.deptno = D.deptno and
E.empno=170;
```

5. Financing 부서에 근무하는 사원번호(No) 이름(Name) 부서번호(Deptno) 부서명(Deptname)과 SQL(하나 이상 테이블의 Join과 검색)

```
* getAllEmpwithDeptname(deptname)
EmpDeptname [empno=348, empname=Choi, deptname=Financing]
EmpDeptname [empno=150, empname=Kwon, deptname=Financing]
EmpDeptname [empno=170, empname=Shim, deptname=Financing]
EmpDeptname [empno=754, empname=Jenny, deptname=Financing]
```

```
SQL> Select E.empno, E.empname, D.deptname from Emp E, Dept D Where E.deptno = D.deptno and
D.deptname='FINANCING';
```

6. 부서별 인원수 구하기과 SQL(하나 이상 테이블의 Join과 Group by)

```
* getNumDept()
EmpDept [deptno=200, empcnt=3]
EmpDept [deptno=100, empcnt=1]
EmpDept [deptno=300, empcnt=4]
```

```
SQL> SELECT DEPTNAME, COUNT(*) FROM EMP E, DEPT D WHERE D.DEPTNO = E.DEPTNO GROUP BY DEPTNAME;
```

7. 인원수가 가장 많은 부서이름을 구하여 출력과 SQL(하나 이상 테이블의 Join과 Group by, 부질의)

```
* getMaxNumDept() 300
```

```
SQL>SELECT deptno, COUNT(deptno) FROM Emp
    GROUP BY deptno HAVING COUNT (deptno)=(
    SELECT max(mycount) FROM (
    SELECT deptno, COUNT(deptno) mycount FROM Emp
    GROUP BY deptno));
```

8. 인원수가 가장 많은 부서의 사원 리스트(부서명포함)과 SQL(하나 이상 테이블의 Join과 Group by, 부질의, 조건 검색)

```
* getMaxDeptEmpList(maxempdept)
EmpDeptname [empno=348, empname=Choi, deptname=Financing]
EmpDeptname [empno=150, empname=Kwon, deptname=Financing]
EmpDeptname [empno=170, empname=Shim, deptname=Financing]
EmpDeptname [empno=754, empname=Jenny, deptname=Financing]
```

```
SQL>Select E.empno, E.empname, D.deptname from Emp E, Dept D
    Where E.deptno = D.deptno and E.deptno=(
    SELECT deptno
    FROM Emp GROUP BY deptno
    HAVING COUNT (deptno)=(
    SELECT max(mycount)
    FROM (
    SELECT deptno, COUNT(deptno) mycount
    FROM Emp GROUP BY deptno))
    );
```

3. Company 객체 배열사용 비즈니스 로직 구현

사원, 부서로 구성된 Company의 Emp, Dept 테이블을 Java 객체 배열로 작성하고 비즈니스 로직을 구현한다.

••• *Emp 클래스*

기본 클래스로 Emp 속성들, 값 초기화를 위한 생성자, 속성값 출력을 위한 toString(), 속성 값을 구하는 게터(getter), 속성 값을 변경하는 세터(setter) 메소드로 작성된다.

[예제 13-1] Emp.java

```
public class Emp {

    int empno;
    String empname;
```

```
    int deptno;

    public Emp(int empno, String empname, int deptno) {
        super();
        this.empno = empno;
        this.empname = empname;
        this.deptno = deptno;
    }

    public String toString() {
        return "Emp [empno=" + empno + ", empname=" + empname + ", deptno="
                + deptno + "]";
    }

    public int getEmpno() {
        return empno;
    }

    public void setEmpno(int empno) {
        this.empno = empno;
    }

    public String getEmpname() {
        return empname;
    }

    public void setEmpname(String empname) {
        this.empname = empname;
    }

    public int getDeptno() {
        return deptno;
    }

    public void setDeptno(int deptno) {
        this.deptno = deptno;
    }
}
```

••• *Dept 클래스*

기본 클래스로 Dept 속성들, 생성자, toString(), 게터(getter), 세터(setter) 메소드로 작성된다.

[예제 13-2] Dept.java

```
public class Dept {
    int deptno;
    String deptname;

    public Dept(int deptno, String deptname) {
        super();
        this.deptno = deptno;
        this.deptname = deptname;
    }

    public String toString() {
        return "Dept [deptno=" + deptno + ", deptname=" + deptname + "]";
    }

    public int getDeptno() {
        return deptno;
    }

    public void setDeptno(int deptno) {
        this.deptno = deptno;
    }

    public String getDeptname() {
        return deptname;
    }

    public void setDeptname(String deptname) {
        this.deptname = deptname;
    }
}
```

••• *EmpDept 클래스*

비즈니스 로직 처리에 따른 결과를 저장하기 위해 사용되는 파생 클래스이다.

[예제 13-3] EmpDept.java

```
public class EmpDept {
    int deptno;
    int empcnt;

    public EmpDept(int deptno, int empcnt) {
        super();
        this.deptno = deptno;
        this.empcnt = empcnt;
    }

    public String toString() {
        return "EmpDept [deptno=" + deptno + ", empcnt=" + empcnt + "]";
    }

    public int getDeptno() {
        return deptno;
    }

    public void setDeptno(int deptno) {
        this.deptno = deptno;
    }

    public int getEmpcnt() {
        return empcnt;
    }

    public void setEmpcnt(int empcnt) {
        this.empcnt = empcnt;
    }
}
```

1. getAllEmp() 비즈니스 로직 구현(객체 배열 이용)

Emp 객체 배열을 사용하여 사원 리스트를 출력한다.

getAllEmp()

```
private void getAllEmp() {
  for (int i = 0; i < emps.length; i++) {
    System.out.println( emps[i].toString() );
  }
}
```

2. getAllDept() 비즈니스 로직 구현(객체 배열 이용)

Dept 객체 배열을 사용하여 부서리스트를 출력한다.

getAllDept()

```
private void getAllDept() {
  for (int i = 0; i < depts.length; i++) {
    System.out.println( depts[i].toString() );
  }
}
```

3. getAllEmpwithDeptname() 비즈니스 로직 구현(객체 배열 이용)

Emp, Dept 객체 배열을 사용하여 사원리스트, 부서명(Deptname)을 출력한다.

getAllEmpwithDeptname()

```
private void getAllEmpwithDeptname() {
    for(int i=0; i < emps.length; i++) {
        for(int j=0; j < depts.length; j++) {
            if(emps[i].deptno == depts[j].deptno)
                System.out.println(emps[i].empno +", "+ emps[i].empname +", "+
                depts[j].deptname);
        }
    }
}
```

4. getNumDept() 비즈니스 로직 구현(객체 배열 이용)

Emp 객체 배열을 사용하고 있으며, 부서별 사원 수를 저장하기 위하여 Vector 객체 ed를 사용하였다.

getNumDept() (Emp, Dept 객체 배열, Vector ed 사용)

```
Vector ed = new Vector();
private void getNumDept() {
  boolean found=false;
  System.out.println("* Get the # of emp");
  for(int i=0; i < emps.length; i++) {
      for(int j=0; j < ed.size(); j++) {
          EmpDept obj = (EmpDept)ed.get(j);
            if(emps[i].deptno == obj.deptno) {
                obj.empcnt++;
                found=true;
            }
        }

        if(!found) {
            ed.add(new EmpDept(emps[i].deptno, 1));
        }
  }

  for(int i = 0; i < ed.size(); i++) {
    EmpDept obj = (EmpDept)ed.get(i);
    System.out.println(obj.toString());
  }
}
```

5. getMaxNumDept() 비즈니스 로직 구현(객체 배열 이용)

사원 수가 가장 많은 부서를 찾기 위해 Vector 객체 ed를 사용하였다.

getMaxNumDept()

```
private int getMaxNumDept() {
  int deptmax=-1, maxempdept=0;

    for(int i=0; i < ed.size(); i++) {
      EmpDept obj = (EmpDept)ed.get(i);

      if(obj.empcnt > deptmax) {
```

```
        deptmax=obj.empcnt;
        maxempdept=obj.deptno;
      }
    }
    System.out.println("deptmax: " + deptmax + " , maxempdept: " + maxempdept);

    return maxempdept;
}
```

6. getMaxDeptEmpList(int maxempdept) 비즈니스 로직 구현(객체 배열 이용)

Emp, Dept 객체 배열을 사용하여, 사원 수가 가장 많은 부서의 사원 리스트(부서명포함)를 출력한다.

getMaxDeptEmpList(int maxempdept)

```
private void getMaxDeptEmpList(int maxempdept) {
    for(int i=0; i < emps.length; i++) {
      for(int j=0; j < depts.length; j++) {
        if(emps[i].deptno == depts[j].deptno  && depts[j].deptno == maxempdept)
                    System.out.println(emps[i].empno  +",  "+  emps[i].empname  +",  "+
depts[j].deptname);
      }
    }
}
```

••• *EmpDeptMnt 클래스*

사원, 부서로 구성된 Company 프로그램의 메인 클래스로, Emp, Dept 테이블을 Java 객체 배열로 작성하고 비즈니스 로직을 구현하였다.

[예제 13-4] EmpDeptMnt.java

```
import java.util.*;

public class EmpDeptMnt {
    Emp emps[];
    Dept depts[];
    Vector<EmpDept> ed;

    String _emps[][] = {
```

```
            {"110", "Kim", "200" },
            {"210", "Lee", "100" },
            {"241", "Park", "200" },
            {"348", "Choi", "300" },
            {"150", "Kwon", "300" },
            {"170", "Shim", "300" },
            {"280", "Hwang", "200" },
            {"754", "Jenny", "300" },
            };
    String _depts[][] = {
            {"100", "Marketing" },
            {"200", "Planning" },
            {"300", "Financing" }
            };

    public EmpDeptMnt() {
        emps = new Emp[8];
        depts = new Dept[3];
        ed = new Vector<EmpDept>(); // collection, 가변길이배열

        for (int i = 0; i < _emps.length; i++) {
            emps[i] = new Emp(Integer.parseInt(_emps[i][0]),
                            _emps[i][1], Integer.parseInt(_emps[i][2]));
        }

        for (int i = 0; i < _depts.length; i++) {
            depts[i] = new Dept(Integer.parseInt(_depts[i][0]), _depts[i][1]);
        }

//      getAllEmp();
//      getAllDept();
        // function overloading, 함수 중복정의
        System.out.println("\n* getAll(emps)");
        getAll(emps);
        System.out.println("\n* getAll(depts)");
        getAll(depts);

        System.out.println("\n* getAllEmpwithDeptname()");
        getAllEmpwithDeptname();
        System.out.println("\n* getAllEmpwithDeptname(empno)");
        getAllEmpwithDeptname(170);
        System.out.println("\n* getAllEmpwithDeptname(dname)");
        getAllEmpwithDeptname("Financing");
```

```
        System.out.println("\n* getNumDept()");
        getNumDept();
        System.out.println("\n* getMaxNumDept()");
            // 인원수가 가장 많은 부서번호를 구하여 출력
        int maxempdept = getMaxNumDept();
        System.out.println("\n* getMaxDeptEmpList()");
            // 인원수가 가장 많은 부서의 사원 리스트(부서명포함)를 구하여 출력
        getMaxDeptEmpList(maxempdept);
    }
    private void getMaxDeptEmpList(int maxempdept) { /* ... 내용 생략 */ }
    private int getMaxNumDept() { /* ... 내용 생략 */ }
    private void getNumDept() { /* ... 내용 생략 */ }
    private void getAllEmpwithDeptname() { /* ... 내용 생략 */ }
    private void getAllEmpwithDeptname(int empno) { /* ... 내용 생략 */ }
    private void getAllEmpwithDeptname(String dname) { /* ... 내용 생략 */ }
    private void getAll(Object[] objs) { /* ... 내용 생략 */ }
    private void getAllDept() { /* ... 내용 생략 */ }
    private void getAllEmp() { /* ... 내용 생략 */ }

    public static void main(String[] args) {
        // TODO Auto-generated method stub
        new EmpDeptMnt();
    }
}
```

실행결과

```
경로이동 C:\Users\User>cd C:\javasrc\ch13\CompanyMnt\src
컴파일   C:\javasrc\ch13\CompanyMnt\src>javac *.java
실행     C:\javasrc\ch13\CompanyMnt\src>java EmpDeptMnt

* getAll(emps)
Emp [empno=110, empname=Kim, deptno=200]
Emp [empno=210, empname=Lee, deptno=100]
Emp [empno=241, empname=Park, deptno=200]
Emp [empno=348, empname=Choi, deptno=300]
Emp [empno=150, empname=Kwon, deptno=300]
Emp [empno=170, empname=Shim, deptno=300]
Emp [empno=280, empname=Hwang, deptno=200]
Emp [empno=754, empname=Jenny, deptno=300]

* getAll(depts)
Dept [deptno=100, deptname=Marketing]
```

```
Dept [deptno=200, deptname=Planning]
Dept [deptno=300, deptname=Financing]

* getAllEmpwithDeptname()
110, Kim, Planning
210, Lee, Marketing
241, Park, Planning
348, Choi, Financing
150, Kwon, Financing
170, Shim, Financing
280, Hwang, Planning
754, Jenny, Financing

* getAllEmpwithDeptname(empno)
170, Shim, Financing

* getAllEmpwithDeptname(dname)
348, Choi, Financing
150, Kwon, Financing
170, Shim, Financing
754, Jenny, Financing

* getNumDept()
* Get the # of emp grouping by deptname...
EmpDept [deptno=200, empcnt=3]
EmpDept [deptno=100, empcnt=1]
EmpDept [deptno=300, empcnt=4]

* getMaxNumDept()
deptmax: 4 , maxempdept: 300

* getMaxDeptEmpList()
348, Choi, Financing
150, Kwon, Financing
170, Shim, Financing
754, Jenny, Financing

C:\Users\User\Downloads\CompanyMnt\src>
```

4.
Java 컬렉션 프레임워크

Java 컬렉션 프레임워크는 개체 컬렉션을 저장, 조작 및 처리하는 체계적이고 효율적인 방법을 제공하는 Java의 클래스 및 인터페이스 집합이다. Java 표준 라이브러리에 포함되어 있으며 데이터 관리 및 작업을 위해 Java 프로그래밍에서 널리 사용된다.

Java Collection Framework에는 각각 특정 용도를 제공하는 몇 가지 주요 인터페이스와 클래스가 포함되어 있다.

••• *주요 구성요소*

주요 구성 요소는 다음과 같다.

- Collection 인터페이스: 요소로 알려진 개체 그룹을 나타낸다. 요소 추가, 제거 및 쿼리와 같은 기본 작업을 정의한다.
- List 인터페이스: Collection 인터페이스를 확장하고 정렬된 요소 모음을 나타낸다. 목록은 중복 요소를 허용하고 인덱스에 의한 요소 액세스와 같은 추가 작업을 제공한다.

List〈E〉
순서가 있는 데이터의 집합으로, 데이터의 중복을 허용

Vector, ArrayList, LinkedList, Stack, Queue

- Set 인터페이스: Collection 인터페이스를 확장하고 고유한 요소의 컬렉션을 나타낸다. 집합은 중복 요소를 허용하지 않으며 합집합, 교집합 및 차이와 같은 집합 연산에 대한 연산을 제공한다.

Set〈E〉
순서가 없는 데이터의 집합, 데이터의 중복 허용하지 않음

HashSet, TreeSet

- Map 인터페이스: 고유한 키와 값 사이의 매핑을 나타낸다. Map은 Collection 인터페이스를 확장하지 않지만 컬렉션 프레임워크의 중요한 부분이다. 연관된 키를 기반으로 값을 효율적으로 검색하고 수정할 수 있다.

Map<K, V>
키와 값의 한 쌍으로 이루어지는 데이터의 집합, 순서 없음

HashMap, TreeMap, Hashtable, Properties

Java Collection Framework을 사용하면 코드 재사용성, 코드 가독성 및 생산성이 향상된다. 효율적인 데이터 조작 및 처리를 위한 광범위한 데이터 구조 및 알고리즘을 제공하며, 개발자는 Java 컬렉션 프레임워크를 사용하여 컬렉션의 기능을 활용하여 유연하고 효율적인 방식으로 데이터를 저장, 검색 및 처리할 수 있다.

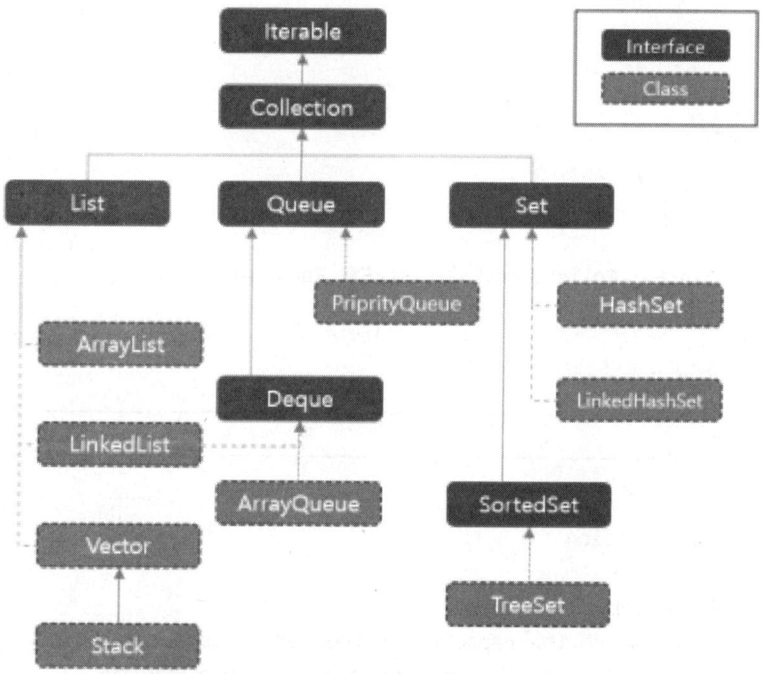

▲ **그림 13-2.** Java Collection 프레임웍 클래스 상속 관계

••• *Vector 클래스*

관계형 데이터베이스는 다음과 같은 특징을 가지고 있다.

Java에서 Vector는 List 인터페이스를 구현하는 클래스이며 Java Collection Framework의 일부이다. ArrayList와 유사하지만 추가 동기화 기능을 제공하여 스레드로부터 안전하다.

Vector에 대한 몇 가지 핵심 사항은 다음과 같다.

스레드 안전성: 벡터가 동기화되어 다중 스레드 환경에서 사용하도록 설계되었다. 이를 통해 여러 스레

드가 데이터 불일치나 동시성 문제를 일으키지 않고 벡터 인스턴스에 안전하게 액세스하고 수정할 수 있다.

동적 크기: ArrayList와 마찬가지로 Vector는 동적 데이터 구조이므로 요소가 추가되거나 제거될 때 크기가 커지거나 줄어들 수 있다. 요소를 수용할 수 있도록 용량을 자동으로 조정한다.

인덱스 액세스: 벡터는 요소에 대한 빠른 인덱스 액세스를 제공한다. 배열과 마찬가지로 인덱스 위치를 사용하여 Vector의 요소에 액세스할 수 있다.

Vector 클래스 선언

```
java.util
Class Vector<E>
  java.lang.Object
  java.util.AbstractCollection<E>
  java.util.AbstractList<E>

All Implemented Interfaces:
  Serializable, Cloneable, Iterable<E>, Collection<E>, List<E>, RandomAccess

Direct Known Subclasses:
  Stack
```

Field Summary

Modifier and Type	Field and Description
protected int	**capacityIncrement** The amount by which the capacity of the vector is automatically incremented when its size becomes greater than its capacity.
protected int	**elementCount** The number of valid components in thisVectorobject.
protectedObject[]	**elementData** The array buffer into which the components of the vector are stored.

생성자(Constructor)
Constructor and Description
Vector() Constructs an empty vector so that its internal data array has size10and its standard capacity increment is zero.
Vector(Collection<? extendsE>c) Constructs a vector containing the elements of the specified collection, in the order they are returned by the collection's iterator.
Vector(intinitialCapacity) Constructs an empty vector with the specified initial capacity and with its capacity increment equal to zero.
Vector(intinitialCapacity, intcapacityIncrement) Constructs an empty vector with the specified initial capacity and capacity increment.

Vector 클래스 주요 메소드

```
boolean add(E e)
void  add(int index, E element)
boolean addAll(Collection<? extends E> c)
boolean  addAll(int  index,  Collection<? extends E> c)
void  addElement(E obj)
int capacity()
void  clear()
Object  clone()
boolean contains(Object o)
boolean containsAll(Collection<?> c)
void  copyInto(Object[] anArray)
E elementAt(int index)
Enumeration<E>  elements()
void  ensureCapacity(int minCapacity)
boolean equals(Object o)
E firstElement()
E get(int index)
int hashCode()
int indexOf(Object o)
```

```
void  insertElementAt(E obj, int index)
boolean isEmpty()
Iterator<E> iterator()
E lastElement()
int lastIndexOf(Object o)
ListIterator<E> listIterator()
E remove(int index)
boolean remove(Object o)
boolean removeAll(Collection<?> c)
void  removeAllElements()
boolean removeElement(Object obj)
void  removeElementAt(int index)
protected void  removeRange(int fromIndex, int toIndex)
void  replaceAll(UnaryOperator<E> operator)
E set(int index, E element)
void  setElementAt(E obj, int index) int  size()
void  sort(Comparator<? super E> c)
List<E> subList(int fromIndex, int toIndex)
Object[]  toArray()
void  trimToSize()
```

다음은 벡터를 사용하는 예제이다.

```
import java.util.Vector;

public class VectorExample {
    public static void main(String[] args) {
        Vector<String> vector = new Vector<>();

        // Adding elements to the vector
        vector.add("Apple");
        vector.add("Banana");
        vector.add("Orange");

        // Accessing elements by index
        String firstElement = vector.get(0);
        System.out.println("First element: " + firstElement);

        // Removing an element
        vector.remove(1);

        // Iterating over the vector
        for (String element : vector) {
            System.out.println(element);
        }
    }
}
// 실행결과:
First element: Apple
Apple
Orange
```

5. Company 객체 Java 컬렉션 프레임워크 이용

4절의 예제, 사원, 부서로 구성된 Company의 Emp, Dept 테이블에 관한 비즈니스 로직을 Java 컬렉션 프레임워크를 사용하여 작성하였다.

메인 프로그램인 Manager 프로그램(EmpDeptMnt)에서 데이터를 전담 관리하는 Handler(EmpDeptHandler)

를 사용하여 Emp, Dept Vector를 사용하는 구조이다. Emp, Dept Vector에는 Emp, Dept 객체가 저장, 관리된다.

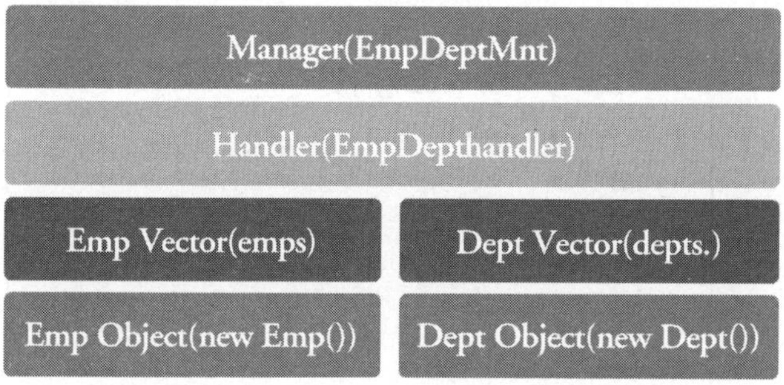

▲ **그림 13-3.** Java 컬렉션 프레임워크 프로그램 구조

Emp.java, Dept.java, EmpDept.java는 4절과 같다.

••• *EmpDeptname 클래스*

비즈니스 로직 처리에 따른 결과를 저장하기 위해 사용되는 파생 클래스이다.

[예제 13-5] EmpDeptname.java

```
public class EmpDeptname { // view
    int empno;
    String empname;
    String deptname;

    public EmpDeptname(int empno, String empname, String deptname) {
        super();
        this.empno = empno;
        this.empname = empname;
        this.deptname = deptname;
    }

    public String toString() {
        return "EmpDeptname [empno=" + empno + ", empname=" + empname
                + ", deptname=" + deptname + "]";
    }
     // 이하 생략(게터, 세터로 구성)
}
```

Emp, Dept 객체 Vector 구성

Emp, Dept 객체

```
String_emps[][] = {
  {"110", "Kim", "200"},
  {"210", "Lee", "100"},
  {"241", "Park", "200"},
  {"348", "Choi", "300"},
  {"150", "Kwon", "300"},
  {"170", "Shim", "300"},
  {"280", "Hwang", "200"},
  {"754", "Jenny", "300"},
};
```

```
String_depts[][] = {
  {"100", "Marketing"},
  {"200", "Planning"},
  {"300", "Financing"}
};
```

객체 배열로 구성된 Emp, Dept 객체를 Vector에 저장한다.

```
Vector<Emp> emps= newVector<Emp>(); // collection
Vector<Dept> depts= newVector<Dept>(); // collection

for(inti= 0; i< _emps.length; i++) {
  emps.add(newEmp(Integer.parseInt(_emps[i][0]),
         _emps[i][1], Integer.parseInt(_emps[i][2])));
}

for(inti= 0; i< _depts.length; i++) {
  depts.add(newDept(Integer.parseInt(_depts[i][0]), _depts[i][1]));
}
```

Handler를 통해 새로운 Emp, Dept객체 삽입

EmpDeptHandler객체 edhandler를 사용하여 addEmp(), addDept()를 처리한다.

```
EmpDeptHandler edhandler;
edhandler = new EmpDeptHandler();

for (int i = 0; i < _emps.length; i++) {
  edhandler.addEmp(
    new Emp(Integer.parseInt(_emps[i][0]), _emps[i][1], Integer.parseInt(_emps[i][2])) );
```

```
}
for (int i = 0; i < _depts.length; i++) {
  edhandler.addDept(new Dept(Integer.parseInt(_depts[i][0]), _depts[i][1]));
}
```

••• *Handler를 통해 getAllEmp() 작성*

EmpDeptHandler객체 edhandler를 사용하여 getAllEmp()를 수행하고, printVectorContents()로 출력한다.

```
Vector emps= edhandler.getAllEmp();
printVectorContents("getAllEmp()", emps);

public Vector getAllEmp() {
  return emps;
}

public void printVectorContents(String header, Vector v) {
  System.out.println("* "+ header );
  for(int i= 0; i< v.size(); i++) {
    Object obj= v.get(i);
    System.out.println(obj.toString());
  }
}
```

••• *Handler를 통해 getAllDept() 작성*

EmpDeptHandler객체 edhandler를 사용하여 getAllDept()를 수행하고, printVectorContents()로 출력한다.

```
Vector depts = edhandler.getAllDept();
printVectorContents("getAllDept()", depts);

public Vector getAllDept() {
    return depts;
}
```

Handler를 통해 getAllEmpwithDeptname() 작성

EmpDeptHandler객체 edhandler를 사용하여 getAllEmpwithDeptname()를 수행하고, printVectorContents()로 출력한다.

```
Vector empdeptname = edhandler.getAllEmpwithDeptname();
printVectorContents("getAllEmpwithDeptname()", empdeptname);

public Vector getAllEmpwithDeptname() {
for(int i=0; i < emps.size(); i++) {
  Emp emp = (Emp)emps.get(i);
   for(int j=0; j < depts.size(); j++) {
   Dept dept = (Dept)depts.get(j);
   if(emp.deptno == dept.deptno)
   empdeptname.add(
  new EmpDeptname(emp.empno, emp.empname, dept.deptname) );
   }
}

return empdeptname;
}
```

Handler를 통해 getAllEmpwithDeptname(empno) 작성

EmpDeptHandler객체 edhandler를 사용하여 getAllEmpwithDeptname(170)를 수행하고, printVectorContents()로 출력한다.

```
Vector empdeptname2 = edhandler.getAllEmpwithDeptname(170);
printVectorContents("getAllEmpwithDeptname(empno)", empdeptname2);

public Vector getAllEmpwithDeptname(int empno) {
    Vector <EmpDeptname> vec = new Vector<EmpDeptname>();
    for(int i=0; i < emps.size(); i++) {
        Emp emp = (Emp)emps.get(i);
            for(int j=0; j < depts.size(); j++) {
                Dept dept = (Dept)depts.get(j);
                if(emp.deptno == dept.deptno && emp.empno == empno)
                    vec.add( new EmpDeptname(emp.empno, emp.empname, dept.deptname) );
            }
    }
    return vec;
}
```

••• Handler를 통해 getAllEmpwithDeptname(deptname) 작성

EmpDeptHandler객체 edhandler를 사용하여 getAllEmpwithDeptname("Financing")를 수행하고, printVectorContents()로 출력한다.

```
Vector empdeptname3 = edhandler.getAllEmpwithDeptname("Financing");
printVectorContents("getAllEmpwithDeptname(empno)", empdeptname3);

public Vector getAllEmpwithDeptname(String dname) {
  Vector <EmpDeptname> vec = new Vector<EmpDeptname>();
  for(int i=0; i < emps.size(); i++) {
    Emp emp = (Emp)emps.get(i);
    for(int j=0; j < depts.size(); j++) {
        Dept dept = (Dept)depts.get(j);
        if(emp.deptno == dept.deptno &&
          dept.deptname == dname)
            vec.add( new EmpDeptname(emp.empno, emp.empname, dept.deptname) );
    }
  }
  return vec;
}
```

••• Handler를 통해 getNumDept() 작성

EmpDeptHandler객체 edhandler를 사용하여 getNumDept()를 수행하고, printVectorContents()로 출력한다.

```
Vector empdept = edhandler.getNumDept();
printVectorContents("getNumDept()", empdept);

public Vector getNumDept() {
  boolean found=false;
  for(int i=0; i < emps.size(); i++) {
        found=false;
        Emp emp = (Emp)emps.get(i);
        // 기존에 같은 부서 번호가 있으면, 그 부서번호에 1증가
        for(int j=0; j < empdept.size(); j++) {
          EmpDept obj = (EmpDept)empdept.get(j);
            if(emp.deptno == obj.deptno) {
                obj.empcnt++;
                found=true;
```

```
            }
        }

        if(!found) {
          empdept.add(new EmpDept(emp.deptno, 1));
        }
    }
      return empdept;
}
```

••• Handler를 통해 getMaxNumDept() 작성

EmpDeptHandler객체 edhandler를 사용하여 getMaxNumDept()를 수행하고, printVectorContents()로 출력한다.

```
int maxnoempdept = edhandler.getMaxNumDept();
System.out.println("* getMaxNumDept()" + maxnoempdept);

public int getMaxNumDept() {
  int deptmax=-1, maxempdept=0;

    for(int i=0; i < empdept.size(); i++) {
      EmpDept obj = (EmpDept)empdept.get(i);

      if(obj.empcnt > deptmax) {
        deptmax=obj.empcnt;
        maxempdept=obj.deptno;
      }
    }
    return maxempdept;
}
```

••• Handler를 통해 getMaxDeptEmpList(maxnoempdept) 작성

EmpDeptHandler객체 edhandler를 사용하여 getMaxDeptEmpList(maxnoempdept)를 수행하고, printVectorContents()로 출력한다.

```
empdeptname = edhandler.getMaxDeptEmpList(maxnoempdept);
```

```
printVectorContents("getMaxDeptEmpList(maxempdept)", empdeptname);

public Vector getMaxDeptEmpList(int maxempdept) {
  empdeptname.removeAllElements();
  for(int i=0; i < emps.size(); i++) {
    Emp emp = (Emp)emps.get(i);
      for(int j=0; j < depts.size(); j++) {
        Dept dept = (Dept)depts.get(j);
        if(emp.deptno == dept.deptno  && emp.deptno == maxempdept) {
          empdeptname.add( new EmpDeptname(emp.empno, emp.empname, dept.deptname) );
        }
      }
  }
  return empdeptname;
}
```

EmpDeptHandler 클래스

사원, 부서로 구성된 Company 프로그램의 EmpDeptHandler로, Emp, Dept 테이블의 객체를 Vector에 저장, 관리하고 비즈니스 로직을 구현하였다.

```
import java.util.*;

public class EmpDeptHandler {
  Vector < Emp > emps;
  Vector < Dept > depts;
  Vector < EmpDept > empdept;
  Vector < EmpDeptname > empdeptname;

  public EmpDeptHandler() {
    emps = new Vector < Emp > (); // collection, 가변길이배열
    depts = new Vector < Dept > (); // collection, 가변길이배열
    empdept = new Vector < EmpDept > (); // collection, 가변길이배열
    empdeptname = new Vector < EmpDeptname > ();
  }

  public void addEmp(Emp e) {
    emps.add(e);
  }
  public void addDept(Dept d) {
    depts.add(d);
```

```
}
public Vector < Emp > getAllEmp() {
  return emps;
}
public Vector < Dept > getAllDept() {
  return depts;
}
public Vector < EmpDeptname > getAllEmpwithDeptname() {
  for (int i = 0; i < emps.size(); i++) {
    Emp emp = (Emp) emps.get(i);
    for (int j = 0; j < depts.size(); j++) {
      Dept dept = (Dept) depts.get(j);
      if (emp.deptno == dept.deptno)
        empdeptname.add(new EmpDeptname(emp.empno, emp.empname, dept.deptname));
    }
  }

  return empdeptname;
}
public Vector < EmpDeptname > getAllEmpwithDeptname(int empno) {
  for (int i = 0; i < emps.size(); i++) {
    Emp emp = (Emp) emps.get(i);
    for (int j = 0; j < depts.size(); j++) {
      Dept dept = (Dept) depts.get(j);
      if (emp.deptno == dept.deptno && emp.empno == empno)
        empdeptname.add(new EmpDeptname(emp.empno, emp.empname, dept.deptname));
    }
  }

  return empdeptname;
}
public Vector < EmpDeptname > getAllEmpwithDeptname(String dname) {
  for (int i = 0; i < emps.size(); i++) {
    Emp emp = (Emp) emps.get(i);
    for (int j = 0; j < depts.size(); j++) {
      Dept dept = (Dept) depts.get(j);
      if (emp.deptno == dept.deptno && dept.deptname == dname)
        empdeptname.add(new EmpDeptname(emp.empno, emp.empname, dept.deptname));
    }
  }

  return empdeptname;
}
public Vector < EmpDeptname > getMaxDeptEmpList(int maxempdept) {
```

```
    empdeptname.removeAllElements();

    for (int i = 0; i < emps.size(); i++) {
      Emp emp = (Emp) emps.get(i);
      for (int j = 0; j < depts.size(); j++) {
        Dept dept = (Dept) depts.get(j);
        if (emp.deptno == dept.deptno && emp.deptno == maxempdept) {
          empdeptname.add(new EmpDeptname(emp.empno, emp.empname, dept.deptname));
        }
      }
    }

    return empdeptname;
  }
  public Vector < EmpDeptname > getMaxDeptEmpList() {

    int maxempdept = getMaxNumDept();
    Vector < EmpDeptname > empdeptname = getMaxDeptEmpList(maxempdept);

    return empdeptname;
  }
  public int getMaxNumDept() {
    // TODO Auto-generated method stub
    int deptmax = -1, maxempdept = 0;

    // 인원수가 가장 많은 부서번호를 구하여 출력
    for (int i = 0; i < empdept.size(); i++) {
      EmpDept obj = (EmpDept) empdept.get(i);

      if (obj.empcnt > deptmax) {
        deptmax = obj.empcnt;
        maxempdept = obj.deptno;
      }
    }
    //System.out.println("deptmax: " + deptmax + " , maxempdept: " + maxempdept);

    return maxempdept;
  }
  public Vector < EmpDept > getNumDept() {
    boolean found = false;

    // 부서번호별 인원수를 구함
    // System.out.println("* Get the # of emp grouping by deptname...");
```

```
    for (int i = 0; i < emps.size(); i++) {
      found = false;
      Emp emp = (Emp) emps.get(i);
      // 기존에 같은 부서 번호가 있으면, 그 부서번호에 인원수를 1증가
      for (int j = 0; j < empdept.size(); j++) {
        EmpDept obj = (EmpDept) empdept.get(j);
        if (emp.deptno == obj.deptno) {
          obj.empcnt++;
          found = true;
        }
      }
      if (!found) {
        empdept.add(new EmpDept(emp.deptno, 1));
      }
    }
    return empdept;
  }
}
```

••• *EmpDeptMntwithHandler* 클래스

사원, 부서로 구성된 Company 프로그램의 EmpDeptHandler 버전으로, 메인 프로그램으로 사용되어, Emp, Dept 테이블의 객체를 Vector에 저장, 관리하고 비즈니스 로직을 구현하였다.

[예제 13-6] EmpDeptMntwithHandler.java

```
import java.util.*;

public class EmpDeptMntwithHandler {
    String _emps[][] = {
            {"110", "Kim", "200" },
            {"210", "Lee", "100" },
            {"241", "Park", "200" },
            {"348", "Choi", "300" },
            {"150", "Kwon", "300" },
            {"170", "Shim", "300" },
            {"280", "Hwang", "200" },
            {"754", "Jenny", "300" },
            };
    String _depts[][] = {
            {"100", "Marketing" },
```

```
            {"200", "Planning" },
            {"300", "Financing" }
            };

    EmpDeptHandler edhandler;

    public EmpDeptMntwithHandler() {
      edhandler = new EmpDeptHandler();

      for (int i = 0; i < _emps.length; i++) {
        edhandler.addEmp(new Emp(Integer.parseInt(_emps[i][0]), _emps[i][1], Integer.parseInt
(_emps[i][2])));
      }

      for (int i = 0; i < _depts.length; i++) {
        edhandler.addDept(new Dept(Integer.parseInt(_depts[i][0]), _depts[i][1]));
      }

      Vector < Emp > emps = edhandler.getAllEmp();
      printVectorContents("getAllEmp()", emps);

      Vector < Dept > depts = edhandler.getAllDept();
      printVectorContents("getAllDept()", depts);

      Vector < EmpDeptname > empdeptname = edhandler.getAllEmpwithDeptname();
      printVectorContents("getAllEmpwithDeptname()", empdeptname);

      empdeptname.removeAllElements();
      empdeptname = edhandler.getAllEmpwithDeptname(170);
      printVectorContents("getAllEmpwithDeptname(empno)", empdeptname);

      empdeptname.removeAllElements();
      empdeptname = edhandler.getAllEmpwithDeptname("Financing");
      printVectorContents("getAllEmpwithDeptname(dname)", empdeptname);

      Vector < EmpDept > empdept = edhandler.getNumDept();
      printVectorContents("getNumDept()", empdept);\
      // 인원수가 가장 많은 부서번호 출력
      int maxnoempdept = edhandler.getMaxNumDept();
      System.out.println("\n* getMaxNumDept()" + maxnoempdept);
      // 인원수가 가장 많은 부서의 사원 리스트(부서명포함)를 구하여 출력
      empdeptname = edhandler.getMaxDeptEmpList(maxnoempdept);
      printVectorContents("getMaxDeptEmpList(maxempdept)", empdeptname);
    }
```

```
  public void printVectorContents(String header, Vector v) {
    System.out.println("\n* " + header);
    for (int i = 0; i < v.size(); i++) {
      Object obj = v.get(i);
      System.out.println(obj.toString());
    }
  }
  public static void main(String[] args) {
    new EmpDeptMntwithHandler();
  }
}
```

실행결과

```
C:\Users\User>cd C:\javasrc\ch13\CompanyMnt02_Vectors\src

C:\javasrc\ch13\CompanyMnt02_Vectors\src>javac *.java

C:\javasrc\ch13\CompanyMnt02_Vectors\src>java EmpDeptMntwithHandler

* getAllEmp()
Emp [empno=110, empname=Kim, deptno=200]
Emp [empno=210, empname=Lee, deptno=100]
Emp [empno=241, empname=Park, deptno=200]
Emp [empno=348, empname=Choi, deptno=300]
Emp [empno=150, empname=Kwon, deptno=300]
Emp [empno=170, empname=Shim, deptno=300]
Emp [empno=280, empname=Hwang, deptno=200]
Emp [empno=754, empname=Jenny, deptno=300]

* getAllDept()
Dept [deptno=100, deptname=Marketing]
Dept [deptno=200, deptname=Planning]
Dept [deptno=300, deptname=Financing]

* getAllEmpwithDeptname()
EmpDeptname [empno=110, empname=Kim, deptname=Planning]
EmpDeptname [empno=210, empname=Lee, deptname=Marketing]
EmpDeptname [empno=241, empname=Park, deptname=Planning]
EmpDeptname [empno=348, empname=Choi, deptname=Financing]
EmpDeptname [empno=150, empname=Kwon, deptname=Financing]
EmpDeptname [empno=170, empname=Shim, deptname=Financing]
```

```
EmpDeptname [empno=280, empname=Hwang, deptname=Planning]
EmpDeptname [empno=754, empname=Jenny, deptname=Financing]

* getAllEmpwithDeptname(empno)
EmpDeptname [empno=170, empname=Shim, deptname=Financing]

* getAllEmpwithDeptname(dname)
EmpDeptname [empno=348, empname=Choi, deptname=Financing]
EmpDeptname [empno=150, empname=Kwon, deptname=Financing]
EmpDeptname [empno=170, empname=Shim, deptname=Financing]
EmpDeptname [empno=754, empname=Jenny, deptname=Financing]

* getNumDept()
EmpDept [deptno=200, empcnt=3]
EmpDept [deptno=100, empcnt=1]
EmpDept [deptno=300, empcnt=4]

* getMaxNumDept()300

* getMaxDeptEmpList(maxempdept)
EmpDeptname [empno=348, empname=Choi, deptname=Financing]
EmpDeptname [empno=150, empname=Kwon, deptname=Financing]
EmpDeptname [empno=170, empname=Shim, deptname=Financing]
EmpDeptname [empno=754, empname=Jenny, deptname=Financing]
```

학습정리

1 관계형 데이터베이스 개념을 이해하였다.

2 테이블을 객체 배열로 작성하는 방법을 살펴보았다.

3 객체 배열에 대한 비즈니스 로직을 구현하였다.

4 Java Collection 프레임웍을 통해 객체 집합을 관리 할 수 있다.

연습문제

※다음 테이블을 사용하여 답하시오.

Customers 테이블

CustomerID	Name	Email	Address
1	John Doe	johndoe@example.com	123 Main St
2	Jane Smith	janesmith@example.com	456 Elm St
3	David Lee	davidlee@example.com	789 Oak Ave

Orders 테이블

OrderID	OrderDate	CustomerID
1	2023-06-15	1
2	2023-06-16	2
3	2023-06-17	3

Products 테이블

ProductID	Name	Price
1	Apple	500
2	Orange	700
3	Banana	400

••• *Customers, Orders, Products 비즈니스 로직*

1 주문이 있는 모든 모든 고객 가져오기:

Orders 테이블에서 고유한 CustomerID 값을 모두 검색한다.
CustomerID 값을 사용하여 Customers 테이블에서 해당 고객 세부 정보를 가져온다.

2 특정 고객이 주문한 모든 주문 가져오기:

CustomerID가 원하는 고객과 일치하는 Orders 테이블에서 모든 주문을 검색한다.
각 주문에 대한 주문 세부 정보 및 관련 제품을 검색한다.

3 고객이 지출한 총 금액을 계산합니다.

Orders 테이블에서 고객이 주문한 모든 주문을 검색한다.
각 주문에 대해 Products 테이블에서 제품과 해당 가격을 가져온다.
지출된 총 금액을 결정하기 위해 각 주문의 모든 제품에 대한 가격 합계를 계산한다.

4 가장 인기 있는 제품 찾기:

Orders 테이블에서 각 ProductID의 발생 횟수를 계산한다.
가장 인기 있는 제품을 식별하기 위해 가장 높은 개수의 제품을 결정한다.

5 총 지출액이 가장 높은 고객 확보:

주문한 제품의 가격을 합산하여 각 고객이 지출한 총 금액을 계산한다.
총 지출액이 가장 높은 고객을 식별한다.

6 주문을 하지 않은 고객 식별:

Customers 테이블에서 고유한 모든 CustomerID 값을 검색한다.
Orders 테이블에 각 CustomerID가 있는지 확인한다.
Orders 테이블에 해당 항목이 없는 고객을 나열한다.

••• *문제*

1 **Customers, Orders, Products 테이블을 위한 Java 클래스를 작성하시오.**

2 **Customers, Orders, Products에 대한 객체 배열을 작성하시오.**

3 **Customers, Orders, Products 객체 배열을 사용하여 위 6가지 비즈니스 로직을 Java로 구현하고 그 결과를 출력하시오.**

4 **Customers, Orders, Products 객체 배열을 관리하기 위해 Java 컬렉션 프레임웍을 사용하고, 위 6가지 비즈니스 로직을 Handler에 구현하여 그 결과를 출력하시오.**